iHuman
新民説

成为更好的人

民法学的新发现

孙永生——著

GUANGXI NORMAL UNIVERSITY PRESS
广西师范大学出版社
·桂林·

Minfaxue de Xin Faxian

图书在版编目（CIP）数据

民法学的新发现 / 孙永生著. —桂林：广西师范大学出版社，2018.9

ISBN 978-7-5598-0863-9

Ⅰ. ①民… Ⅱ. ①孙… Ⅲ. ①民法—研究—中国 Ⅳ. ①D923.04

中国版本图书馆 CIP 数据核字（2018）第 090879 号

广西师范大学出版社出版发行

（广西桂林市五里店路 9 号　邮政编码：541004
网址：http://www.bbtpress.com）

出版人：张艺兵

全国新华书店经销

桂林漓江印刷厂印刷

（广西桂林市西清路 9 号　邮政编码：541001）

开本：889 mm × 1 240 mm　1/32

印张：12　字数：250 千字

2018 年 9 月第 1 版　2018 年 9 月第 1 次印刷

定价：58.00 元

序:没有什么比独立思考更可贵的

民法是法学中最有专业范儿的学科。民法教材中随便一个概念,多能追溯到古罗马人,闪耀着千年风霜磨砺后的光泽。尤其是德国民法,概念法学和潘德克顿学派的名号就足以招徕不绝的香火。教了三十多年的民法,我一直自得于我专业上的满腹经纶,常教导学生学好民法走遍天下,还以为民法大殿也就需要些日常维修,至多偶有我的《物权二元结构论》那样的大修。

所以,孙永生将其书稿发给我后,我几乎第一时间就打开阅读,如同晴天霹雳,我读到了作者关于民法知识假伪的总体结论,读到了作者对民法现有权利甚至包括诉权的全面证伪,读到了作者对主体与人格、法律行为与代理、权利客体知识的无情否定,读到了作者以民法哲学改造民法的梦想、理由和路径。书稿只有18万字,我通常需要15分钟读完,但这次读了好几天,一是书稿文字比较晦涩,二是读起来相当纠结。书中大胆且不乏武断的结论冲击着我的专业自信,我本能地寻找作者胡言论语的轨迹,但书中自成一体的论述又不断警告我不能断言作者是胡言论语。毕竟,厚道对待研究上下了功夫的异见,是学者应有的人品。

书稿的第二章就像围棋的眼,决定着书稿的成败。作者认为黑格尔所言“成为一个人,并尊敬他人为人”直接就是权利的命题,由此,作者将权利分为行为的权利和作为目的的权利,前者代表着意志的行使,后者代表着意志的存在。意志行使所指的意志和意志存在所指的意志分属为两个主体,前者指代的是本人或自我,后者指代的是他人。“意志的自由行使与支配权对应,而意志的存在则大体上与人身权对应”,这是作者重新解释民法知识的理论基础。和书稿其他部分一样,本章的论述以一种极端简练的方式进行,而且主要是逻辑推理,其说服力很大程度上取决于读者的理解力,是围棋的活眼还是假眼,肯定因人而异。就我而言,是一种颇有道理但尚未信服的感觉。

书稿的不少具体质疑有学术分量。我也简单质疑过物权请求权,但停留在“没有必要”的层面上,书稿指出“所谓的物权请求权,返还请求权、排除妨害请求权等等,真实的含义是取回权、排除权”,抽掉了五花八门的物权请求权性质学说的存在价值。我在国内第一个提出抵押权等担保物权不是物权,而且论证也比日本学者充实,书稿认为“抵押权根本不是优先受偿权,而是权利转让,是将来权利”,并以变量共有权定性抵押权是将来的权利,既否定了抵押权通说也否定了我的观点。目前流行将书的重量当成学术分量,但我始终认为学术分量的秤砣是独特观点及相应论证。独特的观点无论对错都有启迪人类思考更全面、更深入的价值,除非信口开河。

书稿洋溢着独立思考的精神。作者十余年如一日,毫无功利目的,独立思考出颠覆整个民法体系和知识的结论,其志向、执着、毅力可圈可点。作者是我的已肄业的2003级博士研究生,批评我的观点丝毫不留余地,有"吾爱吾师,吾更爱真理"的古风。书稿很难真正颠覆现有的民法体系和知识,破旧立新不仅需要共识也需要成本考量。但是,民法学就像一个神圣的教堂,除了偶尔的私语,回荡的从来是牧师的声音,相比当年我重构物权制度的小小喧哗,书稿是一次前所未有的棒喝,足以惊醒昏昏欲睡的民法信徒。民法中人可以不认同书稿的观点,但不可以不知书稿的观点。因此,尽管书稿的体例的逻辑层次比较零乱,概念界定和论证不乏缺失,文字表述有许多瑕疵,也不影响我对书稿的爱惜。在我看来,学术领域,没有什么比独立思考更为可贵的。

是为序。

孟勤国

2016年3月26日于珞珈山

目　录

前言　民法学的新发现

民法学的对象和任务是什么，理解上存在歧见。但无论如何，新概念的提出都应该是最终的圭臬，对此不应该持有异议。概念是对发现的最出神入化的表达方式，也是对所描述的对象的最凝练的表达方式。一个新概念的提出，标志着一个新发现的产生，标志着理论上的突破。能否有新的概念提出，是判定和衡量民法学先进程度和学术成就的最基本的标准。按照一种说法，目前的德国法体系的重大法学发现都是德国人完成的，重大的法学概念都是德国人提出的，"德国法系的所有制度、理论几乎全由德国一肩创立，迄今为止，这一法系的其他家族成员并未贡献太多原创思想"[1]。这一现象令人失望，个别学者被德国理论的"宏伟"所震慑，悲观地自愿成为德国理论的"顺民"，以为"翻译和介

1　朱庆育：《民法总论》，北京大学出版社，2013 年，第 1 页。

绍”是中国学者唯一能做的工作。[1] 其实完全没必要这么悲观,法学上的发现具有偶然性,机遇不可能总是垂青德国人。以机会理论预判,该法学的中国理论登场了。

法学上的发现就是提出新的概念,新概念是法学探究所“朝圣”指向的终极对象,是法学研究的最高境界。以中国理论标榜,当然要提出新的概念。

作为目的的权利,是对传统权利分类的一个根本性的方向扭转。主体是目的,作为他人目的,是法律所应该规范和保障的个人所追求的最高的价值。与行为的权利不同,作为目的的权利是被他人作为的权利,即被“礼遇”和“善待”的权利。引入该概念,人格权的本质可以得到清晰的解释;而请求权概念则被彻底证伪。

法律行为在现行民法学中的位置俨然概念的“中流砥柱”、民法理论领地的地标,学者普遍对之爱不释手。然而出乎意料的是,将“造法行为”概念引入进来,“法律行为”概念似是而非的原形显露了出来:私法自治的真正含义是“造法行为”,德国人以法律行为概念表达私法自治原则,完全是张冠李戴,是一场误会。“造法行为”是私法自治原则最贴切的含义,对意志自由的表达,淋漓尽致。在这个概念之下,现行法律行为学说中“合法行为”矛盾、法律行为与意思表示的关系等诸种纠结,统统一扫而光。

1　参见王斌、李龙等《民事诉讼标的三大理论述评》,载《重庆大学学报》(社会科学版)2008 年第 14 卷第 2 期。

诉权理论被称为民事诉讼法学领域中的"哥德巴赫猜想",程序权、实体权、混合权,围绕其性质的争论层出不穷。桎梏于请求权思维方式的窠臼中,诉权的本质的确是无解的。诉权本就不是请求权,其权利本体是受护权,请求权无非是受护权的一项权能,即对受护权的主张权。受护权与请求权的析分,快刀乱麻,程序权与实体权的迷离头绪被彻底厘清:受护权是不折不扣的实体权利,而作为受护权权能的请求权的含义,亦一目了然。

抵押权作为优先受偿权的概念,是现行民法理论中一个最为以讹传讹的谬说。"变量共有"概念的建立,戳穿了抵押权作为优先受偿权概念的真理谎言。抵押是抵押权人与抵押人之间的变现分配关系,实质是二者之间动态的共有关系,与其他债权人无关。由此亦打通了让与担保与抵押的意义区隔:让与担保即抵押,抵押即让与担保,两个概念是同义语。除此之外,权利物权客体概念也遭到了毁灭性的挑战:在抵押、质押被界定为权利转让的情境下,客体显然直接是权利本身,权利作为自身闭合的完整概念,其上不可能再成立其他权利的存在空间。简洁地说,例如债权质押,即质押权人与质押人共同拥有被质押的债权,质押权人的权利为变现分配的权利,权利是债权本身,而非债权之上或之外的优先受偿的权利。

权利存在于时间之中,现行学说或制度对此都有对应的关照,即所谓的时效制度。时间对于权利的意义,时效制度所体现出来的部分仅仅是半壁江山,只是形而下的简单道理,更深层的意义则在于时间对于权利构成的意义。时间的本质是当下与将来的关系、当下与无限的关系，而非直线式的绵延。只是在直线绵延的意域中，时间对权利的意义才体现为时效制度。

权利关系是主体与客体在时间维度下的关系，对应时间当下与无限维度、当下与将来维度，显然必然存在着当下支配关系与无限支配关系、当下支配关系与将来支配关系之类型。在现行权利体系中，所有权概念准确对应着无限的支配关系，但对于当下的支配关系，却并无对应的概念。当下支配关系与无限支配关系的区分，逻辑上的依据是非常清楚的，因而必须建立与之对应的类型概念。

单从形式上论，占有权概念不属于本书的原创，外国学者早已针对保管关系、租赁关系提出过基于债务关系的占有权的命题，而国内的孟勤国教授，更是开宗明义地直接建立起了所有权与占有权的二元物权体系。

占有权的实质内容就是当下的支配关系。存在着无限支配关系和当下支配关系两种支配关系，或者说支配关系必须被区分为无限支配关系与当下支配关系两种，前者对应的为所有权，与后者对应的为占有权。这是权利的客观逻辑，不得逆违。现行体系中，只有所有权概念而无占有权概念，对支配关系的表达囫囵半片，经纬二线少了一线。

时间权利的概念，并不仅仅具有抽象的、形而上的思辨意义，其对权利体系具有无可替代的解释价值，从该概念出发，对现行理论中的一些所谓的常识能推演出完全不同的结论，诸如抵押权是将来物权，抵押权的实现条件是生效条件，期待权是当下的权利，将来的权利是期待权的对象，等等。

其他的一些新概念还有权利体位关系、对众权与对世权等等，以权利体位关系解释民法上所谓的请求权竞合，以对众权解释相对权与绝对权，相关现行学说中的“是非之地”，都能被完全解释清楚。

然而，所有的新概念，在民法与民法学区分理论之下，都黯然失色。民法与民法学的区分是民法学的第一原理。民法是对自然存在的规范，民法学是对规范现象的认知；民法并不规范主体，而是将非主体规范为主体；民法规范的是团体，法人概念设定在民法典中，不伦不类……

新概念对民法理论体系的冲击，非常值得期待。标新立异换旧说，对偶像的反叛是理论超越的起点，没有反叛，永远没有机会，不论结果如何，对纯粹知识的纯粹信仰，睥睨旧说的对待理论的英雄主义激情，都令人自豪。

也许是智者的真知灼见，民法学上的突破，也许是疯子的痴言疯语，一切都交由逻辑做最后的裁决吧。

导言

民法知识的假伪现象

本书名为《民法学的新发现》,对应的反向表达则是:民法知识存在着严重的假伪现象。这是一个本身就严峻考验智商的问题。对该命题本身的怀疑是接受该命题的一个正常反应,也是理解本命题所需的一个基本素质,怀疑表明了起码的逻辑上的思维能力。将知识界定为客观上正确的信息,假知识的概念本身就无法成立,既然知识是客观上正确的信息,主词就直接排斥着宾词。然而,关于知识的定义从来就是一个有争议的问题,它的准确定义应该为:主观上认为客观上正确的信息,因为是主观上认为客观上正确的信息,所以存在着知识是假的空间。民法知识存在着严重的假伪现象,当然不是指所有民法知识都是假的,但并没有在命题上附加限定语词的必要,"一些民法知识是假的"这样的表述并不比"民法知识假伪"的表述在逻辑上严谨分毫。知识是一个体系,且命题本身是证伪性质,只要根本性的、部分知识的伪假就足够支撑民法知识假伪的命题的成立。而民法知识是真的,则是一个证实命题,命题指向全部知识的性质,而且民法知识作为一个体系,只要重大的基本概念是假的,民法知识是真的命题就无法成立。

民法知识存在着假伪现象,是对整个民法知识体系的价值所作的一个基本判断,并非仅仅指体系中存在一个或几个错误的概念或者命题，而是指民法知识体系中存在着结构性的、基本性的缺陷，并且概念和命题存在着普遍性的假伪现象。即便作为体系看待，民法知识体系也不可能百分百真值，存在一些错误的概念、命题，都在科学所允许的范围之内，不必大惊小怪。找到几个错误概念便妄称民法知识是假的，不过是自欺欺人。因而民法知识假伪的命题所表达的内容，很明显远远超出了对民法知识体系中一个或几个概念、命题的错误指正式的简单判明。

请求权概念是假的，这应该是现行民法知识体系中最出乎学者想象的结论之一。请求权是权利体系中的王冠，成员最多的权利家族，债权请求权、物权请求权、人身权请求权、知识产权请求权利、诉权请求权……种类之多，其他权利家族鲜有出其右者，而在诉讼救济程序中，其地位更是举足轻重，被视为权利救济的核心概念。学者对请求权概念的信念可谓坚定不移，由于概念本身具有相当的权利外观，被蒙在鼓里的确很难发觉。不过徐晓峰博士，其异样的慧眼为大众看穿了请求权概念的"庐山面目"：债权的本质是接受权，请求权概念并不成立。

抵押权优先受偿权是在认识幻觉程度上可与请求权概念媲美的另一个现行民法权利体系中的基本概念。抵押权是优先受偿权，是物权，这大抵被作为了物权理论的常识，教科书千篇一律的规范表达。尽管权利之上不可能再存在其他的权利，债权质押后产生物权违反最基本的权利逻辑，但在优先受偿权之下，其他的一切都被屏蔽掉了。幸亏有孟勤国教授般睥睨所谓的常识的智者，在黑暗中举起了火炬，抵押权优先权作为伪概念的真相被戳穿了。

与请求权概念、抵押权概念一直的蒙昧信念状态不同,法人概念是个长期争论不休的问题,并未形成一个统一的信念,大体上有通说,但反对的立场亦十分强烈。然而无论何种学说,都没有揭示出关于法人本质的真理。财产不可能有意志,一人公司无论如何也不可能是团体人格,诸如目的财产说、团体人格说等等学说,逻辑上均存在着无法克服的大碍。国家有国格,团体有团格,国家、团体直接就是主体,以人格概念比附国家、团体的主体性质,画蛇添足。团体法人、国家法人这样的概念,无异于直接消解了团体、国家的实体本质。国家、团体概念直接就表达着主体的含义,其可以成为法律上的团体、法律上的国家,但没必要成为法律上的人。

说法律行为是个伪概念,民法学者会受到极大的震惊。出于对私法自治原则的推崇,学者们对法律行为概念的青睐蔚然成风。然而实际上,法律行为这一名称对私法自治原则的表达非常朦胧,法律一词表达的是对自由一定程度上的限制,造法行为才真正表达意思自由。撇开名称上的误用不论,表达私法自治原则意义上的法律行为亦应为规范,而非事实。学者普遍将法律行为定性为法律事实,缺乏法律的本质为对对象或事实的规范这一基本的法学思维范式。作为事实的是意思行为,而法律行为则为对意思行为的规范,意味着意思表示的内容直接作为法律本身。

请求权概念、抵押权概念、法人概念、法律行为概念,这些民法理论体系中最基本的标志性概念,存在着严重的问题,这些基础概念自身的错误不可避免地引起一系列连锁性错误,择其大者,请求权概念、抵押权概念不成立,作为权利体系基本划分的请求权与支配权分类，显然必须推倒重建。支配权概念在德国民法理论体系中，本就不是一个清晰的种类概念，在相当长的时间内，因被作为权利的一般定义，缺乏其他的对比性种类，支配权概念一直没有形成，对此金可可先生有十分翔实的考证分析，学术价值无比珍贵。而根据朱庆育先生的介绍，德国当今关于权利定义的通说是旨在维护特定利益之支配力，支配权仍然被作为了权利的一般定义。在请求权一端，该权利的发明鼻祖温德沙伊德从未使用过支配权概念，更未在请求权与支配权对立的意域中使用请求权概念。

证据足够充分，请求权与支配权的权利分类，根本上是民法理论中以讹传讹的谬言。

除此之外，还可列出一系列的假伪概念或原理的清单：

权利的定义是假的

支配权概念是假的

人格权支配权说是假的

物权概念是假的

用益物权概念是假的

绝对权、相对权分类原理是假的

财团法人概念是假的

权利物权客体概念是假的

请求权诉讼标的说是假的

代理权权力说是假的

诉讼时效概念是假的

……

上述罗列已经足够震撼。最后审辩一下作为民法理论体系LOGO的民法名称或概念本身。大事化小,可以看作简单的名称问题;小题大做,则完全是一个实质问题。“民法”二字肯定不是一个好的名称,关于民法本质的争议旷日持久,一直未能解决,“民法”名称上的误导脱不了干系。名称是对所针对对象的本质的凝练概括,与所表达的对象存在大体上的一一对应关系,因而关乎对象和实质,在此意义上,极端者针对名称上的缺陷放言“无民法论”,并非完全不可理喻。

道理其实并不复杂,“民法”与“刑法”作为最重要的两大法域的名称,意蕴和形式上均不对称,作为字词,“民”表达的是对象,“刑”表达的是行为,表达的维度不一致。法律的本质是行为规范,应该以行为种类作为划分法域的标准。结合民法、刑法均为私法或公、私混合法的通说,“民权法”“民刑法”这样的术语才是对应法域的恰当名称。“民法”,在罗马上的本义并非作为表达特定法域的名称,而以刑法为私法或混合法,就没有理由在“民”字作为名称的使用上,在民法、刑法二者之间区别对待。

民法知识存在着严重的假伪现象,民法知识领域仍处在半黑暗、半蒙昧之中,这似乎是一种悲观的态度,其实却恰是一种最为放达的学术情怀,当下与未来关于发展在空间上成立的是反比关系:当下愈黑暗,未来愈光明;当下愈蒙昧,未来愈智慧。对当下的判定,实际上为未来的发展预留的是无限广阔的空间,无可比拟的乐观主义;相反,当下的乐观,只是一种表象上的乐观,这种乐观葬送了未来无限发展的可能。在以百万年计的人类未来发展的时间长河中,过去的几千年历史只是个微小的瞬间;在未来以百万年计的时间长度中可以期待达到的文明的光芒下,过去短短几千年所达到的文明,仅仅是开始摆脱愚昧的微弱荧光。

在对旧知识的粉碎中,《民法学的新发现》掀开了民法知识历史全新的一页。

第一章

债权请求权说证伪

第一节 关于请求权概念的质疑及评析

请求权是现行民法理论体系的一个基本概念，整个体系的权利坐标即由请求权与支配权的二元区分所构成；在诉讼法领域，请求权也是首屈一指的核心概念，诉权的本质即被理解为公法上的请求权。国内民法学界，一直沉浸在请求权概念中，奉为金科玉律，从未觉得请求权概念有何异样。然而请求权概念根本就不成立。国内学者对其的普遍认同，恰恰反映了关于民法理论探究的落后现状。请求权概念被作为民法体系的枢纽，其假伪造成了民法体系构建中最大的灾难。

率先向请求权概念发难的是徐晓峰先生。徐先生在其《请求权概念批判》一文中石破天惊，坚定地提出，债权的通说是接受权，无论是作为实体权利，还是作为诉讼权利，请求权概念都不成立。宏论发表后，梅夏英先生、李锡鹤先生等个别学者对之表示了有限的认同，梅先生写有《请求权：概念结构及理论困境》作为正面回应，而李先生则在 2012 年再版的《民法原理论稿》中，有请求权是债权的救济权能，不是一种独立的权利类型的明确主张；[1]也有学者强烈反对，辜明安先生在《对"请求权概念批判"的反对》文中鲜明捍卫请求权概念的"科学地位"，对徐文观点予以攻讦；左右学界导向的话语权学者则均无表态。徐先生的观点显然没有形成足够的影响因子，当时未形成热烈的争鸣，其后也没有被广泛地引用。徐文发于2004年，但其后出版的民法学著作，如孙宪忠先生2010年再版的《民法总论》、李永军先生2012年再版的《民法总论》，著者仍一如既往谈论着请求权概念的性质、分类、作用……似乎全然不知请求权概念的假伪陷阱。两位先生在民法学界鼎鼎大名，应该具有敏锐的学术嗅觉，他们都没能捕捉到徐先生批判请求权概念的"檄文"所包含的对于民法理论的非凡意义，习惯于随波逐流的普通学者对其的麻木态度，更是可以想见。徐先生所提出的真知灼见，波澜不惊。

徐先生是对的。因请求权概念极具煞有介事的迷惑表象，识破其真相并不容易。徐先生在卷帙浩繁的法学著作中发现接受权的"火种"，并对请求权概念的混乱进行了初步的厘清，对民法理论研究作出了伟大的贡献。尽管没能引起广泛的共鸣，对请求权概念的证伪难言完备，但仅仅是徐文中所打开的新的视野，即已经居功至伟。对请求权蒙昧状态的当头棒喝，具有极大的启发意义，为敏锐的学术嗅觉提供了契机，开启了怀疑和清理请求权概念的学术进程，而从民法体系中取消请求权概念，将直接导致整个民法体系的

1 李锡鹤：《民法原理论稿》，法律出版社，2012年，第597页。

化茧成蝶般的改变。

第二节　接受权——债权的真实含义

据台湾学者洪逊欣分析,晚近以来,学说多倾向于认为,债权的本质为债权人的给付受领权,请求权不过为受领权的随附作用而已。[1] 不过国内学界的情形似乎并非如此,沈宗灵先生最初将接受权概念引进后,学界至今对该概念几乎没有什么反响。不论接受权是否为晚近以来的债权通说,但可以肯定的是,对请求权概念的怀疑早已有之,可惜的是并未引起国内学者的足够重视。民法学本来即为舶来品,引进途中犯一些张冠李戴的错误在所难免,只是请求权在现行民法体系中被赋予了太过重要的角色,却最终被确认为伪概念,使得整个民法体系遭遇塌陷重建的惊天变故,代价之大,令人唏嘘。

接受权抑或请求权,对债权解释的两种路径天差地别。以请求权解释债权,尽管错误,却风靡学界,而接受权则被束之高阁,巨大的反差与两种权利的"个性"直接相关。请求是一种行为,而将权利理解为行为是常人最本能的直觉,当下的多数民法学阐释仍然以行为作为权利的信条,权利是为或不为某种行为的可能性,诸如此类的表达充斥耳目。权利即行为的直觉本能直接导致了以请求权

1　洪逊欣:《中国民法总则》,三民书局,1992年,第55页。

解释债权的另一种直觉。

权利即行为资格的观念，是必须被强烈抨击的民法概念。本能的直觉是未被反思过的被直接当作真理的认识，因其是自然的天性，所以被认为理所当然，但不真实。表象上看，“接受”并不是一种行为，至少不是主动的行为，因与“行为”无关，其与权利的关系成了认识的盲区，接受权概念似乎很难想象。

接受权是需要反思才能得出的概念，反思是智力的高级活动，相对复杂，思维过程艰难，得到的却是真理。以接受权解释债权，对权利关系的表达，入木三分。英国学者拉斐尔建立的接受权概念，堪称天才般的伟大发现。[1]

“接受”的深层含义并不仅仅是被动的接受，局限在被动接受的含义，接受的确无法构成一种权能充沛的权利，被动的接受以义务人的在先履行为前提，这种“任人摆布”的处境与自由、支配等权利的本质特征相距甚远。实质上，“接受”是一种在先的“设定履行义务”的行为，在与义务人履行义务的关系上，一方面，义务人在先履行，方有权利人其后的接受；但另一方面，正是因为权利人接受权利的在先存在，义务人才产生履行的义务。在接受与履行的关系中，权利与义务是相互设定的，义务在先设定权利，权利亦在先设定义务。常人思维下将接受理解为了单向的被动关系，对接受权的无动于衷，由此产生。

设定义务人的交付义务，支配力、自由，权利的基本要素一应俱

1　关于拉斐尔的接受权概念，参见沈宗灵《权利、义务、权力》，载《法学研究》1998 年第 3 期。

全,以此为核心内容形成的接受权,权利的韵味,丰满充盈。

权利与义务是相互设定的,在债的关系中,实证法或者规定权利,或者规定义务,对任何一方的规定都间接设定了对方。世界上两大代表性民法典,《法国民法典》与《德国民法典》对合同之债、侵权之债、不当得利之债、无因管理之债基本上均从义务的角度予以界定。

《德国民法典》

合同之债:《德国民法典》无关于合同之债的一般定义,但其关于合同之债的具体规定是从义务的角度界定的,合同之债的立法架构以义务关系为中心,对此龙卫球教授在《债的本质研究:以债务人关系为起点》一文中有详尽的分析。[1]

侵权之债:第 823 条　因故意或者重大过失不法侵害他人生命、身体、健康、自由、所有权或者其他利益者,对他人因此而产生的损害负赔偿义务……

不当得利:第 812 条　无合法原因而受领他人的给付,或者以其他方式由他人负担费用而受到利益的人,负有返还义务……

无因管理:第 683 条　进行事务管理符合本人利益或者其真正的或者可推知的意愿的,事务管理人可以与受托人一样要求偿还其支出费用……

《法国民法典》

合同之债:第 1101 条　契约为一种合意,依此合意,一人或数

1　参见龙卫球《债的本质研究:以债务人关系为起点》,载《中国法学》2005 年第 6 期。

人对其他一人或数人负担给付、作为或者不作为的债务。

侵权之债:第 1382 条　任何行为使他人受损害时,因自己的过失而致行为发生之人对该他人负赔偿的责任。

不当得利:第 1376 条　因错误或故意而受领不当受领之物者,对给付人负返还其物的义务。

无因管理:第 1375 条　所有人的事务经适当管理者,管理人以所有人的名义所订立的契约,所有人应履行之。所有人并应补偿管理人因管理而负担的一切个人债务,对于管理人所支出的有益或必要的费用亦应偿还之。

此种现象并非毫无特殊指向意义的任性选择,而是反映了债关系中固有的客观逻辑。从义务的角度界定债的关系,为义务所设定的债权提供了广阔的想象空间,其范围远远超出了请求权的狭隘含义。请求权有其特定的含义,直接以请求权界定债权或者整个债关系,与通过界定义务间接设定债权从而界定的整个债关系,所体现的法律精神、债关系的内容,大相径庭。将债权作为请求权,其所设定的义务便为依请求而履行的义务,不请求则不必履行。体现在诉讼程序上,债权人对义务人的请求是诉讼的前提条件。而在界定义务的模式下,显现出来的完全是另外一幅图景:对应的债权肯定不是请求权,义务人的履行不以请求为条件,债务人未履行,权利人可直接提起诉讼程序。

义务自身同时设定着权利。在以义务维度界定债关系的上述规定中,履行义务显然已设定了对应的权利,所设定的权利是什么,对此问题的追问揭开了债权为请求权命题所掩盖的巨大陷阱:对应履行义务的权利显然不是请求履行,而是接受履行。

对债关系的描述必须从义务的角度进行,请求权的角度并不适当。义务人未履行,权利人即可直接提起诉讼程序,在如此设定的制度之下,请求权似乎不具有存在的任何意义空间。撇开时效关系,情形的确如此。在债的基本关系中,并无请求关系的存在。离开时效制度,请求权概念毫无意义,离开时效关系,请求关系并不存在,请求权概念的价值和意义体现在时效关系之中。这种存在与作为债的基本关系的存在完全是两回事。传统理论将请求作为债的基本关系,无论对债关系还是对时效关系的理解,均不准确。

请求权作为权利的存在体现在时效中断的效力之中,在时效中断的法律规范效果中,请求权获得了存在的根据。不但如此,在消灭效力中,亦体现着请求权在时效关系中作为权利的存在。直接地说,请求权的消灭构成权利人维持接受权的抗辩事由,正是因为有请求权与接受权的区分,消灭的才是请求权,而非接受权。请求权消灭自身,造就了接受权的成立。

债权为请求权是国内学界以为的民法常识,然而却经不起严苛的逻辑分析。学界对请求权概念的许多所谓常识,并不值得信奉。以请求权概念的产生为例,通说以为是德国人温德沙伊德的发明,然而在温氏出生之前颁行的《法国民法典》中,关于请求权的规定已经十分详尽:

第 2027 条　如债权人自愿分割其请求权时……

第 2227 条　下列请求权,经过五年不行使而消灭……

第 2271 条　下列请求权,经过六个月不行使而消灭:一、科学及技艺教师每月授课的报酬请求权……

在《法国民法典》中,请求权概念使用的情形相当普遍,温氏出生于1817年,无论如何也不可能发明了请求权。对请求权缺乏深刻的认识,许多关于请求权概念的常识,无非是以讹传讹的结果。事实上,《德国民法典》对请求权概念的使用很不严谨,现在被普遍认为属于形成权的解除权,《德国民法典》中也表述为请求权,其第478条规定,在解除合同请求权或者减少价金请求权因时效而消灭之前……这样的表述肯定是不正确的。

权利是什么?有一个最简洁、睿智的答案,即权利就是义务的对方。这样的定义反映了权利与义务关系的深刻法理。规定了义务,便规定了对方。作为义务的对方的权利,其内容当然就是接受的权利。但并不因此而成立所有权利均为接受权的结论。尽管所有的权利均为与义务的关系,但权利更是自身与自身的关系,其不但规定自身,而且通过规定自身同时规定了义务。也就是说,对权利的界定存在两种方式,一种是自身直接界定自身,一种是通过界定义务界定权利。究竟采用何种方式,须依具体的法律关系的内容而定。在债关系中,依权利自我界定的方式定义的债权为请求权,依界定义务的方式得出的权利为接受权。两种权利的内容是完全不同的,与接受权相比,请求权显然是一种低端的权利,请求表象上是一种权利,同时亦是一种条件,而接受权则高端得多,这是一种无条件的权利,不必请求,义务人自应主动履行,代表着权利的极致境界。

龙卫球教授难能可贵,其研究所得出的两大法典均从义务的角度表达债的关系的结论,是当下国内极其罕见的言之有物的学术成就。可惜的是,受请求权思维的桎梏久矣,龙先生与发现请求权谬论失之交臂。对《德国民法典》等从义务的角度表达债的关系,先生所给出的解释是,因为唯有如此,债的关系才能恰如其分地体现个体秩序在债法上的最基础要求:债务人在债的关系中始终没有丧失主体自由,而反过来,由于债权直接指向他人的自由,如果以债权本身为起点,无论如何都不能解释债务人的主体自由何以就合法地成为债权的标的。[1]以自由的视阈立论,意境高远,却与问题本身并不契合,将履行义务与自由牵扯到一起太过勉强,因为很显然,自由的含义本身就包括对自由的放弃。距离发现请求权陷阱如此之近,龙先生却没能捅开窗户纸。

第三节 接受与请求——结果与手段的关系

哲学上,结果与手段是一对基本的范畴,结果高于手段,是手段所要达致的目的所在。结果的意义和价值是终极的,而手段作为手段,意义和价值是工具性的。请求权与接受权,体现的正是手段与结果的关系,由此决定了二者的彼此地位:接受权是权利的本体,而请求权仅仅是其一个附属的属性。

---

1 龙卫球:《债的本质研究:以债务人关系为起点》,载《中国法学》2005年第6期。

债关系中，请求显然是一个以获得或接受履行为目的的行为，正常情形下的最终结果亦是接受或获得了履行，而这种接受履行的状态作为结果，本身就是一种权利，而且是比请求更为根本性的权利，然而在传统的视野中，这一事实被完全忽略了。正是客观上在先存在着这样的结果关系，请求作为手段，才具有了自身的依据：之所以可以请求，原因在于权利人有接受履行的权利。本质上，请求是一种对他人的命令，一种纯粹的主体意志，意志是任性的、任意的，不可能是一种独立的权利，其行使必须以客观关系为根据，这便是作为结果关系的接受权。

作为结果关系，唯一性是其标志性的特征，债关系中，接受、获得履行是唯一的正当结果，这种唯一性决定了接受权具有请求权无可相提并论的主体性地位，而请求权作为手段，只是接受或获得履行的方式之一，义务人自动履行是与依请求履行并驾齐驱的获得履行的方式。实证法上，法律并无请求为启动司法程序的前提的规定，自动履行与依请求履行的二分格局，是请求为手段权利而非权利本体的十分明确的昭示。以请求权为债权的本体，无法解释在未请求的情形下权利人的权利状态。依请求履行抑或是自动履行，完全是两种不同的义务，按照现行的债权为请求权的通说的逻辑，既然债权为请求权，那么债务人的义务显然只能是依请求而履行的义务，两种义务在具体的实证内容上差别极大。对于如此大的漏洞，竟然毫无察觉，传统理论的粗糙有些离谱。

手段作为手段，相对于结果处于次要地位，原因即在于与结果对应的手段不会只是一种。实证法上并无依请求而履行的规定，然而这样的规定在逻辑上却是成立的，在这样的情况下，结果与手段形成了完全的一一对应关系，接受履行与请求履行分别构成唯一的结果和唯一的手段，接受作为结果权利的意义被冲淡了。即便如此，虽然实证法上没有区别，接受的权利就是请求履行的权利，但在解释上仍需设定接受权：请求表达手段，接受表达结果，这样的区别对于表达权利具有终极性的意义，结果决定手段，只有在结果关系中，权利关系才能得到淋漓尽致的终极表达。请求本质上是手段性的，表达不出权利关系的终极含义。

依请求而义务人履行与义务人履行是两个完全不同的概念。义务人履行是内容，请求履行只是内容即履行的形式，除了请求，履行还可以以自动的形式进行。在具体的情境下，义务人履行义务须依权利人的请求而进行，典型者为民事诉讼程序中的诉权，刑事诉讼程序中的自诉权，等等，在这些场合中，义务人的义务依权利人的请求而发生，权利人未请求，义务人不发生履行的义务。但即便在这种情况下，权利人的权利亦非请求的权利，请求只是权利的一项权能。而在债关系中，义务人履行义务并无依权利人请求而发生的必要，作为基本的逻辑，义务人履行义务符合权利人最大利益，亦符合权利人自己的自由意志。诉权等之所以以请求作为义务人履行义务的前提，因为其涉及的是他人与另一个他人的关系，即实体权利人与义务人之间的关系，而不仅仅是司法机关直接与原告作为权利人的关系。

自动履行与依请求履行，是履行作为内容的发生形式，履行本身才是内容。在债权关系中，即便法律规定债权人的债权为请求权,也只是意味着请求是债权发生的方式,而非债权的内容本身,况且法律并无这样的规定。

第四节　接受权能

债权的基本含义是接受权,接受是其最根本的权能,另有请求权作为其附属的次要权能,本质上是对接受权能的主张的权利。权利及其对权利的主张的权利,是以新的视角观察权利所得出的权利的立体结构,传统理解中,权利的"图景"是平面的,权利仅仅被理解为对客体的关系,而没有同时理解为权利与自身的关系。债权关系中,接受作为最核心的权能,是直接对物或行为的客观关系,而对该客观关系的明确和明示主张,便体现为请求权,即明确命令义务人履行义务。接受权与请求权显然是不同的,最充分的表现就是:即便没有明确的主张,即没有请求行为的发生,接受权能依然存在。义务人自动履行,权利人有权利接受。

债权是接受权,这是一个支配力味道十足的权利概念。表象上看,"接受"似乎只是一种被动的行为,只是源于义务人在先的给付行为,方有权利人的"接受"行为可言。但这仅仅是对"接受"含义的初级理解,当然,该种含义也构成了债权即接受权的一种权能,尽管因接受的被动性质,其权利的意韵被冲淡了。被动意义上的"接受"是权利,意味着:特定人的接受是一种正当的接受,一种具有资格的接受,其事实意义上的对给付的占有不会被剥夺;而没有权利,则没有法律意义上的接受，事实意义上的接受即事实意义上对给付的占有会被剥夺。

接受权的核心权能是其第二种含义，在这种含义中，“接受”所体现的则是一种主动的、积极的力量和作用力，在与给付的关系上，“接受”完全是一种在先的行为，它在先设定着给付行为，因为接受权的存在，所以有给付行为的必然发生。接受权意味着：义务人必须做出给付的行为。因而接受权最实质的定义是：使得义务人必须给付的作用力，这种设定义务人给付行为的法力显然是一种十分充沛的权利。

在实证法上，这种法力表现为：义务人未履行给付，权利人便具备了诉讼的资格，以公力保护自己的权利。因为这种法力的存在，权利人无须对义务人的任何“请求”，便可直接诉诸公力。而以所谓的请求权解释债权，显然与实证法的规定相矛盾，按照请求权的思路，权利人未“请求”之前，不应该成立公力上的诉权。

接受权直接设定了义务人的给付义务，是“使得”义务人履行给付的权利，而非请求对方给付的权利，“使得”给付与所谓的“请求”给付，二者在深刻程度上，天壤之别：“使得”给付，是最直接的权利，是无条件的权利，是不作为的权利，而“请求”给付则只是一种有条件的权利，是一种作为的权利。行政法上，有征收权的概念，接受权与之存在很大共性，加以比对，对理解债权为接受权以及接受权的内涵具有极大的启示意义。

征收的通常定义是行政机关无偿取得公民财产的行为，除了主体上的区别，债权在本质含义上与征收权精确吻合：强制取得他人财物的权利。与接受权相比,征收概念能表达出债权主动性、强制性的特征。征收表达的是权利主体积极、主动的取得行为,接受权被动的含义要更多一些。接受或者征收,具体含义是事实上、法律上控制他人对象(财物)的权利。征收权就是一个终极概念,从未有人迂腐到以请求权解释征收权,债权也一样,它的本质就是私主体"征收",不需要再以其他任何的权利解释其本质。在合同等债关系中,在征收权维度下,权利人具有一种使得义务人必须自愿给付的作用力,简单的模型就是:义务人未给付,权利人直接依征收权或接受权即事实上对他人财物的控制权行使公力救济。

不同权利之间是否能够进行优劣比较,诸如物权是比债权更好、更优良的权利,这样的命题是否成立?如果成立,衡量的标准是什么?这是一个非常有趣味的问题。从对权利人利益大小的角度比较,接受权与请求权完全不在同一个层次,前者具有非常大的比较优势。

接受权究竟意上是作为目的的权利,成为目的是主体的最高目的和最高价值,请求权的极致意境无非是自由意志的行使,当然也很重要,但与目的范畴相比,还是稍逊一筹。哲学意义上,接受权表达着"无"的神韵,而请求权体现的只是"有"的境界。不行为的权利与行为的权利,前者体现着"无限",后者被框定在"范围"之中,区别是实质性的。以通俗的语言表达,请求权作为权利,同时也是一种义务,自身中明显包含着自我限定的另一种含义:无请求,无履行。而在接受权下,权利是绝对的,权利人坐享其成,不需要任何的主动行为。

与请求权相比,征收权或接受权的内涵显然更丰富,针对的范围亦更为广泛。这是一种无条件的权利,请求权被包含在了征收权或接受权之中,不必请求,义务人即必须履行,权利人请求,义务人履行的义务自然不言而喻。请求他人作为或不作为的权利,逻辑上是权利的一种方式,但这样的权利却非最优良的权利,从权利最大化的立场而言,对债权人所设定的应该是一种非请求的权利。非依请求的权利是一种无限的权利,即无条件的权利,而请求权尽管表象上似乎表达着一种十足的权利,但这种请求同时亦是一种条件,请求本身即是对权利的自我限定。显然,请求一方面是对义务人履行义务的命令,另一方面也是义务人履行义务的条件,权利人未请求,义务人无义务自动履行。

非依请求的权利则为无条件的权利,是不以请求为条件的权利,却又完全将请求的权能包含于自身。义务人的履行是无条件的,不须权利人的任何请求,义务人便应自动履行。无条件包含有条件,不请求即须履行,请求对义务履行的权利效力,不在话下。而有条件的权利则画地为牢,永远只能限定在自身的条件之上。无条件包含有条件,有条件却不能包含无条件,无条件的权利与有条件的权利,二者之优劣,不言自明。

第五节　权利及对权利的主张权——请求权概念的意义生成

权利首先是对客体的关系,而对客体的关系必然导致权利的自我关系,因而在构成上,权利是由权利和对权利的权利两种要素组成的二元结构,所有权、债权均是如此。所有权人对客体的权利表现为占有、使用、收益、处分等具体的权能,同时,逻辑上存在着将这些权能转让、放弃等关系,在这种关系中,权能本身直接被作为了对象,构成了对权利的权利。在债权关系中,同样存在着该种关系,即债权的对客体的关系所生成的自身对自身的关系,债权人转让、放弃债权等关系是债权的自我关系,债权本身被作为了对象。这种关系是与债权的对客体关系完全不同的一种关系。除转让、放弃等关系外,权利中还存在着另一种重要的自我关系,这就是权利的主张关系,破解请求权概念的关键信息,就隐藏在该种关系之中,所谓的请求权,逻辑上其实无非是该种对实体权利的主张的权利。

从客观逻辑上来说,权利之上另行存在着对权利的主张权,权利与对权利的主张权,构成了立体的权利结构。权利与对权利的主张权不同。债权是接受权,所有权是占有、使用等的权利,这些权利本身不必向义务人主张或请求,债务人自动履行给付,债权人接受;所有权人对物的占有、使用等更无须对任何人的请求,义务人违反义务,权利人径直提起诉讼,不存在向义务人请求的问题。但另一方面,义务人违反义务,权利人具有直接请求义务人行为,即直接向义务人主张权利的权利,显然是天经地义的一个结论:接受权、所有权是权利本身,不是对义务人的请求关系,对接受权、所有权的态度,另行构成对权利的主张的权利,是直接对义务人请求的权利。

无论债权还是物权,均同时存在着对人关系与对物关系,债权作为接受权,接受的客体当然是物,对人的关系则体现为请求债务人履行的权利;“物权”的客体为物,而学说上所谓的物权请求权,显然属于对人的关系。债关系中,作为原权利的为接受权,请求权则为其上的一项权能。请求权的存在首先体现在原权利即接受权的公力救济的表达方式中,对原权利的公力救济就是对司法机关主张权利人对债务人的请求权,离开债权人对债务人的请求权,债权人对原权利的公力救济的主张,便无从表达。

然而,作为公力救济表达方式的请求权,并不是请求权的全部含义,请求权的更基本的含义,是直接对债务人的请求,即在诉讼程序之外对债务人的履行请求。该种请求权的设立,为债权人与债务人的私法自治提供了广阔的空间,相反的情形下,债权人的请求权仅仅体现在作为公力救济的表达方式中,诉讼成了请求权的唯一载体。

请求权的真正含义体现在诉讼之外,是在诉讼之外体现出来的对义务人的请求权。实际上,面对债务人未履行或义务人损害所有权的行为,权利人或者选择起诉,或者向义务人主张权利,两种选择下的请求权大相径庭。从终极结果看,向义务人主张权利最后亦以诉讼作为救济方式,与权利本身的救济方式完全重合,既然直接依本权即接受权和所有权受到损害便可直接提起诉讼,而向义务人请求后的救济方式亦为提起诉讼,请求权因此似乎丧失了意义。徐晓峰博士正是基于这一理由,彻底否认了请求权的存在。

主张权即请求权的设立,一方面直接将权利与权利的主张权区分开来,主张权或请求权可以消灭,但权利本身却并不消灭,所谓的自然之债,在权利与权利主张权区分的概念下,得到了合理的终极解释;另一方面,主张权的设立,将对待权利的态度作为权利的内容并相对独立出来,权利可以放弃,权利可以主张,权利及其主张权的立体结构,才能真正表达出作为权利灵魂的自由和选择的极致境界。权利与主张权的区分,创设了权利人在诉讼与主张之间的任性选择,相反的情形下,债权、所有权受到损害,诉讼显然成为一种被迫的选择。

将权利与权利的主张权区分开来,构成了关于权利的立体画面,权利与对权利的主张是区分的,对待权利的态度即对权利的主张权构成一个相对独立的意义空间。但另一方面,区分的目的是为了合一,对接受权、所有权主张的权利,同时亦正是接受权、所有权的内容。

权利是一种立体结构,权利之上另行存在着对权利的主张的权利,这一立论,最终揭开了请求权概念的谜底:所谓的请求权,其实就是对权利主张的权利,并不是独立的权利本身。

义务人违反义务,权利人对权利的主张即对义务人的请求构成一种相对独立的权利,但如果缺乏功能,则显然形同虚设。功能当然明显,对义务人的请求或主张,可以消灭相当数量的诉讼官司。在一定意义上,债务人未履行、义务人侵犯所有权人的占有等等,也是义务人的一种权利,作为权利人的一方,未必一定会主张权利,因此权利人主张权利,是权利中的一项重要内容。知悉权利人对权利的态度,是义务人履行义务的基本考量,权利人是否主张权利,左右着义务人义务的履行。直接地说,主张权利能极大促成履行行为的发生。没有诉讼外请求权的存在,权利人唯一的选择便为诉讼,而请求权的设立，为当事人的意思自治提供了空间。

另一方面，对义务人的主张是否具有实证法上的规范效力也是一个实质性问题。无救济即无权利，对义务人的请求如果不能发生任何实证法上的规范效果，请求权的存在显然无从体现。起诉是规范效果之一，但依接受权或所有权本身亦可以直接起诉，起诉与对请求权的救济之间似乎缺乏必然的关联。

对请求权真正的规范效果体现在时效制度当中。请求权的行使，直接产生中断时效的效果，时效中断，赋予了权利人超越时效限制的巨大利益。中断时效制度的建立，是请求权存在的最充分的逻辑根据，没有时效中断制度，请求权便缺乏直接的救济方式，因而没有意义。所有权关系下，权利人对义务人主张权利，具有阻断产生取得时效的效力，其存在同样体现在时效制度当中。

请求权是对权利主张的权利，是在诉讼程序之外直接对义务人的主张，而在诉讼程序中，也体现着权利人对义务人的主张权，因接受权、所有权等受到损害而起诉，就是向司法机关主张权利人对义务人的请求权，对义务人的请求权，是对接受权、所有权的公力救济的表达方式，离开请求权概念，对接受权等的公力救济便无从表达。作为公力救济表达方式的请求权，当然受到时效制度的规制，但只适用有关时效消灭的规定，并不具有时效中断的效力。现行学说中关于起诉具有中断时效效力的说法并不严谨，韩松教授的研究表明，起诉直接终结了时效，根本不存在中断的问题。

请求权的实质是对权利的主张的权利，权利是由自身及其主张权构成的立体结构，在立体维度下解构债权、所有权，债权体现为接受权与请求履行的权利，所有权体现为占有、使用等的权利与请求排除妨害等的权利，均由权利本体与请求权的二元结构所构成。传统理论所有权与请求权对立以及请求权为独立权利的观点，大谬不堪。请求权根本不是什么独立的权利，而是共同体现在债权、所有权中的一项权能。

第六节　给付义务与依请求给付义务——债权非请求权的实证法依据

作为手段的权利与作为结果的权利，在终极意义上解释了接受权的逻辑依据，彻底消解了债权请求权概念的存在意义。手段权利与结果权利，哲学意韵缥缈云间，对于脚踏实地的大众而言，也许难以捉摸，只有给出实在法上的理由，才能触动习惯于形而下的僵硬思维。

逻辑上，给付义务与依请求给付的义务完全是两种不同的义务，请求权所设定的是依请求给付的义务。实证法上，依请求给付的义务构成一个特定的类别，其特征是不请求则无义务，所对应的权利才是请求权。这类权利义务关系与债关系完全不同，只能从权利的角度予以表达或者界定。下列法律规范表达着真正的请求权：

承租人优先购买权　《合同法》第230条：出租人出卖租赁房屋的，应当在出卖之前的合理期限内通知承租人，承租人享有以同等条件优先购买的权利。承租人有权请求优先购买，租赁人的履行义务依承租人的请求而产生。

抵押权人担保请求权 《物权法》第193条:……抵押财产价值减少的,抵押权人有权要求恢复抵押财产的价值,或者提供与减少的价值相应的担保。

共有人财产分割请求权 《物权法》第99条:……没有约定或约定不明确的,按份共有人可以随时请求分割,共同共有人在共有的基础丧失或者有重大理由需要分割时可以请求分割。

托运人变更地点请求权 《合同法》第308条:在承运人将货物交付受货人之前,托运人可以要求承运人中止运输、返还货物、变更到达地或者将货物交给其他收货人,但应当赔偿承运人因此受到的损失。

依请求而成立的权利义务关系在民法关系中代表着一个小的种类,其明显特点是无请求,则无义务。传统上所误认的请求权则完全不同,与所谓的请求权对应的义务并非依请求而履行的义务,相应的权利义务关系亦无法从权利即从请求权的角度予以描述或者界定。《德国民法典》《法国民法典》对合同之债、侵权之债、不当得利之债、无因管理之债大体上均从义务关系的角度予以界定,若替换成权利关系角度,其所表达的法律精神和内容,则大相径庭:

《德国民法典》

侵权之债:第823条 因故意或者重大过失不法侵害他人生命、身体、健康、自由、所有权或者其他利益者,对他人因此而产生的损害负赔偿义务……

不当得利:第812条 无合法原因而受领他人的给付,或者以其他方式由他人负担费用而受到利益的人,给付人有权要求其返还……

《法国民法典》

合同之债:第 1101 条 契约为一种合意,依此合意,一人或数人对其他一人或数人负担给付出、作为或者不作为的债务。

侵权之债:第 1382 条 任何行为使他人受损害时,因自己的过失而致行为发生之人对该他人负赔偿的责任。

不当得利:第 1376 条 因错误或故意而受领不当受领之物者,对给付人负返还其物的义务。

无因管理:第 1375 条 所有人的事务经适当管理者,管理人以所有人的名义所订立的契约,所有人应履行之。所有人并应补偿管理人因管理而负担的一切个人债务,对于管理人所支出的有益或必要的费用亦应偿还之。

上述基本的债关系中,义务人的义务非依请求而履行的义务,因此不可能从权利的角度界定债权,进而债权亦不可能是所谓的请求权。

实在法上,逻辑上一以贯之,针对请求权应设立依请求给付的具体法律规范,即债务人的义务应为依请求给付的义务而非给付的义务。给付的义务与依请求给付的义务,根本上是完全不同的两种义务。将程序法上的司法机关的救济义务作为参照,两种义务之间的区别更加清晰:民事程序的救济是依请求的救济,而刑事程序上的救济则为司法机关的自动救济,依请求或者自动适用,代表着不同的义务规范,体现着不同的法律价值取向,不可缺一。现行实在法上,显然没有关于依请求给付的些许规定。如此立法,违背债权债务关系的自然法理,事实上实在法上也不可能作出这样的规定。债务人的履行以权利人的请求为条件,不请求即不必履行,如此的规定,无疑鼓励债务人的不履行行为,培养其投机意识。负有义务就应该自动履行,欠债还钱天经地义,不存在需要权利人请求的任何理由。

请求的确具有一定的法律意义,债权不是请求权,但请求权却是债权的一项权能。徐晓峰博士反对请求权概念,认为请求权不但非独立的权利,而且亦非权利的权能,所依据的撒手锏是实在法上并无对应的规范结果。[1] 从规范结果的角度证伪请求权概念,徐先生的确抓住了请求权概念的命门,其思维的犀利,国内学者中凤毛麟角。推翻请求权概念,哲学模式是最究竟的维度,但其抽象思辨的本性影响了受众的接受效果。相较而言,形而下的实在法根据对于平常思维的大众,论证的效果立竿见影。关于请求权概念,攻讦其的实在法根据其实非常简单,那就是关于请求权的规范效果的追问:请求权的规范效果是什么?

权利体现在其规范的效果之中,无救济即无权利,这是学者们再熟悉不过的法律谚语。以请求权为独立权利或权利的权能,行使请求以及义务人拒绝请求后,必须存在对应的规范效果。诉讼是无须以权利人先行请求义务人为前提即可直接提起的程序,因而显然不是针对请求而设计的规范结果。徐先生打开的规范效果的新颖

1 参见徐晓峰《诉讼时效的客体与适用范围》,载《法学家》2003 年第 5 期。

视野，几乎给请求权概念作出了极刑判决。

现行实在法中的债权制度，合同之债、侵权之债等等，义务人未履行义务，权利人径自启动诉讼程序是无一例外的普遍法则，请求的功能以及规范效果，空空如也。

请求权的规范效果体现在时效制度上，如此的关系更加佐证了债权非请求权的结论，而徐先生对请求权概念“斩草除根”的态度似乎存在偏颇。权利人请求义务人履行，虽然与诉讼程序的启动毫无关联，却成立诉讼时效中断的规范效果，该功能不可或缺，但显然无法直接归结于接受权之中，以作为接受权权能的请求权解释诉讼时效的中断，却十分顺理成章。

时效中断是一种确定的规范效果，该规范效果直接针对请求权而成立，因具有了这样的规范效果，其与接受权本体共同的对债务人履行的强制效力的规范效果亦体现出来，请求权作为接受权的一项权能，具有了自己的存在根据。

第二章

物权请求权、人身权请求权证伪

第一节　原权与请求权——权利的基本结构

传统体系内，所谓的请求权主要包括三大类别，除了债权请求权，还包括物权请求权、人身权请求权，梁慧星先生的著作中，还别出心裁地提出了知识产权请求权的概念。这样的分类索然无味，将请求权作为一个体系加以研究，小题大做。真正的主题是从抽象和一般的维度，探究权利自身的内部结构，这个结构就是：原权利与请求权或救济权的关系。原权利之上存在着请求权，这是权利的一般结构、内部结构，建立了这一基本原理，债权请求权、物权请求权、人身权请求权、知识产权请求权概念显得有些荒诞：请求权是所有权利的内部结构即权利自身的一项内容，因此物权请求权、知识产权请求权等等的概念，多此一举。

原权与救济权是现行理论中关于权利的一个基本分类，这里的救济权体现的便为请求权。如果请求权的意义完全在于对原权利的救济，其在权利体系中便缺乏独立的地位与价值。除了债权，其他所有请求权都为救济的权利，这是学界目前的通说，接受权概念的建立，使债权请求权的救济性质亦被揭示了出来，所有请求权的统一的定义被发现了：对原权利的救济的权利。

所有请求权皆为对原权利的救济的权利，并不是原权利自身之外的独立的权利，这样的定位将请求权概念从神坛上拉到了地面：请求权概念的意义极其有限。

请求权难堪大任，甚至在救济权的意义上，亦完全可以理解为权利人主动行为的权利，而非请求义务人行为的权利。举一反三，所谓的物权请求权，直接界定为排除妨害的权利、取回的权利等等，逻辑上更为明白晓畅。

按照通说，物权请求权的基本含义是指物权的圆满状态受到妨害或有被妨害的危险时，物权人为回复其物权的圆满状态，可以请求妨害人为一定行为或不为一定行为的权利，具体分为返还请求权、妨害除去请求权和妨害预防请求权三种。《德国民法典》《荷兰民法典》《俄罗斯民法典》《意大利民法典》，以及我国台湾地区所谓“民法典”等都有返还请求权的明确表述，《日本民法典》虽仅规定了占有之诉制度，但经判例的解释与学说的协力，现今也构筑起了完善的物权请求权体系。国内学者亦普遍接受了这个概念，仅是对于其性质还存在着争论。也有孟勤国等少数学者强烈反对，认为将物权请求权作为物权效力，根本没有必要。

物权是支配物的权利，所有物被他人无权占有或侵夺，所有权人自然可以从他人处取回，这是最简单的道理，根本不存在请求返还的问题。传统理论舍近求远，明明是自己取回，却理解为间接地由他人返还。取回的本质并不在于事实上是否由所有权人自己完成占有的回复，他人的返还从他人的角度理解是返还，从所有权人的角度理解，他人的返还就是自己的取回。对排除妨害请求权、预防妨害请求权,可以作如同返还请求权同样的理解。问题的本质不是请求妨害人排除或预防妨害,而是所有权人自己排除或预防妨害,事实上由谁完成妨害之排除,并不重要,即便是由妨害人完成,也完全可以看作是所有权人的主动排除。既然现行理论所围绕的中心是“物权”的效力,因而自然应该以所有权人为理解的视角。所以,如果一定要在所有物被侵夺或被侵害问题上设定或者解析其中的“物权”效力的话,其所具有的“物权效力”也是取回权、排除妨害权利以及预防妨害权,而非返还请求权、排除妨害请求权等等。就我国物权法相关规定而言,第三十四条“无权占有不动产或者动产的,权利人可以请求返还原物”改为“权利人可以取回”,才更简洁,也更符合逻辑。董学立先生批评《德国民法典》第 902 条的规定,认为物权或所有权定义中不应包括“排除他人干涉的权利”之内容,因为“排除他人干涉的权利”已非物权内容,实属债权范畴。[1]其实《德国民法典》第 902 条的规定一点都没有错,从他人的角度理解,“排除他人干涉的权利”才是一种请求权,是一种债权,而从所有权人的角度看,就是自己的主动行为。

返还请求权、排除妨害请求权、预防妨害请求权完全是一种假的请求权,侵夺人作为他人的返还行为、排除妨害行为等完全都可以看作所有权人的主动行为。真正的请求权,即债权是无法从债权人的角度理解的,债务人的履行行为无法看作债权人的主动行为,只有债务人的履行才能成其为履行。

1　董学立:《物权法研究》,中国人民大学出版社,2007 年,第 109 页。

履行行为是只有在义务人的维度才能成立的意义。而在所谓的物权请求权中，并不存在这样的具有独立价值和意义的他人行为，他人行为的意义完全被权利人的行为所吸纳，正是权利人自身的行为本身。请求返还就是自己取回，请求排除就是自己排除，请求预防就是自己预防，在这里，他人行为与权利人的行为是完全同一的，因而并不存在请求行为的意义空间，权利人的自身行为构成了权利的全部内容。

权利人的行为与他人的行为在含义上同一，但究竟以他人行为还是以权利人行为的维度界定权利含义，表达的意韵却大为不同。请求他人行为，如请求返还、请求排除等等，表达的是对人关系，权利人自身行为；如取回的权利、排除的权利等等，则为对物关系。对物关系是对人关系的归宿，因而表达的是权利的终极意义。两种表达的尺长寸短，不言而喻。

第二节　物权即请求权与物权请求权

原权利与救济权之间的关系，充满玄机。依实证法上的规范，原权利受到侵犯，权利人可直接提起法律诉讼，救济权本身的意义甚至都成了问题：诉讼显然并非是对义务人请求的行为。除救济权的视角，原权利与请求权，还可理解为对象与解释的关系。在解释关系的维度，成立物权即请求权的命题。

将所谓的物权请求权戳穿真相，物权即请求权是一个致命的撒手铜。如果物权本身就是请求权，物权请求权概念显然索然无味。物权即请求权，这一石破天惊的立论足以令民法资深学者们目瞪口呆，然而这一立论正是出于学者们自己所认为的前提，王利明先生的物权法著作中，物权本质上不是人对物的关系，而是对人的关系的表述毫不含混[1]，将王先生的表述再直白地表达，其实含义就是：物权即请求权。

物权即请求权并不荒谬，恰恰相反，这一立论真正揭示了物权概念的真相，传统理论并没有理清对人关系与对物关系的头绪。实际上，对人关系与对物关系代表着关于物的权利的两个维度，但并不是两个独立的权利类型，无论物权还是债权，均同时既是对人的关系亦是对物的关系，既是对人权亦是对物权。关于所有权既是对物的权利，也是对人的权利，即便在传统理论中，亦有相当的肯认。传统学说中所谓物权的消极权能、排他的效力，称谓的就是物权的对人关系。有学者提出批评，认为消极权能、排他效力表达的是债权，不应该看作是物权的效力。依自身的前提而言，认为物权中包含着排他效力或消极权能，无异于主张物权中包含着债权，当然是不能成立的。但客观逻辑上，对物关系必然被归结为对人关系，对物关系与对人关系的关系相当明显，将其割裂是不可能的。物权中包含着债权，使得物权与债权的区分失去了意义，然而，转换一下思维方式，或许正是债权与物权、对人权与对物权区分的理论本身就是错误的：所有权是占有等对物的权利与请求权作为对人的权利的

1　王利明：《物权法论》，中国政法大学出版社，2008 年，第 4 页。

一体,债权是接受权表现出的对物权与请求权的一体,二者的区分不是对物权与对人权的区分,而是同为对物权与对人权的具体方式上的区分。对物权与对人权存在着不同的结合方式,债权与物权由此区分开来。

所有权既是对物权,也是对人权,所有权中包含着债权,已经摧毁了传统理论中的请求权概念,但对物权与对人权的同一关系的终极意义还未表达出来,并列关系或包含关系的理解,对所有权概念的建构缺乏逻辑原点。实际上,二者之间最玄妙的关系是:将所有权理解为占有、使用等对物的关系,将对人关系理解为对物关系的解释,对物的占有就是意味着可以排除他人的占有等等,占有等权能的含义是在排除他人的占有的意义上得以表达的。在解释关系的维度下,建立起了所有权即是请求权的命题。

解释关系的概念是必须建立的思维模式,以解释关系审视权利概念,突破了并列关系、包含关系等平面的空间关系,打开了一个理解权利概念的全新视野。请求权是对占有、使用等权利的解释,因此所有权的实证规范意义上的定义就是占有、使用、收益等的权利。在解释关系的概念下,建立起了所有权就是请求权的命题。物权即请求权与物权请求权,在二者的对比当中,物权请求权概念失去了意义。

请求权概念是"无意"的,现行关于请求权概念的理论十分热闹,也十分混乱。关于所谓的物权请求权,学者们痴迷有加,将其当作一个高深的重要的原理加以阐释,观点五花八门,非常繁荣。陈华彬先生未必将材料搜集齐全,就归纳出了债权说、物权说等五种说法。关于人身权请求权，竟然存在着同居权请求权的怪论。学者认为同居权是请求权，完全是对生活事实的胡乱涂鸦。婚姻关系中的成年人都知道，夫妻生活不需要相互请求，直接行为是表达爱意最直接和正常的方式，或遇对方拒绝，尊重对方，终止行为而已。行为交流、行为方式，是其中最简单的道理。

第三章
诉权请求权证伪

第一节　请求权与受护权的拆分以及诉权的含义

诉权是民事程序法中最基本的概念，至今不能将该概念的含义弄清楚，以皓首穷经形象示人的法学专家们应该感到汗颜，苛刻点说，未揭示出诉权的本质，现行的诉讼理论就配不上科学的称号。关于诉权的定义，纷纭的学说令人眼花缭乱，本案判决说、司法保护请求权说等等，多种学说相互攻讦，乱作一团。阻碍发现真相的因素复杂，但真正的“元凶”就是请求权概念。诉权的本质就不是请求权，各种学说尽管表面上针锋相对，其实完全是“一丘之貉”，在请求权的基调上“我长你短”，五十步笑百步，并没有根本的区别。

按照流行的通说，实体意义的请求权概念，是温德沙伊德从“action”概念中分离出来的，即从诉讼程序中分离出了实体意义上的请求权。由此可以看出，请求权概念在民法实体法体系中的“泛滥成灾”，就肇始于诉权请求权。因而证伪诉权请求权概念，不但本身富有意义，而且对整个请求权概念体系，具有正本清源的巨大价值。

法理上，实体权利受到侵害，必有公力救济予以保护，否则权利便形同虚设，所谓无救济则无权利，显然，获得国家公力保护和公力救济的权利是权利人的一项基本权利。现行理论将诉权理解为请求国家予以保护的权利,诉权被界定为了请求权。

请求保护的权利与获得保护的权利,表达的意境迥然不同。获得保护是一种终极的结果,而请求保护仅仅表达着针对终极目的的一种手段,请求保护的目的当然是最终获得保护。

获得保护的权利才是一种终极的权利和目的意义上的权利,该权利可以放弃,可以主张,而所谓的诉权,其实正是对获得保护权利的一种主张,是获得保护的权利即受护权的一项权能。是否主张受护权,是权利人的自由,不请求,不主张,国家不会自动提供保护。

应将请求权还原为受护权以及对受护权的主张权,诉权作为请求国家保护的权利并不成立。依现行诉权请求权的理论,表象上,败诉的原告拥有的当然为诉权,其行使的是请求国家保护的权利。然而,请求作为权利,是因为其内容必须被实现,败诉的原告,请求被拒绝,无任何效力的请求行为不可能成为一种权利,结论令人错愕:原告并不拥有诉权。逻辑上,无论败诉原告拥有诉权还是不拥有诉权,都显得相当荒诞。

诉权本就不是直线式的请求国家保护的权利,而是立体的对受护权的主张的权利,该解构之下,败诉原告的诉权悖论不再难解。

作为对受护权的主张的权利,诉权表达的是原告对客观权利即受护权的一种主观态度,原告表达自己对受护权的主张态度,法院的义务是对其主张作法律上的判明,无论胜诉抑或败诉,都是对原告主张的一种审理结果,主张权作为权利因此得以成立。

对权利公力救济的权利是受护权而非请求保护的权利即所谓

的诉权，受护权将权利人与非权利人严格区分了开来：非权利人可以主张受护权，但不会拥有受护权，即不会胜诉；作为一种客观权利，只有权利受到侵犯的人，才有受护权的成立。

表象上看，诉讼程序中，当事人与司法裁判机关存在的的确是明显的请求关系，民事诉讼以不告不理为原则，符合民事诉讼的自然法理。债权作为请求权被证伪，所依据的一个基本理由是：即便权利人未请求，义务人亦必须履行义务，请求的意义空间极其有限。而在民事诉讼程序中，司法裁判机关显然并无这样的裁判义务，请求是启动诉讼程序的前提条件，因而除了将诉权归结为请求权，似乎并不存在其他的可能。

即便在债权中，请求亦具有一定的功能，诉讼程序中请求的意义更为明显，并不奇怪。问题的关键是请求仅仅是诉权的一种权能，抑或是诉权本身。

请求依附于一种具体的实体权利之上，或者说请求权概念下面隐藏着一种特定的实体权利。请求权与实体权的直接同一，将其所依附的实体权利掩盖了。在与刑事诉讼程序的对比中，民事诉权作为请求权，其所隐藏着的实体权利能够被清晰识别出来。

刑事诉讼程序中，设立有公诉制度，公诉制度下，受害人并无请求启动诉讼程序的权利，却享有实体权利，刑事诉讼的目的之一显然是对公民的保护。对刑事诉讼程序体现出来的这一法律现象的合理解释是：公民享有获得国家保护的权利，该种保护是国家的自动保护，公民不必向国家请求保护，或者理解为享有获得保护的权利但却没有请求国家保护的权利。也就是说，在刑事诉讼中，实体权利与对该实体权利的主张的权利即请求权是分离的。

实体权利以及对实体权利的主张的权利即请求权是权利的一个基本结构,依特定的法律关系价值取向的不同,实体权与请求权存在不同的结合方式,民事诉讼中,实体权利与请求权直接合一,请求即被受理,不请求不予干涉,因此产生了一种幻象,本来作为实体权利的权能的请求似乎成了唯一的权利本身;而在刑事诉讼程序中,实体权利则与请求权利完全分离,在该种法律关系中,实体权浮出水面,显示出了自身在权利结构中的真正本体地位:因为根本没有请求权的存在,请求权鸠占鹊巢的伪装被彻底掀开。

民事诉权中请求权所依附的实体权即为受护权。私人之间存在着实体上的权利义务关系,私人与国家之间亦存在着这样的实体权利关系,前者如人格权、所有权,后者如选举权、游行权,等等,该命题是法律常识,似乎并不存在特别强调的必要。但知道常识是一回事,自觉运用理论探究法律现象却并不简单。诉讼现象中,所体现的本质关系其实是国家对私人的保护义务,以权利的角度,则为私人对国家的受护权利。受护权的发现,从根本上找到了解决诉权本质的正确路径。

受护权是指私人获得国家保护其特定法律处遇的权利,无论是给付之诉,还是变更之诉、确认之诉,都可以被涵盖在法律处遇的概念之下,给付之诉表象上看是对相对人的具体权利,实质上与变更之诉、确认之诉一样,是对相对人的一种法律关系,是一种法律处遇。

作为纯粹的实体权利,受护权的实现体现为国家裁判机关对私人特定法律处遇的认同和支持。该受护权的启动以私人即原告的请求为条件,但不能归结为请求国家保护的权利,请求仅仅是受护权的一项权能。从结果与手段范畴上看,请求总是一种手段,必然以某种特定的结果为归依,这里即体现为对获得保护结果的归依,获得保护是请求所追求的目标,作为结果指示着请求所针对的方向。

关于诉权性质的定性,关键的问题是诉权与实体权利的关系,包括自身是否为实体权利,以及与所针对的被救济的实体权利的关系。在第二个问题上,现行的解释陷入了难以自拔的泥淖之中:以为是对作为私权的实体权利的救济,没有实体权利的人便不应该享有诉权。按照这样的理解,原告起诉败诉,原告先前起诉的权利并不是诉权。该种理解实际上是将作为私权的实体权利作为了诉权的前提,诉权被作为了实体权利的派生权利。这与诉讼程序的功能显然尖锐对立:诉讼的目的就是对当事人之间的权利关系作司法上的判明,在裁判之前,是否存在权利关系根本就处在"悬决"状态。以诉权为实体权利的救济权,因裁判之前权利处在"悬决"状态,诉讼程序显然无法启动。相反的立场是将诉权与实体权利的关系斩断,以为诉权为纯粹的公法上的权利。如此理解的一个明显的便当是:为诉讼程序的启动提供了合理的解释,因与实体权利无关,任何人当然都可以对裁判机关提出请求启动诉讼程序。但缺陷亦同样明显:一个没有实体权利的人也享有诉权,诉权的正当性和价值产生疑问。有权利的人与无权利的人,总是要存在区别,法律的目的即在于对正当性的维护,对有权利的人和无权利的人表明不同的区别态度,对前者予以保护,对后者处以否定性评价。以诉权为与实体权利无关的纯粹公法上权利,自然正义所要求的法律的区别态度根本无从体现。这是一个更为严重的违反法理的硬伤。

建立受护权概念后,上述似乎无解的悖论被轻松化解。诉权是受护权以及对对受护权的主张权即请求权,二者显然均为公法上的权利,前者是纯粹的实体权利,后者是该实体权利的一项权能。只有享有权利的人才存在保护的问题,受护权概念本身鲜明表明了自身与私权意义上的实体权利的关系,将权利人与非权利人截然区别开来,强烈宣示着按照自然正义理念法律本应具有的不同立场。尽管无论有无权利,任何人都可以启动诉讼程序,但有权利的人因享有权利而具有受护权,最后会获得胜诉判决。诉权的本体为受护权,受护权的有无,在权利人与非权利之间设定了一道无法逾越的天然鸿沟。

第二节　客观之债与理解之债——权利的存在方式

客观之债与理解之债,客观权利与理解权利(主观权利),是从主观与客观维度上对债、权利的性质进行的追问,形而上的哲学意境不太容易被充分体认。但该维度上对权利性质的追问是究竟意上理解权利所必须进行的追问。无此追问,映现出来的就不是权利的本质,而是关于权利的虚幻的表象。而就具体的意义而言,该追问能够对诉权与实体权利的关系提供一个具有相当解释力的理解模式。

权利是客观的，债是客观的，然而客观权利、客观之债却以主观形式即理解之债、理解权利作为自己的表达形式，无论如何主张客观性，总是主体所理解的客观性，都不可能跳出主观性的禁锢，因而客观权利总是主体所理解的客观权利，至于是否为纯粹的客观权利，只有在法院审判之后才能得到假定意义上的认定。但如果以为权利完全是理解的权利、主观的权利，亦陷入了另一个极端，客观权利总是存在的，而且主体所理解的权利正是客观权利本身。

从权利的主观性的角度，审判之前的权利或者债，均为理解权利、理解之债，将主观性立场推至极致，甚至可以认为审判之前并不存在客观权利、客观之债，至少没有理由认为或者要求，原告所主张的权利即为客观权利。以此立场探析诉权与实体权利的关系，无论客观上是有无实体权利，都不影响请求法院裁判的权利，即不应先行为诉权设立实体权利的前提条件。但另一方面，总是存在着一个客观上的权利，即便是理解之债，也是理解的客观之债。理解之债概念的建立，将诉权是否以实体权利存在为前提的悖论彻底消解：诉讼程序的启动必须以实体权利的存在为前提，唯此方能体现出法律对不同法律处遇的当事人的区别态度所表达的自然正义理念，但另一方面，亦必须赋予任何人以启动诉讼程序的权利，唯此才符合裁判以确认权利为目的、裁判前权利是否存在并未判明的客观真实。在理解之债的概念下，原告是依自己的理解之债、理解权利而启动的，理解之债、理解权利是否为真正的客观权利在所不问，每个人都有自己的理解之债，因而任何人具有启动诉讼程序的权利得到了合理的解释。理解之债是形式上的实体权利,诉权以实体权利的存在为前提的客观要求同时得到了兼顾,诉权究竟是否以实体权利为前提的一直未解的悖论,迎刃而解。

诉权以实体权利的存在为前提,是对客观权利、客观之债的救济,无救济则无权利,反过来道理是一样的,即无权利,则无救济,诉权以实体权利为前提是必须坚持的立场。因未识别出理解之债与客观之债的区分,现行理论在关于诉权与私法意义上的实体权利的关系上陷入泥潭。

任何人都有启动诉讼程序的权利,诉权是对受护权的主张权,该概念成功将客观权利与主观权利结合起来:受护权是客观的权利,但对受护权的主张的权利则是主观的,是原告所理解的客观权利。诉权必以实体权利为基础,但又不能以实体权利为基础,理解权利的概念在似乎两难的窘境中找到了平衡:不是纯客观的实体权利,而是主观所理解的实体权利。一方面,诉权与实体权利无关的原则得到了体现,另一方面,诉权必须与客观上的实体权利关联:尽管任何人都可以提起诉讼,但只有实际享有实体权利的人,才能获得受护权,受护权真正体现着与实体权利的关系,真正体现着对实体权利的救济。

引入理解之债与客观之债的术语,厘清了关于诉权本质问题上的诸种混乱。这样的术语宣示着一种研究民法问题的哲学方法,即在对立的思维范式下审辩民法关系,在主观与客观对立同一的思维路径下思考,只有如此,才能将研究引向深入。现行学说中的主观权利与客观权利也是这样的对立术语,哲学中类似的对应概念更是司空见惯，幸福是主体的感觉还是客观上的状态、美是主体的感觉还是客观上的状态，等等，均属此类。形成主观、客观对立同一的思维范式，民法中的许多概念都会发生颠覆式的改变。

第三节 诉权理论评析

受护权是纯粹的实体权利，而所谓的请求仅仅是受护权的一项权能。厘清上述关系，如同登临泰山之顶，现行关于诉权的诸种学说一览无余。

学说一：私法诉权说

诉权是实体法上的权利，尤其是实体法上的请求权的强制力的表现，或者说是实体法上的权利被侵害转换而生的权利。

评析：永远不要低估大师的智慧。以萨维尼为代表的该说尽管有些瑕疵，诸如无法解释消极确认之诉等等，但其中所体现的诉权必与实体权利或实体关系具有关联的理念十分正确。学术是一种轮回，萨氏的理论即便不是当今的主流学说，但未必就不会在更高的起点上在未来实现否定之否定式的复古。实际上，作为流派之一的“二元诉权说”在相当程度上体现着私法诉权说的内容。

学说二：抽象诉权说

诉权是当事人向法院提起诉讼，请求合法审判和判决的权利。

评析：该说之所以被称为抽象诉权说，根据在于忌惮具体的判决内容与实体权利的关系，将诉权与实体权利作截然的撇清，划清界限,担心“若具有请求法院为具体判决内容的内涵,则诉权又具有了实体权利的内涵”[1]。是否具有实体权利,的确不应该影响请求法院审判的权利。然而若将程序权利与实体权利完全扯断,法律维护特定法律秩序以及正义的宣示功能和目的显然无法体现。

学说三:权利保护请求权说(具体诉权说)

诉权是当事人就具体内容请求法院作出利己判决的权利。李龙先生认为该说是大陆法系各国学术界的通说。

评析:虽然同为诉权公法说,但具体诉权说显然在诉权与实体权利之间搭建着相当程度的关联,公民在其权利受到侵害时,则享有要求国家保护的权利,这是该说解释诉权所遵循的基本思路,该说之下,实体权利的在先存在,是诉权成立的基础条件。但与私法说不同,该说鲜明强调诉权是对国家的权利。

学说四:本案判决说

该说后改称为纠纷解决请求权说,顾名思义,表达上更为直接。

评析:本案或纠纷显然是个与实体权利与义务没有任何关联的中性概念,诉权被作为纯粹的公法上的权利,按照该说,不论原告是否具有实体权利,任何人都享有诉权,而无论胜诉与否,亦都可以视为诉权的实现。

学说五:司法行为请求权说

司法行为是个极端抽象的概念,公民对于国家裁判机关即法院享有请求其按照实体法和程序法审判的权利。以司法行为概念替

---

1 段厚省:《民法请求权与民事诉权之关系考察》,载《河北法学》2009年第10期。

代权利概念,该说彻底切断了诉权与实体权利的关系,任何人,无论有无实体权利,都有权利要求法院审判。

公法诉权说的诸种学说,均立足于将诉权与实体权利割裂的立场,然而诉权客观上与实体权利存在着相生关系,以割裂的立场解释,终究会捉襟见肘,总会遇到解释不了的矛盾。抽象请求、具体请求、本案判决请求、司法行为请求,这些概念存在一些细微的差别,但在割裂二者关系的错误的大前提下,诸说之间并无真正的质的差别,任何一种学说对前说的改动均属换汤不换药,于事无补,距诉权本质的正解,差得很远。

学说六:二元诉权说

该说是苏联学者提出的观点,认为诉权分为程序意义上的诉权和实体意义上的诉权。前者为起诉的权利,后者为胜诉权。

评析:诉权不可能与实体权利没有关联,但构建二者之间的关系,显然存在着两个巨大的障碍。其一,没有实体权利,并不应该影响请求法院保护的权利,是否具有实体权利,正是需要在审判中才能查明的事项。因而一方面,诉权是请求法院保护实体权利的权利立场无法成立;但另一方面,法律不应该为没有实体权利的人设定任何救济的权利。哲学上麻烦的二律悖反在这里阻断了出路:无论正题还是反题,即无论是否以实体权利为诉权的前提,都会面对另一个完全相反的命题。其二,确认之诉等诉讼中,并不存在具体的权利,但诉却是成立的。

问题出在缺乏受护权以及法律处遇两个概念上,引入这两个概念,可轻松化解上述障碍。

受护权是获得国家保护的权利,显然是不折不扣的实体权利,而请求法院审判的权利,仅仅是受护权的一项权能。受护权与实体权利相连,本身亦是实体权利。因而诉权的准确定义应该是:请求法院保护特定法律处遇的权利。没有受护权的人,亦可以起诉,但无法胜诉;而享有受护权的人,则获得了法律对特定法律处遇的支持。起诉是一种权利,获得特定保护是另一种权利,相反,无受护权的人只享有一种权利。

请求法院审判的权利不是一种独立的权利,而只是实体权利即受护权的一项权能,程序权利与实体权利被完美地有机结合起来,相形之下,苏联学者提出的二元论,完全是程序权与实体权的简单相加,是缺乏生命灵性的僵死概念。

程序权与实体权利不可能没有关联,其间隐约的关系一直是传统诉权理论的困扰,似乎存在着关系,似乎又不存在关系,有流派认为二者之间存在关系,有流派否认二者之间存在着关系,受护权概念建立之后,这种隐约的关系终于显现出来:程序权通过公法上的受护权的中介与私法上的实体权利发生关联,与实体权利并不直接发生关系。

学说七:诉权否认说

国家与作为当事人的公民之间,严格意义上的权利义务关系并不存在,私人提起民事诉讼要求法院就此进行审判,是法治国家公民人格权及一般权利的作用使然,这种权利并不具有特定的内容,国家设立民事诉讼制度,提起民事诉讼,无非是公民作为当事人利用这一制度并服从国家审判权这样一种事实而已。

评析:在关于诉权的各种学说中,诉权否认说最为特别。该说根本上否认诉权的存在,给出的理由却是:审判是国家制度,原告提起诉讼,无非是使用或者利用国家制度的一种事实。该说提出了一个极为深邃的法理学追问:个人与国家之间是否成立清晰的权利义务关系?在审判所体现的国家与作为个人的原告的关系中,审判本身作为国家制度,基本的意义是一种权力,即审判权,而非对个人的义务。由此得出的结论显然是:原告提起诉讼,只是利用国家审判制度的一种事实,在审判关系中,并不成立个人与国家之间的权利义务关系。然而从个人本位主义的立场,国家对个人负有保护的义务,个人的利益和价值是最终的目标,作为工具的国家,存在的意义即在于对个人提供强制性的保护。在此意义上,个人与国家之间当然成立权利义务关系,因此在审判关系中,有诉权作为权利的存在。

国家本位与个人本位,两种立场并行而立,在审判关系中,个人与国家之间并不适用纯粹的权利义务关系。但在个人本位的维度下,诉权的成立,反映着个人与国家之间权利义务关系的一个侧面,不可或缺。

关于诉权本质的理论,多得令人眼花缭乱,不跳出传统的思维框架,不引入新的概念,各种理论的争斗不可能有最终的结果。受护权以及“客观之债与理解之债”概念,是否就是这样的将法学的“哥德巴赫猜想”毕其功于一役的“灵丹妙药”,需要详尽的分析论证,但毋庸置疑的是:两个概念打开了一个全新的视野,找到了一个通向真理的一个新的路径。

与实体权利的关系,是传统诉权理论研究诉权本质时所围绕的核心问题,受护权概念的精妙之处,正在于对该问题的成功解决:作为程序权利与实体权利的中介,受护权在请求法院审判的权利与在先存在的实体权利之间搭建起了桥梁,实体权利受到侵犯,引致受护权的产生,请求审判的权利则为受护权的一项权能,请求审判的权利与实体权利之间由此实现了完美的结合。检讨传统的诸种学说,私法权说执其联系的一端,淡化了请求审判作为程序权利的独立性质,公法权说执其分离一端,绝对断裂二者之间的脐带关系,过犹不及。受护权概念所体现的间接关系,成功揭示了请求权与实体权利既联系又区别的关系的具体样式,同时满足了私法权说与公法权说对诉权本质的核心关切。

诉权请求权是个伪概念。受请求权思维模式的影响,传统理论所陷入的误区是:将请求权即请求法院审判的权利作为了实体意义上的独立的程序性权利,也由此将诉权本质的探讨带入了死胡同,无法找到出路。形式意义上,诉权请求权是成立的,但请求权并不是独立的权利,如同请求权是债权的一项权能,而非债权本体,诉权请求权亦不是独立的权利,而是受护权的一项权能。将请求法院审判的权利作为实体权利即受护权的一项权能,显然实质意义上证伪了传统的诉权请求权概念。诉权是请求法院审判的权利,但仅仅是一项权能,这就是关于诉权的新主张的最直接和简洁的表达。

第四节 诉权与诉讼权利的关系——程序权利的真正含义

诉权与诉讼权利的关系，直接影响着关于诉权本质的理解。程序具有独立的法律价值，因而必须针对诉讼程序，为公民设立独立的程序上的权利，这些权利与实体权利无关。对比诉权与诉讼权利，诉权为程序权利的法律"天条"甚至应该遭到怀疑。在受护权概念建立后，诉权为程序权利的基础其实已经被瓦解掉了，所谓请求司法裁判机关裁判的权利，本质上是对受护权的主张权，受护权是纯粹的实体权利，对其主张的权利是实体权利的一项权能，无论受护权，抑或是其上的请求权，与程序权利的意义关联都十分模糊。现行理论或者以为诉权为纯粹的程序权利，或者以为其兼具程序权利与实体权利属性，还未见到主张其为纯粹的实体权利的观点。

以为诉权是程序权利，似乎不言而喻，实际上则含混不清，并经不起推敲和理性的严苛追问，诉权为程序权的定性建立在请求权的思维范式套路之下，前提就是错的，因而结论并不值得信奉。作为通说的程序说的流行，很大程度上是积非成是而轻信的结果，是认识过程中个体从众心理作祟所导致的盲从现象。认真追问诉权何以为程序权利，未必有人真正讲得清楚。

人身权、财产权等需要公力救济，基本的方式为司法裁判，裁判需要具体的规则以保证其公正进行，这就是权利实现的实质元素。前者即关于人身的权利、财产的权利为实体权，居中的为受护权，也是一种实体权利，后者即关于裁判的规则的权利是程序权利。如此划分，条理一清二楚。实体权利之所以为实体权利，因为其是关于主体身份、主体利益的权利，是作为权利本身的权利。关于权利本身的保护即裁判规则的权利，是为保护权利本身而设立的工具性权利，非为最终的目的性权利，因而是程序性权利。诉权即受护权是请求裁判的权利，自身亦构成目的，关于裁判规则的权利通过作为请求裁判的权利的工具的中介，最终体现为权利本身的工具。

关于裁判规则的权利即诉讼权利才是纯粹的程序权利，而诉权作为请求裁判的权利，是规则权利所围绕的目的，因而也是实体权利。在诉讼权利与诉权的对比关系中，诉权的实体权利本质显现了出来。

诉讼权利与诉权的关系，是程序法学中的基本问题之一，并无太大的争议，但学说疏于浅陋，远未将二者的关系解释清楚。如周永坤先生认为，诉权是提起诉讼和延续诉讼的权利，诉讼权利则是诉讼进行中的权利。正是诉权的运用才产生诉讼权利。诉权是“因”，诉讼权利是“果”。[1] 这种外在的区别即便成立，也是皮毛之别。请求裁判的权利与关于裁判规则的权利，如此的表达才真正解释清楚了二者的终极意义。

1　周永坤：《诉权法理研究论纲》，载《中国法学》2004年第4期。

第四章

请求权诉讼标的说证伪

第一节　目标事实与原因事实——诉讼标的的识别

诉讼标的即裁判的对象是什么，是关于诉讼程序现象一个基本的理性追问，描述诉讼过程，裁判的对象是什么显然是再直接不过的问题。其具体的功能性意义更是无须赘言，诉的合并、诉的更换等等作为诉讼中的基本程序或事项，所围绕的中心都是诉讼标的的确立，而一直令学者困惑的请求权竞合概念，症结亦在对诉讼标的概念的理解。因上述意义或价值，诉讼标的理论被作为了诉讼基础五大基础理论之一，地位虽稍逊于诉讼价值论、诉讼目的论等其他理论，但其独特的意义无法取代。关于诉讼标的，国内学界的研究基本围绕国外的三大传统理论展开，即旧实体法学说；诉讼法学说，包括二分肢说、一分肢说；以及新实体法说。

请求权是对权利公力救济的表达形式，请求的内容是一种目标事实，与目标事实对应的则为原因事实，目标事实与原因事实之间以权利作为关联的纽带，而诉讼的目的就是依据权利判断两个事实之间的关联，目标事实与原因事实的关系，才是诉讼的标的。请求的内容代表着原告意欲达致的目的，然而审理的中心却非请求的内容，而是话外之意，即产生请求的原因。

一个原因事实构成一个诉讼标的,在 A 案件中,原告以情势变迁为由要求解除合同,法院判决败诉;再以被告欺诈为由要求撤销合同,法院受理并胜诉。该案中,目标事实大体上是等同的,但原因事实不同,诉讼标的则不同。这里的原因事实的不同,指的不是对同一自然事实的不同法律解释,同一自然事实具有不同的法律意义,构成着不同的法律事实,法律事实不同是否构成独立的诉讼标的,观点上存有分歧。

原因事实可以构成一个诉讼标的,目标事实即请求权亦可以构成单独的诉讼标的。一果多因现象中,每一原因事实都构成一个单独的诉讼标的,相反的一因多果现象中,每一目标事实亦应构成单独的诉讼标的。自然意义上的事实是当事人的终极目的,因此自然意义上的事实是判断诉讼标的的绝对依据。纯粹的法律事实上的不同,不应该成为独立的诉讼标的。

事实是法律诉讼程序的核心元素,程序开始于自然事实,这一点容易理解,无论如何,所发生的事实都是裁判所针对的对象,实际上,裁判的终点亦是自然事实,是权利人应该被置于的一种具体处遇。从一种事实导致到另一种事实之间的关联根据则表现为法律权利,在另一个惯常引用的典型案例中,收回出租物的依据或者体现为所有权,或者体现为出租权。收回出租物,不但是法律关系,还是自然关系,而且自然关系是更为基本的关系。在自然关系的维度下,收回出租物便为一种事实,而且是唯一的。仅仅从法律关系,而没有同时从自然关系出发,现行民法基本概念上的诸多混乱,都肇始于此。

原因事实与目标事实之间的关系，便是学者一直争论不休的诉讼标的的真正含义，权利作为两种事实间的纽带，当然包含于诉讼标的之中，但其价值仅仅体现为两种事实因果关系中的根据，并不是最终的目的本身。

将诉讼标的界定为两个自然事实即原因事实与目标事实及其之间的关联，从根本上表达出了民事主体的终极利益和终极目的，请求权可以成为诉讼标的，但并不是诉讼标的的全部内容，不但原因事实才是最基本的诉讼标的，而且确认之诉等等完全不能归结到请求权的范围，原因事实与目标事实这样的概念，是诉讼标的最究竟的含义。

请求权作为诉讼标的，意义极其有限，尽管多数案件都以对义务人的请求权作为权利的表达形式，但构成权利人利益单元和价值单元的却是权利本体，即权利人的原权利，请求权仅仅表明权利人对义务人侵害原权利的一个态度：权利并没有被放弃。义务人的侵犯行为在权利人对权利表示主张的情形下才是违法的，权利人放弃权利，则并无侵犯行为的产生。因此，请求权的意义仅仅在于表达权利人对原权利的主张，并不是独立的实体利益：接受权是作为债权的原权利，债务人未履行，请求债务人履行是权利人对接受权的主张；所有权是原权利，对义务人的请求则是对所有权的主张。

在最终极的意义上，甚至原权利都不是诉讼审理的单体对象，识别诉讼标的的标准是权利主体的价值单元与利益单元，价值单元与利益单元是权利主体的终极目的，因此构成诉讼标的，而价值单元与利益单元的载体则为自然事实。

自然事实构成权利主体的价值单元和利益单元,因此构成诉讼标的。将体现价值单元与利益单元的自然事实作为诉讼标的,为识别诉讼标的打开了一个全新的视野。

以本质为自然事实的原因事实与目标事实作为诉讼标的,为关于诉讼标的的传统理论争议理出了头绪,旧实体法说将诉讼标的界定为实体权利,是界定诉讼标的最自然的想法。权利是民法的本体,似乎亦是最终极的价值目标,作为诉讼标的,天经地义。不过,最自然的想法却往往并不真实,须经过反思的升华才能变为真理。以实体权利作为诉讼标的,一个纠结的问题是:同一事实上会产生性质相同的两种以上的实体权利,一个诉讼标的构成一个案件,一个事实产生两个以上的诉讼标的,意味着一个事实会形成两个案件,显然不符合事实作为事实的单体性质,使得诉讼产生重复和冲突。

实体权利不能作为识别诉讼标的的标准,诉讼法说即所谓的二分肢说、一分肢说将事实、诉的声明作为标准,一个事实可以形成多个请求权,但诉讼中以请求表达的诉讼目的或诉讼请求却只有一个,诉讼法说真正捕捉到了诉讼标的的玄机。但诉的声明的概念仍然模棱两可,直接以目标事实加以表达,才更究竟。形式上,诉的声明就是对义务人的一种请求,只是未直接以请求权的形式表达。

原因事实、目标事实、自然事实、价值单元、利益单元,这些概念是解构诉讼标的的基础,以作为自然事实的原因事实与目标事实为识别标准,大体识别出了权利人的价值单元与利益单元,一个诉讼标的构成一个案件,一个案件只有一个诉讼标的,诉讼标的与案件的一一对应关系被建构了出来。

第二节　权利“位体”关系与请求权竞合

与诉讼标的相关的概念是请求权竞合，在实体权利的维度下，针对一个自然事实，会形成两个以上的请求权，请求权之间是一种典型的“一对多关系”，因此一种请求权得到满足，其他请求权随之消灭。传统理论将诉讼标的与请求权扯在一起，正确地建立起自然事实作为诉讼标的的理念，请求权竞合与诉讼标的的关系被从根本上切断。

“位体”关系是对象自身存在的一种结构关系，是对象（行为、事实）客观上的存在方式，即对象的本体与位格的关系。在静止和平面的意义上，该关系基本为内容和形式的关系，但与形式与内容的关系绝非一回事，“位体”关系表达的是对象的运动的和立体的关系，且直接表达实体本身的关系，其基本特点是：本体只有一个，而位格却为多个。作为对比，虽然表达内容的形式亦不一而足，但内容与形式范畴却表达不出形式之间的对立含义，而且内容与形式终究是实体的属性，而非实体自身。在“位体”范畴下，对象是一体的，但存在不同的位格，体现为一种位格，便不能同时体现为其他的位格；另一方面，不论体现为何种位格，本体上总是唯一的。撇开宗教的其他观点不论，其圣父、圣灵、圣子三位一体的概念包含有深刻的哲理，反映了客观世界对象存在的一般规律。

“竞合”是刑法和民法中共通的一个重要概念,刑法中为竞合犯,民法中为所谓的请求权竞合。无论关于竞合犯,还是关于请求权竞合,都存在着相当的争议,而后者的混乱更严重一些,不同观点之间在最基本的问题上也达不成共识。但无论如何,争议都不是关于“竞合”概念本身的,其已经被嵌入到了法律人的思维方式之中,成为习以为常的思维定式。

所谓“竞合”,刑法中指一个行为符合多种罪名的犯罪构成,却又是一罪,须按一罪定罪处罚;民法中的请求权竞合,指一项事实同时形成多种权利义务关系,但实质则为一种权利义务关系,权利人选择其一,经诉讼程序后,其他权利不得再为主张。

何以触犯了多种罪名,符合多种犯罪的构成要件,却是一罪?何以同一事实产生多种权利义务关系,却只能选择其中的一种提出诉讼?“竞合”概念本身对此并不能表达出任何的含义。这实际上表明,“竞合”并不是对所指向的关系的一种传神的精确表达,并非一个理想的概念。真正淋漓尽致描述该种关系的范畴是“位体关系”。

“位体关系”概念与“竞合”概念,二者意境迥异,前者灵动传神,后者静止僵死,完全不在一个层次上。刑法上关于竞合犯,想象的数罪与实质的数罪两种观点长期胶着,缺乏“位体关系 ”范畴,这样的争论,双方均理直气壮,不可能分出胜负。问题根本就不是想象与实质的关系,而是位格与本体的关系,位格是“多罪”,本体是“一罪”,这样的表达满足了关于竞合犯本质探究的任何欲望。民法上的所谓请求权竞合,亦同此理。

鉴于竞合犯概念早已约定俗成，尽管“多位一体”更能表达所指向的客观关系的精确含义，但抛弃竞合犯概念，改用其他语词的主张却并不现实，但在解释上，却必须引入位体关系范畴，否则无法清晰表达出竞合犯的真正意韵。而民法上的请求权竞合概念，甚至可以从民法概念体系中彻底除去。原因并非“竞合”词不达意，更深层的依据还在于：请求权不是基本的实体权利，实体权利或为人身权，或为接受权、所有权等等，请求权非实体权利，诉讼标的当然也不可能是请求权，因此竞合的是权利，而非请求权。

与实体权利的竞合关系相应的是自然事实与法律事实的“多对一关系”。

诉讼标的是自然事实，对应的概念为法律事实，自然事实只有一个，但对应的法律事实却可以有多个。以学者论述诉讼标的时作为典型案例的电动车案为例，乘坐电车受到伤害是自然事实，该自然事实只有一个，但对该事实却可以多样的法律进行规范，进而形成多样的法律事实，即法律关系事实：违约事实与侵权事实。因自然事实只有一个，多样的法律事实不过是对该单一事实不同的法律规范，体现的是同一个事实，该“多对一关系”在实体法上体现为实体权利的竞合。

同一个自然事实，对应着多样的法律关系事实，进而对应着多样的实体权利，然而多样的实体权利却无非同一个抽象权利的不同形式，二者体现了哲学上的“位体关系”，单一的抽象权利为“体”，不同的具体权利为“位”，“体”表现为特定的“位”，便不能同时体现为其他的“位”。实体权利的竞合现象，使得多样的实体权利只能选择其一，深层的根据即植根于“位体关系”范畴之中。

自然事实、法律事实、实体权利、抽象权利，四个概念完美解释了现行学说一直无法说清楚的请求权竞合、诉讼标的两大“麻烦概念”，自然事实是单一的，法律事实是多样的；实体权利是多样的，抽象权利是单一的。前者解决了诉讼标的的定义问题，为既判力原则的成立找到了答案；后者则阐释清楚了请求权竞合的真正含义。

第五章
担保物权及抵押权物权说证伪

第一节　权利作为权利的客体——权利客体的终极含义

在财产关系的角度，对物的占有、使用等是主体的终极目的，债权作为对物的接受权，属于手段性的权利，与所有权不可相提并论。物作为权利客体，表达着权利构成中的利益目标。但在传统理论中，权利本身作为权利客体即利益目标的关系被忽略了。

所有权是对物的占有、使用等的权利，占有、使用等权利或权能的客体是物，然而以物为客体构成的占有权等权利本身，同时又构成了自身的客体，存在着对占有权的支配权。所以，尽管所有权的直接定义是占有、使用等的权利，但该定义却同时包含着对占有权等的支配权利。

哲学上，同时成立着意识与自我意识的概念，意识以物为对象或客体，而对物的意识本身亦成为客体，对意识本身的意识即对意识的反思，才是人类意识的根本特性，动物也有意识，但未必会有自我意识。以意识与自我意识的概念作为参照，所有权的立体结构很容易解释清楚：对物的占有等权利本身，同时构成了权利的客体。

权利是权利的客体，但所有权的所有权、债权的所有权的结论却非常荒唐。区别在于：权利作为权利的客体是权利的内部关系，所有权本身的定义就是对物的支配以及对自身的支配,债权本身就是对物的接受以及对自身的支配。将所有权仅仅理解为占有等对物的权利,才存在所谓的所有权的所有权的荒唐结论。传统理论在权利作为权利客体的问题上颠三倒四,一直未能建立起权利作为权利客体的法学理念,直接导致了物权、担保物权等伪概念的大行其道。

即便在实证意义上,所有权作为占有等权利以及对占有权等的权利的立体结构也是十分清晰的。所有权人将作为客体的物,例如楼房转让,却禁止受让人再行转让,逻辑上最为合理的解释便是:所有权人仅仅转让了占有等权利,而没有转让对占有权等的权利。债权亦是一样,接受债务人的履行与将接受履行的权利转让他人,构成不同的权利含义,接受履行的权利同时构成着权利的对象,而转让后禁止受让人再行转让,同样应该解释为仅仅转让了接受的权利。

权利是权利自身的客体,物作为权利客体与权利作为权利自身的客体,对主体的意义大不相同:物作为客体,利益及意义体现为占有、使用;而权利作为客体,利益及意义则体现为对财产的表征和变现。

建立起了权利作为权利客体的立论,即建立起了主体的利益目标或目的:物与权利同时构成着利益目的,拥有权利与拥有物,相得益彰。该立论与所谓的担保物权概念的关联是:担保未必一定是针对物的转让或优先受偿,转让(受让)权利同时构成着主体的另一个终极利益目的。

第二节　抵押权物权及担保物权概念的荒诞

担保物权,长期作为德国、日本以及中国等国民法学的基础概念,学者对之安之若素的麻木态度令民法学蒙羞。担保作为债权保障的方法,是一个基本的民法主题,因此担保权的存在在逻辑上十分自然,所有权、债权等等是原权利、本权利,担保权与之对应,是对作为本权利的债权的一种保障,自身并不是直接的目的。正因如此,无论在英美法系,还是在大陆法系的法国等国,担保权都是一个被普遍接受的概念。担保权就是担保权,德国、中国等国学者将其称为担保物权,究竟意欲表达什么,非常莫名其妙。

从概念名称的基本规则上讲,物权概念的本质是从客体维度对权利的一种分类,因此称谓物权,意图表达的核心含义就是:该权利的客体是物。就担保关系而言,既不存在将其客体限定为物的逻辑依据,也没有在表达上强调客体为物的意义。实证法上的规定也是如此,权利是抵押权、质押权的一类基本客体,与物作为客体等量齐观,此情形下将担保权称为担保物权,显然并非表达客体为物的含义。

担保关系中的权利客体并非物,而担保权作为概念,名称本身便充分表达着支配权的含义,在担保权与担保物权两个概念的比较中,后者既与自身的客体体系存在矛盾,亦不表达担保权之外的更多的含义,从概念的名称上看,无论如何,物权或担保物权都不可能比担保权更能表达支配权的含义。道理足够清晰,真正成立的是担保权概念,而担保物权概念在逻辑上一塌糊涂,没有任何意义。

所谓的担保物权中,抵押权、质押权最为典型,国内当下的民法圈内,认为抵押权等为优先受偿权和物权的观点,绝对处于压倒性的强势。另类的观点以孟勤国教授为代表,主张优先受偿权为债权或程序性权利,非为物权。

无论英美法还是大陆法,无论德国法抑或是法国法,抵押权都是一个基础的概念。区别在于,英美法和大陆法中的法国法中,显然不存在一个担保物权作为抵押权的上位概念,抵押权就是抵押权,以物权、担保物权对其加以解释,没有任何意义,而在德国法、日本法以及中国法中,抵押权被定性为物权,即所谓的担保物权。

物、权利共同作为抵押权、质押权的客体,在此情形下,仍然将其定性为所谓的担保物权,这是一种赤裸裸的胡言乱语,提出例外说加以解释,[1]显然是自欺欺人。权利是抵押、质押的基本客体,根本就不可能属于例外或所谓的特殊情形。

从物作为客体表达权利的意义极其有限,何况在传统理论自身的体系内,抵押权等的客体还不限于物,何以一定执迷于物权、担保物权的概念,令人费解:将抵押权称为担保权与称为担保物权有什么不同么?担保物权概念比担保权概念表达更多的含义么?

权利亦为抵押权的客体,抵押权为担保物权的谎言便被揭穿了。不但如此,更大的谎言还在于:抵押权根本就不是优先受偿的权利,纯粹的序位关系,不可能形成两个权利之间质的不同。最简

1　参见王利明《物权法论》,中国政法大学出版社,2008年,第14页。

单的，两个抵押权之间亦存在比较关系，何以普通债权置后于抵押权便为债权，一个抵押权置后于另一个抵押权却仍然是物权？现行理论经不起最基本的逻辑追问。

抵押权不是优先受偿的权利，其本质其实完全是抵押人与抵押权人之间的关系，关系并不复杂：债务人未清偿债务，拍卖或变卖抵押标的，所得给抵押权人，剩余归抵押人，与普通债权人没有任何干系。而按优先受偿权的思路，剩余应该归普通债权人，实证法上，法律不可能作出如此荒唐的规定。

第三节　受偿权概念的怪论与优先受偿的债权

受偿权、优先受偿权的概念相当怪异，传统理论将所谓的物权定义为支配物的权利，抵押权作为对物的优先受偿的权利，如何体现着对物的支配关系，逻辑上根本就讲不通。物能够被占有、被使用……作为债权的客体可以被接受，其中都体现着支配的含义，而对物的受偿或优先受偿关系所体现的对物的支配，在支配作为语词的全部内涵中都不存在对应的含义。受偿权、优先受偿权概念文理不通，如此概念竟然在传统民法体系中大行其道，令人唏嘘。

语义上，受偿并不表达主体的行为方式，不能看作主体的行为，因此显然不可能成立相关的权利。滑稽的是，受偿的基本含义正是别人将“物”分配给对应的主体，相反地体现着别人对物的分配的行为。

鲜明表达主体对物的支配关系的概念是取得权。从取得关系的角度理解抵押关系，孟勤国先生是第一人。[1] 取得显然是主体的主动行为，物之上存在着取得关系，逻辑上顺理成章。除了占有、使用等，另行存在对物的取得关系，也是对物的支配的一种方式。传统理论一定要表达抵押权作为对物的支配关系的含义，只有在取得权的语境中，才能表达清楚。

受偿权概念没有意义。破产程序中，需对各债权作序位的排列，因此存在着优先的债权即优先受偿的债权，如工资债权，优先受偿的债权仅仅表达债权之间的序位关系，并不是另外一种独立的权利。在优先受偿的债权之外，根本就不存在什么优先受偿的权利。

工资债权是优先受偿的债权，当然仍然是债权。传统理论将抵押权界定为优先受偿的权利，如同信口开河。抵押关系非破产程序，根本不是基于 N 个债权人对债务人财产的清算，不存在债权人之间的序位关系即优先关系，所谓的优先于普通债权的受偿，完全是无稽之谈。况且，即便是优先于普通债权受偿的权利，性质上亦属于优先受偿的债权。优先受偿权的含义就是优先受偿的债权，在其之外的权利都是子虚乌有。

抵押权不是优先受偿权，作此主张，听起来有点耸人听闻。抵押权的优先受偿权定性，一直是学界的通论，学者们对优先受偿权的认可十分坚定。孟勤国先生也只是反对抵押权是物权的观点，但并不否认优先受偿权的价值，也认为抵押权的本质是优先受偿权。

1　参见孟勤国《物权二元结构论》，人民法院出版社，2004 年，第 344 页。

抵押权作为优先受偿权的传统说法人多势众，但外强中干，经不起严格的逻辑分析。立法体例上，优先受偿权的定义就有头无尾，除了一个空洞的抽象定义，再无其他的具体内容支撑。按照优先受偿权的脉络，立法条例中显然应该有调整普通债权人与抵押权人关系的条款，至少应该规定，拍卖抵押标的时，应该广而告之，进行债权登记，抵押权人就拍卖款项优先受到偿还后，剩余款项在普通债权人之间分配。然而实际上，各国民法典没有一个其中有调整抵普通债权人与抵押权人关系的具体条款，我国物权法、俄罗斯联邦民法典更是截然相反，明确规定剩余款项归抵押人所有。这样一个逻辑现象，强烈传达着优先受偿权作为伪概念的充分信息。佐之以各国民法典面面俱到规定抵押人、抵押权人关系的现象，结论就更加清晰：抵押权所调整的实际上是抵押人与抵押权人之间的关系，与普通债权人没有直接的关系，其具体内容也不应该是反映与普通债权人之间关系的优先受偿权。

第四节　权利转让与“变量共有”——抵押关系的真相

权利是自身的客体，在以物为客体的同时，自身成了客体。因此，民法关系中主体最大的财产目的，并不仅仅是拥有物、占有物、使用物等等，拥有权利、转让权利构成着另一个终极的目的。日常语言中，譬如转让楼房与转让楼房的所有权，代表了两种不同的表达方式，二者之间究竟存在何种区别，其实是一个十分重要的法理学问题。国内学者中，孟勤国教授进行过这样的追问[1]，但绝大多数学者甚至根本就没有形成相应的问题意识。转让楼房的所有权或转让楼房，在这样的表述中，权利和楼房显然都被作为客体，即转让行为的对象。

将转让、受让权利作为主体终极的财产目的和财产利益，是必须确立的民法理念，在这一理念之下，抵押关系的真相显现了出来：拥有权利是终极的财产利益，因此拥有权利是对他项债权终极的担保方式。任何对物的拥有、优先受偿等等，都不如拥有权利具有终极的财产利益。

转让或受让权利构成着主体在财产关系上的终极目的，抵押的目的当然亦是如此。任何的抵押，都可以看作是权利的抵押，对抵押权人而言，没有比获得抵押人抵押的权利更大的利益。依此法理，成立着一个非常清晰和简单的抵押定义：转让（受让）抵押人的权利以保证抵押权人的债权得到清偿。这一定义之下，根本不存在优先受偿的问题，任何的优先受偿，都比不上转让受偿具有更为终极的意义，对担保含义的表达，天差地别。

抵押就是转让权利以使得所担保的债权得到清偿，并不是一种独立的权利，抵押楼房，就是转让楼房的所有权，质押债权就是转让债权，并不产生新的权利。然而，与普通的转让不同，抵押、质押关系中的权利转让之所以称为担保，原因在于转让是附条件的转让，而且是以清偿他项债权为目的的转让。普通的转让不附条件，更基

1　参见孟勤国《物权二元结构论》，人民法院出版社，2004年，第22页。

本的,转让直接是对本身债权的清偿,而非对他项债权的清偿。附条件以及为他项债权的清偿,使得转让具有了担保的含义,与普通转让区别开来。

根本不存在所谓的担保物权,获得权利是终极的财产利益,也是最大的财产利益,所有的抵押、质押都可以看作是所有权的转让、债权的转让、知识产权的转让等等,债权、知识产权等权利不可能成为另一个权利的客体,拍卖、变卖债权、知识产权,完全是债权、知识产权本身的含义和内容,并非债权、知识产权之外的另一种权利。按现行的担保物权理论,对债权的质押能产生物权,如此立论违反基本的权利原理,针对债权的最大利益无非获得债权本身,不可能存在着比直接获得债权更大的利益,也就是说,针对债权,无论质押或任何其他的处置方式,都不可能存在着比直接获得债权利益更大的物权。

担保的机理就是转让,与优先受偿完全是不同的两个概念。对于民间更为活跃的让与担保,学者们以优先受偿关系来解释其中的机理,显得可笑。抵押关系中,的确存在着优先关系,但该序位关系,完全是抵押人与抵押权人作为权利共有人之间的关系,简单表达就是:债务人逾期未履行债务,拍卖或变卖所抵押的权利,所得款项优先分配给抵押权人,剩余归抵押人。

最大的利益就是直接获得权利本身,因此最安全的担保方式当然是直接转让(受让)权利,例如质押债权,无论如何优先受偿,都不可能比直接获得债权本身具有更大的利益,因此也不可能成为比直接转让债权更加安全的担保方式。传统理论一个似是而非的理由在于:转让的权利与所担保的债权未必等值,因此转让关系无法成立。

这里的转让当然不是指全部的转让,而是抵押人与抵押权人之间的权利共有。质押人、质押权人共有所质押的债权,逻辑上不存在任何的问题,然而所形成的共有关系,却既非传统意义上的按份共有,也非共同共有,而是动态的变量共有:质押权人拥有质押债权一般价值中与所担保的债权相当的数额,质押人拥有的则为债权一般价值与所担保的债权额之间的余额,这是个变量,并不确定。

定量、变量,是关于对象的基本的数量关系,传统理论仅仅建立了定量的共有概念,而无变量共有的概念,这是非常严重的体系缺陷。建立起变量共有概念,打开了理解民法关系的全新视野,转让权利作为担保方式的机理被彻底厘清了脉络。

担保的机理就是权利的附条件转让,形成的是动态的权利共有关系,其客体既非物,内容亦非优先受偿,因此传统的担保物权概念,必须从民法学中彻底清除。

第五节　让与担保与抵押关系的等同

让与担保被称为非典型担保,是在德日两国以及我国台湾地区由判例和学说发展起来的一种担保制度,由于在成文法中没有明确规定,有学者将其在担保领域中的地位形象地概括为“私法交易上的私生子”,其合法身份一直备受争议。如今,尽管对于让与担保的批评并未完全消失，但学说和判例就让与担保的有效性已达成共识，并且在一些国家和地区，让与担保成为担保实务中利用得最为普遍的担保方式。

债权担保的本质方式就是设立所有权，在更广泛的范围内是权利转让，让与担保的概念，准确表达出了转让作为担保手段的客观机理，而所谓的抵押权作为优先受偿的权利，不具有任何的担保功能和担保意义。转让是担保的最精当的方式，对担保功能的实现，除了转让，别无其他。传统理论不但不能将抵押界定为物或权利的转让，相反地却以所谓的优先受偿权解释直接体现转让含义的让与担保。关于让与担保的定义，按照梁慧星先生的说法，多数学者的见解是：所谓让与担保，指为了担保债权的实现，将债务人或者第三人的财产转让债权人，债务履行后，债权人应当将该财产返还债务人或者第三人；不履行债务的，债权人有权就该财产优先受偿。该定义表象上似乎像模像样，实际上则语无伦次。让与担保的精义就是转让，以优先受偿权作为注解，犹如佛头加秽。

不但让与担保的性质为转让，而且抵押的性质亦为转让。不过这里的转让仅仅是部分转让，在转让人与受让人即债权人之间，后者享有优先分配转让标的一般价值的权利。共有人之间存在变现分配共有财产的先后顺序，逻辑上不存在任何问题，这样的优先关系既保证了债权人的担保利益，又不会对作为担保人的转让人的利益有丝毫损害。建立起共有人之间的优先权概念，担保债权人与普通债权人之间的优先权概念，就被戳穿了原形。

在转让的向度下，让与担保可以被定义为：为了担保债权的实现，债务人或者第三人将财产的一般价值在所担保的债权范围内，附条件转让给债权人，债务履行，转让解除；债务未履行，财产的一般价值在所担保的债权范围内归债权人所有，从而使债权获得清偿。在这个定义中，彻底屏摒弃了优先受偿权的说法，以所有权表达担保债权人的权利属性。债权指向的结果就是所有权，直接约定所有权显然是债权担保的最好方式。因拥有了所有权，所以债权得到实现。债权是取得财产的权利，所有权是对财产的"取得了"状态，是前者的实现及终极目的。因而，所有权即是债权的实现，当然同时就是债权的担保。

担保的精髓是所有权的转让，并不是设定一种新权利。传统理论所发明的独立的担保物权，即所谓的优先受偿的权利，完全是学者们的"物权幻想"，实际上并不存在。受这种观念禁锢，学者们不但对抵押权的所有权本性浑然不觉，而且将让与担保关系也视为同类。关于担保，权利转让的观点早就有人提出过，但一直未成为主流，赞同者寥寥。这种学说的提出，更多是出于对权利质押与物权客体为有体物之间巨大矛盾的解释，而非直接针对担保自身的内在机理。股权、债权等，没有有体物直接作为客体，客体就是权利自身，不理解为权利转让，会产生权利的权利这样的逻辑困境。理解为权利转让，可以避免这一问题。

让与担保的机理是转让所有权。毫无疑问，转让所有权是担保的最合适的方式。然而，所面对的一个棘手问题是，债权人享有全部的所有权，无疑会伤害担保人的利益；而要享有部分的所有权，则肯定伤害债权人的利益。正是认为这个问题无法解决，很多人坚决地反对让与担保。另一方面，力主让与担保的学者，也的确未能对此问题作出令人信服的解释。

转让部分所有权会伤害债权人的利益，这是在静态、定量思维下所产生的想法，以动态和变量的视角观之，这个结论并不成立。在动态概念之下，即便是仅仅转让部分所有权，对债权人的利益亦无丝毫损害。具体而言，让与担保，就是债权人在返还残余价值的条件下，对担保物拍卖价值与债权数额相当部分所享有的所有权。残余价值与相当价值两个概念本身已清楚表明了债权人与担保人在拍卖价值中的地位。残余价值是个变量，是拍卖价值与债权价值之差，因而对债权人的利益不构成任何威胁和损害。既然是对差额的所有权，那当然表明债权人的权利已经提前实现。这种对一般价值的分配，实际上也间接地设定了债权人在序位上的优先地位。

上述定义的基础本质上是一种动态共有，即变量共有。哲学上，静态与动态本来就是事物存在的两种并列的状态，而且后者是更高级的状态，变量共有概念与传统共有概念的区别无非是动态与静态的区别，因而其存在的根据十分充足。共有概念是静态的，其实是现行理论一个很大的缺陷。

让与担保与抵押是同一个法律结构，同一个法律关系，通俗地说，二者完全是一回事。学界一直将二者当作两种法律关系看待，让与担保是非典型担保，抵押是典型担保。关于二者的区别，梁慧星先生认为，非典型担保是将所有权或者其他权利转让给债权人，而典型担保则是债权人享有“限定”性权利，标的物的所有权仍然保留在设立人处，多数学者所持的大都是同样的观点。关于具体的区别,有学者认为后者具有手续简单等等优点,“不必践行像实行抵押权和质权时需要的那些程序”[1]。其实这些种区别完全是外在的,并且正是立法需要加以规范的让与担保实践中的缺陷。传统理论将抵押权理解为优先于普通债权人受偿的权利,这种理解本身就是错的。抵押权是变现分配的权利,这种权利就是所有权或其他权利的让渡,因而让与担保与抵押权根本就没有区别。抵押与让与担保就是一回事,根本不存在区别的问题,探讨二者的区别,捕风捉影。

担保最直接、最有效的方式就是物或权利的转让,这首先是一个逻辑上的应然结论,不仅如此,就现行各国民法典的规定来看,抵押权的具体内容其实也是权利的让渡,因而,将担保的机理理解为权利的让渡,也是对实定法具体规定的概括,同时是实定法上的实然结论。在担保关系上,应然法与实定法是完全同一的,除了权利让渡,就不可能存在着其他的担保方式。在定义上,没有一个国家的民法典将抵押定义为权利的让渡,但定义上的意义只是形式上的意义,一定程度上属于认识范畴,关于抵押关系的具体法律规范才是抵押的实质意义。在实质意义上,现行各国关于抵押的法律规定就是权利让渡。首先,各国法律大多规定了抵押关系设立后对其他人获得物或权利的阻断效力,这种阻断效力是权利转让的鲜明特征;其次,没有一个国家的法律规定普通债权人的取得权,抵押清算时,满足抵押权人之后,剩余款项归属普通债权人的规定甚至绝无

1　梁慧星、陈华彬:《物权法》,法律出版社,2003 年,第 363 页。

仅有的情形都不存在，相反，我国物权法、俄罗斯联邦民法典却明确规定，清算之后的剩余款项，归属于抵押人。上述各国关于抵押关系的阻断效力、清算的具体程序的两项规定，鲜明宣示着抵押关系的权利转让特征。定义属于认识范畴，各国民法典以优先受偿权概括上述具体规定，是认识上的概括错误，并不能代表法律的实质性规定。

抵押关系是一种合意关系，抵押权因当事人的合意而产生。然而将抵押权理解为优先受偿权，其所依托的民事合意无法解释。无对应的民事合意，抵押权作为优先受偿权的解构，逻辑上面临着无法逾越的障碍。在一定意义上，优先受偿权是受偿权的下位概念，受偿权作为合意所产生的权利，所凭借的合意基础是转让合意，推理下去，优先受偿权所对应的合意应是优先转让合意。但优先转让合意逻辑上根本就不能成立。

优先受偿权是公权力基于区分理念所设定出的民事权利，体现的是公权力对不同性质的普通债权的区别对待，与以民事合意为原因的所有权、抵押权等民事权利完全属于两类不同的权利。现行法律下，典型的优先受偿权体现在破产程序中，工资等债权优先于其他债权受偿。优先受偿权的特征有两个，其一是法定性，不以合意为原因；其二是受偿的相对性，只是普通债权人之间的一种优先序位，因无法排除第三人的所有权人身份，能否最终受偿并不确定。传统理论下所谓的典型的优先受偿权，抵押权、留置权、船舶优先权等等，不论是法定的，还是意定的，对特定财产的支配都是绝对的，具有根本上阻断其他所有权产生的效力，这与工资优先权迥然不同。该种效力完全不是受偿的效力,直接就是共有人对共有财产的分配。优先受偿权,只是优先权人与普通债权人的序列关系,内涵中包括不了对其他所有权人的排斥效力,将抵押权、留置权、船舶优先权定性为优先权,是民法学上的一个严重误会。

担保的功能并不仅仅在于通过抵押权人所谓的优先受偿权使所担保的债权得到实现,另一个基本功能更为重要,却一直被学者们所忽视,即担保的违约预防功能。因忌惮丧失对抵押标的的所有权,抵押人违约的选择受到极大压制,真正实现抵押权既非抵押人的初衷,也非抵押权人的追求。在更多的情况下,抵押权对抵押权人只具有象征意义,因有丧失抵押标的之虞,抵押人会主动选择履约,而非被动地等待抵押权人实现抵押权,而且实际上,抵押权人也没有这个必要。违约预防是抵押的不可忽略的基本功能,从这里可以看出传统理解的巨大弊端:将抵押理解为一种新权利,即所谓的优先受偿权,而不是所有权之转让,完全无法解释抵押的违约预防功能。优先受偿权是抵押权人获得的一种新权利,但难以直接理解为抵押人的一种利益丧失。无利益丧失,自然无忌惮可言,进而无预防功能可言。而理解为所有权转让,则完全顺理成章:抵押权人取得所有权,同时直接就是抵押人利益之丧失,违约预防意义显而易见。

抵押权不是受偿的权利,亦非取得的权利,而是变现分配的权利。其真实关系是:变现并非取得拍卖款项,而仅仅是将对抽象的一般价值的权利变现为具体的货币。即在取得货币之前,抵押权人就对一般价值享有所有权,拍卖的意义只是变现,不存在取得货币所有权的问题，拍卖后的款项的所有权本来就是抵押权人的，本来就属于抵押权人，如同所有权人变现自己的财产，换取货币一样。

在上述理解之下，抵押权与让与担保的同质性，彰明昭著。

第六章

用益物权概念证伪

第一节　用益权抑或用益物权

即便在《德国民法典》中，用益权构成着一个重要的概念，却并不存在用益物权的概念。所谓的担保物权、用益物权等等，完全是民法学上对民法典中相关术语或关系的学理解释，并不是民法典本身所使用的概念。用益权概念是成立的，而用益物权概念，则完全属于学者的主观臆造，并不表达任何的意义。

所有权人将使用、收益等权能暂时分离出去，相对人获得了用益的权利，用益权的概念清晰准确地表达出了权利的内容。用益物权与用益权相比，概念名称中突出传递了权利客体的信息，然而权利客体对于权利的内容的构成，意义非常有限，真正体现权利质的特征的是行为的方式，“所有”与“用益”便是典型的“行为语言”，对各自权利个性的描述，淋漓尽致：所有意味着对特定物的绝对的控制，而用益则仅仅是暂时的使用和收益的权利。物作为所有权和用益权的客体，属于不言而喻的事项，并不需要在概念的名称中予以特殊的显示。正如同所有权的客体为物，但不需要建立“所有物权”的概念一样，用益权的客体为物，亦不存在用益物权的概念。以用益物权解释用益权，类比于以“所有物权”解释所有权，荒唐可笑。

所有权权能分离产生的为用益权，即便客体为物，也不会因客体为物而构成一种特殊的权利。用益物权概念的泛滥，相当程度上与债权为请求权的谬论相关，以债权为请求权，物便不可能为债权的客体，对物的"请求"，既违反法理逻辑，也不符合日常语言的用法。然而，请求权根本就不是一种独立的权利，债权的真正含义为接受权，债务人的义务为给付，对应的权利当然为接受，逻辑上的关系非常清晰，而给付与请求之间，则并不具有必然的对应关系。债权是请求权，被作为了德国民法派系的一个基本原理，然而该立论却经不起最基本的逻辑推敲：债务人的给付义务是无须请求而必须自动履行的义务，请求权仅仅意味着权利人提出请求，义务人则必须给付。依请求给付抑或是自动给付，完全是不同的两种情境，具有重大的区分和规制价值，不可以混为一谈。

建立了债权接受权的概念，债权的物客体本义显现了出来：债务人给付的为物，债权人接受的亦为物，物是债权与债务的共同客体。现行的权利体系中，甚至将变动权、可能权作为了权利的种类，而接受权的概念却付之阙如，违反基本的法理逻辑。尽管与对物的占有、使用等关系相比，对物的接受关系居于次要地位，但其显然构成着一种基本的法律关系。

债权的客体亦为物，因此物作为客体并不构成特殊的权利类别，这应该是一个基本的逻辑结论：权利区分的根据是行为方式上的，接受、所有、用益、抵押等等，代表着不同维度的行为方式，形成了各自特定的权利内容，彼此间的区分，既一清二楚，又相得益彰。显然，所有行为方式指向的对象均为物，一定从客体的角度表达权利,则所有的权利都是物权,这样的物权概念不表达任何的含义。

关于用益物权,一个非常奇怪的传统观点是:存在着债权性的用益权,客体虽然亦为物,却非为用益物权,如租赁权等等。此观点直接意味着:判断用益物权的根据或标准不是物作为客体,而是权利的相对性与绝对性,相对性的为债权,绝对性的为物权。传统体系内,依客体与依对抗力的范围代表着不同的权利分类标准,分别形成债权与物权、相对权与绝对权的区分,依对抗力范围区分形成的为相对权与绝对权,租赁权等权利的对抗力范围小,只能得出其为相对权的结论。债权的对抗范围小,但对抗范围小的权利与债权却并非等值,在债权的各项特征中,权利客体才是本质的特征。仅仅或主要依对抗力小就将租赁权界定为债权而置其物客体不顾,与传统体系物权债权区分的基本前提,自相矛盾。

所有与用益构成着一组对应的对物的关系,物作为客体并不构成区分权利的基本标准,因此成立的是用益权而非用益物权,用益物权的概念并不表达任何的含义,用益权对抗力范围上的不同,符合逻辑的对应概念为相对用益权或绝对用益权,用益物权与债权性用益权的分类,与传统体系自身严重抵牾,十分荒诞。

第二节　分离权能的实体性追问

传统理论中,所有权是抽象的、一般的支配权,占有权是所有权的权能,表现的是所有权,或者看作是所有权的作用;同时,这些权能的部分甚至全部在一定条件下可以与所有权分离。分离出去的权能构成他物权,即用益物权和担保物权。这是传统物权体系最基本的逻辑结构,权能不分离,构成自物权,分离出去构成他物权。所有权、分离机理、他物权,可谓传统物权体系的三大基本元素。

这个体系,逻辑上存在着两个必须回答的问题。其一,必须在逻辑上解释清楚,部分权能甚至全部权能分离出去后,所有权人为什么仍然享有所有权？除了权能,所有权还有其他的效能么？其二,这个问题其实是同一个问题的不同角度,分离出去的权能作为用益物权或担保物权,如果表达的不是所有权,那究竟表达的是什么？更深刻的直接追问是:占有权等除了表达所有权外,还表达其他的内容么？

对于第一个问题,传统体系中作过探讨,如"裸体所有权""剩余权能""虚有权"等等解释,当然并不成功。而对于第二个问题,在传统理论体系中,则完全是一个空白。这个问题回避不了。对性质的追问应该是对一种现象的最本质、最基本的追问,离开这种追问,不可能建立起真正的科学体系。在法律体系中建立一种权利,首要的前提就是明确该权利的性质,明确该权利的独立性质,传统理论体系中的用益物权性质不明,对用益物权的独立性缺乏解释和说明,甚至连这个问题都没有意识到,对于一个科学体系来说,这样的缺陷是致命的。就主张权能能够与所有权分离,分离后构成用益物权的观点而言,权能分离出去后是否仍然是一种权能,抑或是一种独立的权利,就是这样一种关于性质的追问,传统理论必须在二者中作一明确选择。从逻辑上讲,分离出去的权能一方面不应该仍然是权能，而应该是一种与所有权无关的、独立的权利。如果仍然是权能，则无法摆脱本质上的所有权属性，会导致所有权人与非所有权人同时享有所有权的悖论。但理解为一种独立的权利，权能分离出去后如何转化为一种与所有权无关的权利，独立性所从何来，在理论上必须给出解释。另一方面，不将用益物权作为独立权利在逻辑上也是一种可能，但要将其中的逻辑关系解释清楚，即解释清楚分离出去后如何仍然表达所有权。然而在传统体系下，连分离出去的权能的性质这样的问题本身都没有提出，遑论给出具体的解释。

在现行关于用益物权的论述中，也有关于独立性的说法，独立性被作为与用益性、不动产主导性、实体支配性并列的用益物权的四大特征之一，但这里的独立性是与担保物权比较意义上的独立性，所谓的不以他权利的存在为成立前提，也不随他权利的让与、消灭而让与、消灭。这种比较即便有意义，也不是用益物权根本的性质问题，用益物权的独立性在于与其所分离的母权利，即所有权的关系。分离出来后是否仍然表达所有权，这才是独立性的真正要害，是独立性真正需要解决的问题。

国内学者中，对非所有权人占有、使用、收益现象的性质明确给出回答的是孟勤国先生。但他的理论完全抛弃了传统的物权体系，提出了占有权、所有权并列的二元物权体系。他认为，所有权的权能无法与所有权分离，“分离说”是离奇的，占有权等并非从所有权人处让渡而来，非从所有权中分离而来，而是所有权人与相对人根据法律创设的一种新权利，与所有权无关。在其所创立的“二元物权体系”中，孟先生对传统的用益物权做了被学者们评论为颠覆性的创新。在其体系中，非所有权人对物的占有、使用、收益构成独立的占有权。在占有权中，不但包括传统意义上的用益物权，而且包括传统理论一直认为是债权性质的租赁权。另一个标新立异的观点是将处分权涵括进来，认为占有权作为利用财产的权利，与所有权一样，同样包括处分权。孟先生将用益物权本质上理解为了与所有权不存在派生关系的占有权。

孟先生的二元学说对传统理论是非常大的突破，其提出的占有权是独立权利、租赁权是物权、占有权包括处分权等观点，具有非常大的理论价值。但从整个体系上看，孟说存在着三个明显的缺陷：其一是完全割裂了所有权与占有权的关系；其二是将所有权与占有权的区别仅仅理解为主体上的差别，即占有权等在所有权人处构成所有权，而在非所有权人处则构成占有权；其三，对占有权的独立性缺乏论证，占有权缺乏深层根据，其关于独立占有权的许多表述其实是描述性的。

存在着他人对所有权人的财产的独立“物权”关系，即存在着所有权内容中包含不了的他人对所有权人的财产的独立“物权”，孟先生的观点非常深刻。在相邻关系中，相邻权作为“物权”，肯定不是所有权中的内容，非从所有权人处让渡而来，非从所有权中分离而来，完全是因他人的主体身份而产生的，并不包含在所有权之中。就此而论，传统理论认为他物权、用益物权是从所有权中分离出来的权利，至少不全面。但非所有权人对所有权人财产的占有关系并非全都是因非所有权人的主体身份而产生。相邻权是因主体身份而产生,而土地承包经营权、经营权等,则并非如此,并非仅对非所有权人作为占有权人才存在的权利。尽管土地承包经营权等中包含了所有权中未完全包含的内容,但这些内容正是分离关系中的附属结果,构不成因非所有权人身份而产生的独立“物权”的充足理由。因而孟先生提出的用益物权完全与所有权无关的观点并不正确,但其所指出的分离障碍在传统体系中确实是一个真正存在的问题,在非与担保物权的比较意义上界定用益物权的独立性,更是孟先生的远见卓识,为将用益物权的研究深入下去指明了方向。

第三节　占有权概念对用益权概念的改造

拥有所有权的权能就是拥有所有权本身,而权能亦不应该因拥有人的不同而发生性质上的改变,正如同汽车被租赁出去,汽车的属性不会发生任何改变一样,无论在所有人处,还是在用益人处,汽车的性质都是一样的。这是一个非常简单的道理,而依此推论下去,用益权人因拥有所有权的权能,本质上就是所有权人,用益物权并不是一种独立的权利。

用益物权何以成为一种独立的权利,这是一个问题。传统理论连这个问题都没有意识到,失于粗陋,孟先生强调用益物权的独立性,非常深刻,但完全割裂用益物权与所有权的关系,过犹不及。

存在的是占有权,而不是用益物权,用益物权概念,并不能表达出独立实体权利的任何含义。所有权与占有权是并列的两种对物的支配权利,分别与时间的无限维度与当下维度对应,作为当下的对物的占有、使用、收益、处分的权利,占有权本身就是独立的,并不必然是所有权的权能,道理如同瞬间不能被归结为无限一样简单,并非只有无限才构成意义,瞬间本身便是意义。占有权是独立的权利,也是所有权的权能,所谓的用益物权,实际上是作为所有权的权能的占有权的暂时让渡,因占有权同时即为一种独立的权利,所以不存在独立性的问题。在所有权一端,所有权并不仅仅是占有、使用、收益、处分等权能,所有权最本质的意义是对权利的权利,是对占有权、使用权等权能的权利,是对权能的支配权。权利与权利的权利是两个概念,转让权利并不意味着转让权利的权利,在所谓的用益关系中,所有权人转让的是权能,而不是对权能的支配权,所以转让出去的权能与所有权并不等同。

占有权既是独立的权利,同时也是所有权的权能,但因二者之间的对象性关系,所以尽管作为所有权的权能,但占有权的独立性丝毫不会受到损害。其机理是:所有权的本质为无限的支配权,占有权的本质为当下的支配权,这也是二者的本质区别。占有权等对所有权的表达,并不是直接的表达,而是所有权通过支配占有权自身表达自身。也就是说,所有权在支配占有权时,自身获得了表达。离开占有权,所有权无法表达;仅仅有占有权,所有权亦无法表达。所有权是在自身与占有权的对象性关系中得到表达的。在与所有权分离时,占有权本质上就是自身表达自身。

存在着独立的占有权,与所有权并驾齐驱,没有所有权,占有权也可以存在,用益权本质上就是占有权。作为相对的权利,占有权包括占有的权利、使用的权利、收益的权利、处分的权利等，这些权利单独构成占有权，即相对的支配权，集合在一起也是占有权，集合与否不影响其性质。传统体系下的他物权、用益物权这样的概念或表达，无法切断所描述的权利与所有权的脐带关系，不是一种终极的表达。占有权的概念则完全不同，它不是从用益与归属关系的角度出发，而是在根本上从时间的当下维度与无限维度对应的角度出发，从与当下的支配关系与无限的支配关系对应的角度出发，因而揭示着对物权利关系的终极本质，具有终极意义。同时，通过无限支配关系与当下支配关系的对象性关系，所有权与占有权之间的有机联系完全能建立起来。但是，用占有权完全取代传统体系下的他物权、用益物权亦不恰当，分离而来的占有权一方面基于时间当下维度的独立性而具有独立性，另一方面，它是从所有权中分离而来，是在他人之物上享有的权利，这种联系必须表示出来，因而用益物权的准确说法应该是他物占有权。这种说法一方面表达着独立的权利，同时亦反映着该种权利与所有权的联系，表达着该权利是在他人之物上的权利的具体特征。

第七章

所有权概念修正

第一节　所有权定义解析

传统理论所有权定义方式不是列举式的就是抽象式的，我国学者更为认可抽象式的定义方式，认为抽象概括主义“较准确地揭示了所有权的内涵，逻辑上也较为严谨”[1]，“现今已成为有力之说”[2]。实际上，两种方式都存在着严重的缺陷，列举式定义无法上升到无限，无法上升到一般；而抽象式定义体现不出所有权的具体含义，均非定义所有权的科学方式，真正科学的方式应该是概括列举式的。

典型的列举式的定义：所有权是指所有人依法对自己的财产享有占有、使用、收益和处分的权利。该定义之所以称为列举式，其判断依据是没有直接表达出所有权的绝对性和无限性，很大程度上将绝对理解为了占有、收益等的总和。许多学者认为法国民法中所有权的定义也是列举式的，这种观点并不真正了解列举主义与概括主义的实质。《法国民法典》第544条规定：“所有权是对物的绝对使用及处分的权利。”该条规定肯定具有列举主义定义的特征，但并不

1　温世扬：《物权法要论》，武汉大学出版社，1997年，第90页。

2　梁慧星、陈华彬：《物权法》，法律出版社，2003年，第97页。

是纯粹的列举主义定义,因为该定义同时具有概括主义的特征,实际上是一个典型的概括列举主义的混合型定义。绝对权利不是具体的权利的相加,占有权、收益权、使用权、处分权等权利无论怎样相加,都不可能构成绝对,因而必须直接采用概括的方法将所有权定义为绝对权利;但另一方面,概括主义不生动、不具体,因而必须同时采列举方法将绝对权利的具体形式即占有权、使用权、收益权等列举出来。判断列举式还是概括式,并不在于定义中是否列举了占有权、处分权等具体的权利作为绝对的所有权的表现方式,而在于是否将所有权定义为绝对的权利。法国定义中"绝对权利"的措辞,是再典型不过的概括主义方法,鲜明标示着其概括主义的定义属性。

典型的抽象概括式的定义:物之所有人,在不违反法律及第三人的权利的范围内,得自由处置该物。这是《德国民法典》第 903 条的规定。此外,像"对物的最一般的实际主宰或潜在主宰"这样的表达方式也是非常好的抽象概括式定义。梁慧星先生立足于抽象概括主义的思维方式,将所有权定义为:在法律的限制范围内,权利人对于所有物为全面的支配的物权。这个定义肯定不是列举式的,但作为抽象概括式的定义,未必符合条件。"全面"与"一面"是广度概念,主要表达的是范围等量上的特征,不是深度概念。所有权的定义应该表达质的规定性,应该表达出其绝对性的根本特征,"全面"与否并不重要。前述另外两个定义也并没有直接使用"绝对"的措辞,但"自由""一般"与"绝对"属同类层次的概念,绝对的权利就是自由,因而这两个定义仅就所有权抽象概括式定义的标准衡量是没有问题的,至于是不是最科学的所有权定义,则另当别论。关于《德国民法典》第903条的规定,也有版本翻译为“在不与法律或第三人的权利相抵触的限度内,物的所有人可以随意处置该物”。[1]这个译法极不准确,“随意”与“自由”,天壤之别。

概括列举主义的定义:所有权是以占有、使用、收益、处分等方式表现的对物的绝对的支配的权利,这个定义与法国的定义大同小异。在这个定义下,所有权明确被定义为对物的绝对支配的权利,体现了抽象性,但这种绝对支配以占有、使用、收益、处分等为表现方式,又具有列举主义的特征。这里的占有、使用等一方面是绝对的权利,所有权直接体现为绝对的占有权,或者直接体现为绝对的收益权,所有权体现为占有、使用、收益、处分等其中任何一种权利,其他的权利就不再存在,有绝对的占有权就不可能再有其他任何的绝对权利。所有权不是占有、使用等的集合、总和、相加等等,也不存在占有权与使用权等的分离以及与所有权的分离。同时,这里的占有、收益等又是相对的权利,作为绝对支配权的对象。这个意义上的占有权等之间可以互相分离,也可以与所有权分离,所有权体现为支配权以及对支配权的支配权。

我国物权法中,所有权是指“所有权人对自己的动产或不动产,依法享有占有、使用、收益和处分的权利”。这个定义非常粗糙,从形式上看就不符合条件,定义项中的“所有权人”“自己”这些概念与被定义项“所有权”循环,是定义的大忌。从内容上看,更加不着

1 参见《当代世界主要物权制度比较》,中国法制出版社,2007年,第20页。

边际。所有权的本质属性是绝对权利、无限权利、一般权利,体现的是权利人的自由意志,集合说之所以成立不了,原因正在于绝对、无限、一般根本不可能由其他权利集合或相加而成,离开绝对性等,占有、使用、收益、处分的权利不集合不是所有权,集合起来也不是所有权。我国物权法的所有权定义,失之绝对,谬以千里。

在关于所有权的定义或其他表述中,多数国家的民法典中都使用了"绝对"或者"自由""自己的意志"这样的表达,我国台湾地区也是如此。这样的文字关乎着所有权的本质,不能省略。

《德国民法典》第 903 条:"物之所有人,在不违反法律及第三人权利之范围内,得自由处置其物,并排斥他人之干涉";《瑞士民法典》第 641 条:"物之所有人,于法令之限度内,得自由处分其物";《日本民法典》第 206 条:"所有人于法令限制的范围内,有自由使用、收益及处分所有物的权利";《荷兰民法典物权编》第 1 条 2:"所有权人可以自由使用其物并可以排除其他人的干涉,条件是这种使用并未侵犯其他人的权利,并且这种使用尊重了基于制定法和不成文法所确立的各种限制";我国台湾地区所谓"民法典"第 765 条:"所有人,于法令限制之范围内,得自由使用、收益、处分其所有物,并排除他人之干涉";《俄罗斯联邦民法典》第 209 条 2:"财产所有人有权根据自己的意志对属于他的财产实施不予法律和其他法律文件相抵触的并且不侵犯他人权利和受法律保护利益的任何行为……";《法国民法典》第 544 条:"所有权是对物的绝对使用及处分的权利。但法律或条例禁止的使用除外……"这不是一个偶然的现象,离开绝对、自由、自己意志等特征,所有权不成其为所有权,于此相比，我国物权法中关于所有权的定义相形见绌，苛刻地说，因缺乏自由的神韵，根本就不成其为定义。

第二节 占有权与占有权的支配权——所有权的立体结构

权利的逻辑结构是理解所有权、知识产权、债权等财产权利的基本前提，传统物权理论研究中，或者没有意识到对权利的一般逻辑结构研究的意义，或者对该结构作出了错误的理解。这样的背景下，不可能形成现代的所有权概念，不可能揭示出所有权的真相。权利的基本逻辑结构是：以物或行为为客体，同时以自身为对象。这是一个关于权利的基本原理，是所有权研究的基本逻辑起点。传统理论对该结构一直懵懂无知，对所有权的研究陷入泥潭。该命题具有巨大的理论意义，标志着所有权本质的彻底揭示，标志着所有权认识从原始阶段到现代阶段的进化。

权利同时以自己为对象，该一般命题没有在中国学者的著作中提出过或被引述过，一个被引述的类似命题是萨尔蒙德提出的命题，即所有权从最广泛的意义上看，是一个人与他所拥有的权利之间的关系。中国学者并不认同这个命题，据国内学者的介绍，该命题也未被国外学者广泛认同。然而这个命题却真正揭示着所有权的本质。该命题的存在，在一定意义上表明，所有权的本质其实已经被揭开，所需要的只是进一步的完善和详尽的解构。对该命题的忽视和误解，阻碍了人类对所有权的认识进程。

在传统理论中，权利不能作为权利的客体，是学者们一直普遍认可的通则，权利作为权利的客体，诸如土地使用权抵押、债权质押等等权利作为权利客体的这些情形，只能是例外；所有权的所有权就是所有权，债权的所有权就是债权，等等，这些说法在传统理论中都被当作不言自明的道理。然而问题并不这么简单，权利不能作为权利的客体，只是就权利与权利之间的外部关系而言，绝非指在任何情况下，权利都不能作为权利的客体；恰恰相反，就内部关系言之，权利作为权利的客体正是权利自身的重要内容，离开对自身作为客体的支配，自由作为权利的灵魂根本无法实现，而且正因为自身内部存在着的这种自我支配关系，才使得外部的支配关系毫无意义。传统观点在这里明显的失误是，仅仅意识到在权利的外部关系中，权利不能作为权利的客体，却完全忽略了在权利自身内部中存在的权利以自身为客体，自身对自身的自我支配。

权利以自身为对象、客体，自身对自身的支配是权利中非常重要的内容，权利并不仅仅只是与自身之外的客体发生关系。举例来讲，选举权不但包括选举的权利，而且还包括放弃选举的权利；债权不但包括请求债务人履行债务的权利，还包括转让、放弃请求权的权利；所有权也一样，不但包括支配物的权利，而且包括将这种支配权转让或放弃的权利。在上述权利的内容中，放弃选举的权利、转让请求权的权利、转让支配权的权利，其实质就是权利自身作为了自身的对象、客体。权利自身作为自身的对象，这是权利的基本结构，没有这种自身的支配关系，权利的内容要干瘪很多，适用到上面所举的权利，选举权成了只能选举但不能放弃选举的权利，债权成了只能请求债务人履行但不能转让的权利,所有权成了只能支配物但不能放弃支配的权利,等等。

实际上,即便按照通行关于民事权利的定义衡量,现行对物权、所有权、债权的内容的理解也是不准确的。通行的关于民事权利的说法是能够做某事或不做某事的资格,物权、所有权、债权当然也不应该例外,套用上述定义,所有权的含义应该是支配物及不支配物的权利,而不仅仅是支配物的权利。把所有权界定为仅仅是支配物的权利,不支配的一面完全被忽略了。仅仅是支配的权利,这样的所有权毫无自由可言。没有自由,权利不可能成其为权利;没有不支配的权利相伴生,支配的权利更像是一种义务或者负担。

当然,民事权利的这个定义并不十分准确,权利的内容不仅仅限于做或不做某事,还包括将资格转让等等,内容十分丰富。因而,即便把所有权定义为支配的权利或者不支配的权利,这样的定义也是有问题的。然而,与简单地用支配权这种缺乏选择和自由因而具有明显义务痕迹的定义相比,这个定义至少在形式上把所有权定义为一种选择或自由。

权利的本质是自由,就债权而言,这种自由体现为接受权以及对接受权自身的支配,就所有权而言,这种自由体现为占有物的权利以及对占有权等权利的支配。在这个意义上,债权与所有权似乎具有同一性,即都体现了自由,体现了自身对自身的支配性。但这并不奇怪,同属于民事权利,债权与所有权本来就应该具有同一性。债权具有支配性,但并不因此而成为所有权。

第三节　无限支配关系与当下支配关系

所有的本质,即所有权的内在结构,集中体现为所有权自身与权能的关系,该问题是所有权的核心问题、第一问题,但尽管传统物权理论争奇斗艳,这个基础问题却并没有解决。理论不算少,却没有一个发现“终极真理”。解构所有权的本质,依赖两大原理,一为权利的自我对象原理,一个为无限支配关系与相对支配关系的关系原理。两大原理之下,所有权本质真相大白,传统理论对两大原理一无所知,对所有权本质的解构,完全是皮毛之说。

传统体系下,所有权的基本定义是:对物的绝对的支配权,以占有、使用等为权能。这个定义极其抽象、粗糙,完全没有在客体的存在方式即时间范畴下进行定义。时间是任何客体的存在方式,所有权也必须在时间范畴下定义,才能表达出本质的、终极的含义。时间范畴下,所有权的定义为:对物的无限的支配权,以占有、使用等为权能。

所有权是绝对的权利,而绝对的权利的本质只有在时间坐标系中才能映现出来。在时间坐标下,支配权呈现出了相对样态与绝对样态,在二者的相互关系中,进一步呈现出支配物与支配自身的双重品格,自身同时成为对象,而正是在这种自我支配关系中,所有权达到了无限。传统理论认为所有权是绝对的支配物的权利,以占有等为权能,却未在时间范畴下解析绝对权的含义以及占有、使用等权能的含义,占有等权能是具有当下性质还是无限性质这样的问题一直没有被追问过，所谓的支配权仅仅是单向的对物的关系，将无限支配权仅仅理解为自身，而没有理解为自身对自身的支配。

在时间关系中，无限与当下作为基本的两极，二者一方面是同一关系。这种同一性表现在：无限必以当下表达，当下可以表达无限；无限就是当下对自身的超越。但另一方面，二者之间更是一种对立关系，同一只是在对立基础上的同一。对立性表现在：当下与无限都是具有独立价值的一极，当下表达无限，但无限以当下表达，却不可能分解为当下，即不可能分解为无限个当下，当下无论怎样集合，都不可能达到无限，正如同归纳法永远无法得出普遍结论一样，在当下与无限之间，横亘着无法逾越的鸿沟。因而当下对无限的表达，绝不仅仅是当下自身表达了无限，同时亦是无限通过对当下的关系，自身表达自身。所有权作为无限的权利，无法自身表达自身，而是必须以另一种独立的权利，必须通过可感知的当下权利即占有权等来表达。

从绝对权、支配权到无限权、占有权的支配权，是对所有权认识从形式理性到辩证理性的巨大飞跃，二者是具有质的区别的不同层次的认识阶段，前者原始、抽象、内容简单，后者现代、具体、内容丰富。传统理论绝对支配权的通说只是关于所有权的初级认识，时间维度下无限支配权的定义，才揭示着所有权的终极本质。

现代定义对原始定义的质的突破表现在：

第一，绝对与无限是同一层次的范畴，但无限与当下直接与时间相关。终极本质就是时间下的存在方式，绝对权利也只有在时间维度下，才能得到具体的解释。在这个意义上，绝对权利到无限权利的转变,是抽象到具体的上升。

第二,无限权利的定义在无限与当下大关系中解构所有权,尽管定义为无限权利,却明确表述了无限包含当下的基本原理。从绝对权利、相对权利关系的角度也可以对所有权作同样的解构,但传统绝对支配权的定义并没有发现绝对权利与相对权利的关系,绝对权利就仅仅是自身,并不存在相对的权利,只知道所有权是绝对的权利,却不知道绝对的权利只有通过相对的权利才能表达。

第三,占有权的支配权准确反映了权利同时以物和自身为客体的二元结构,传统定义仅仅将所有权理解为对物的关系,对物的关系必然导致对自身关系的原理一无所知,只知道占有等是所有权的权能,却不知道同时也是所有权的对象。

第四,无限权利的定义包含的是命题群,绝对权利的定义只有一个形式上的命题。前者所包括的命题包括:所有权是无限的支配权;所有权是无限支配权与当下占有权的关系;无限的支配权以无限的占有权等为权能;无限的支配权以当下的占有权为权能;对物的无限支配间接表现为对权利的支配,而非直接对物的无限支配;所有权的权能即是所有权的形式,又是所有权的对象。传统绝对支配权的定义中所包含的定义只有一个,即所有权是绝对的权利。二者相比,后者显然粗陋。

第四节　权能与所有权分离的逻辑机理

把对物的支配关系仅仅理解为对物的关系，这种直线式的理解，不符合权利的客观结构，因而在逻辑上注定百孔千疮，支离破碎。其中一个致命的缺陷是无法解释权能与所有权的分离。

权能可以与所有权分离，这在传统所有权理论以及物权理论中是一个十分基本的原理，在实际生活中也是一个十分重要的现象。其基本含义是指：所有权的占有、使用、收益、处分权能中的一项或者全部暂时可以与所有权分离，所有权不会丧失，恰恰相反，所有权暂时分离出去正是行使所有权的一种形式。我国物权法明确规定物权体系由三种权利构成，即由所有权、用益物权、担保物权构成，按照学者的理解，后两种物权正是因为分离关系从所有权中分离而成，“因对所有权之权能加以分离，于是产生了用益物权和担保物权制度”[1]。分离现象或分离原理的重要性可见一斑。孟勤国先生认为在传统物权理论体系中，没有什么原理比权能分离论更为重要，“所有权权能分离论是传统物权理论的支柱”[2]。孟先生所言并不为过。

对于一个如此重要的原理，现行学说却只有描述性的只言片语，不知是有意回避，还是根本就没有意识到，学者们对权能分离出去所有权却不会丧失或者分离如何可能的问题论述得很少。物权

1　陈华彬：《物权法原理》，国家行政学院出版社，1998 年，第 27 页。

2　孟勤国：《物权二元结构论》，人民法院出版社，2004 年，第 4 页。

法发布实施之后，物权法方面的专著、教材冒出了很多，但其中对分离问题进行阐释的很少。刘保玉先生的《物权法》，梅夏英、高圣平先生合著的《物权法教程》，通书不见分离如何可能的字样。这样的物权法专著、教材可以列出很多。意识不到或故意回避分离问题，是国内研究物权理论的学者的一种普遍现象。

分离如何可能，这是一个必须回答的问题。在传统理论体系下，所谓的权能关系本质上是内容与形式的关系，肯定不是整体与部分的关系，而按照内容与形式的基本原理，二者是无法分离的。内容离不开形式，形式永远表达内容。适用到权能问题上，权能分离出去表现的也同样应该是所有权。用益权人是所有权人的说法，太荒唐。按照另外一种代表性的观点，占有等权能是所有权的作用，分离就更不可能。

多数学者连分离如何可能的问题都意识不到或故意回避，少数相对深刻一些的学者意识到了问题，但对问题的解决也不成功。王利明、孟勤国先生是国内少数意识到分离问题的学者，二位先生在国内物权理论界影响很大，其关于分离问题的观点在很大程度上代表了国内学界的研究现状。王先生认为，在权能分离时，支配权并没有分离出去，因而所有权一直没有分离出去，即所有权没有丧失。[1] 王先生的这种解释显然犯了低级错误。占有权等权能不是支配权，所有权就不可能是支配权。王先生的解释确实粗糙了些，但其他的解释亦半斤八两，并无价值。也有学者借用经济学的"剩

1　王利明：《物权法论》，中国政法大学出版社，2008年，第107页。

余控制权”概念解释所有权的分离现象，等等。这些观点都是徒劳的尝试，局限在将所有权理解为仅仅是对物的支配、占有权是所有权的权能的范式之下，不可能从根本上解决占有权与所有权的分离问题。

权能与所有权分离是可能的，但现行学说却没能将其机理说清楚。孟勤国先生由此干脆把问题取消了，不再试图解释分离如何可能，而是认为分离根本就是不可能的，因而从另外一条路径解释占有权、用益物权的产生根据。孟先生对传统物权体系下的所有权的母权属性提出质疑，认为用益物权、抵押权等不是从所有权中分离出来的，将占有权与所有权割开，提出了占有权既可以是所有权的权能，同时也可以是独立的权利的观点[1]。存在着非从所有权中分离出的独立的占有权，但用益物权等与所有权的关系是无法切断的。尽管没能成功建立起所有权与权能分离关系的新理论，但孟先生对传统分离理论困境的揭示或者对传统分离理论的摧毁，功不可没。

所有权定义弄错了，分离问题由此产生，只有从源头上正本清源，才能求得问题的正解。换句话说，在正确确立所有权的定义之后，分离问题根本就不是一个问题。按照新的所有权定义，占有权等虽然是所有权的权能，但以所有权的对象的形式实现，因而对所有权人而言，尽管占有权、收益权等权利分离出去，自己不再享有占有权，但其却一直拥有着更为绝对的权利，即拥有着占有权的支配

1　参见孟勤国《物权二元结构论》，人民法院出版社，2004年，第199页。

权,其所有权人的身份没有丝毫改变。作为对象的占有权、收益权等权利分离出去而不影响所有权,十分顺理成章,仅仅作为权能的确无法与所有权分离,但作为对象的权能从所有权中分离,却是天经地义。在这种模式下,占有权与所有权的必然关系被切断,因为既然是对象,占有权当然也可以脱离所有权而存在,可以表现所有权,也可以不表现所有权。在这里,占有权是仅仅支配物的权利,而所有权则是支配占有权的权利,对物的无限的支配被理解为了间接通过对物的当下的占有权的支配,而对物的当下的支配则仅仅是对物本身的支配。

第八章

占有权的逻辑证明及实证法实例

第一节　占有权的逻辑证明

传统体系下没有占有权，占有权等只是作为所有权的一种权能，因而本质上仍然是所有权，占有权的独立性在最大限度上也无非是暂时从所有权中分离出来，不存在非从所有权中分离的、不作为所有权权能的独立的占有权。这种理论并不正确，却蒙蔽了很多人。孟勤国先生睥睨传统，率先提出了独立占有权的观点，构建了所有权、占有权二元的物权体系。孟先生的观点石破天惊，指出了通往科学的物权体系的正确方向。

存在着独立的占有权，即存在着不作为所有权权能的、与所有权无关的占有权。孟先生从归属、利用的角度对独立占有权的存在加以论证，认为归属与利用是两种同样重要的关系，所有权调整归属关系，占有权调整利用关系。这种论证也是成立的，却不具有终极意义。对占有权的终极论证应该从时间的角度进行。从时间的角度讲，其具有无限与当下两个维度，因而处于时间中的人对物的支配关系，客观上既存在着无限的状态，也存在着当下的状态，支配关系在客观上表现为无限的支配关系与当下的支配关系两种方式。与之相对应，支配权亦存在着无限支配权与当下支配权之分。在大陆法系中，只有无限的支配权，无当下的支配权，这显然不符合支配关系在时间中既在无限中存在，又在当下存在的客观状态，没有全面反映支配关系在时间中的真实状态。相反，英美法系只有当下的支配权，而无绝对的、无限的所有权，同样不全面。就根源上看，无论大陆法系还是英美法系，对时间的理解都不准确。大陆法系的毛病在于将当下仅仅理解为无限的瞬间，没有意识到当下并非仅仅是构成无限的瞬间，并非仅仅以无限为目的，其在作为无限的瞬间的同时，自身也具有独立的价值和意义。换句话说，在时间结构中，并非仅仅有无限一个目的，当下与无限都是目的。英美法系走的则是另一个极端，仅仅关注当下，没有意识到无限关系。

引入时间元素，在时间无限与当下的并列维度下，独立占有权的存在是必然的结论。

存在着两种基本的财产权利，即占有权和所有权，两种权利各自独立，又相互发生关系，相互生成。占有权的独立性表现在：占有权自身直接以自身为目的，不表达自身之外的所有权；所有权的独立性表现在：是对物的关系的终极意义，是占有权等的发展归宿，占有权等只是所有权的表现方式。相互生成关系表现在，从所有权出发，占有权等只是所有权的权能，从占有权出发，则所有权无非占有权自身对自身的超越。

传统物权体系没有在时间维度下建构，没有建立起占有权、所有权的二元结构。由此导致两大致命缺陷：一是对很多法律关系作了歪曲的解读，二是对作为基本权利的用益物权的独立性问题，一直无法给出清晰的解释。传统体系下，占有权作为所有权的权能，被简单地理解为而且也只能理解为形式与内容的关系，而按照形式与内容的基本原理，形式表现的就是内容，因而占有权表现的就是所有权，自身不可能是一种独立的权利，占有权等权能分离出去不可能形成独立的他物权，但在机理上，用益物权却又必须被理解为不表现所有权的独立权利，这显然是明显的矛盾。而在二元体系下，占有权与所有权的权能关系以及形式与内容关系被理解为对象性关系。占有权是所有权的权能，与所有权之间是形式与内容的关系，但这种权能关系、形式与内容关系却是以对象性关系表现的，即所有权是对占有权的支配权，占有权是所有权的对象。在这种模式下，占有权与所有权尽管是内容与形式的关系，占有权作为所有权的权能，表现所有权，但自身亦同时作为一种独立的权利。在对象性关系中，占有权与所有权的必然关系被切断，因为既然是对象，占有权当然也可以脱离所有权而存在，可以表现所有权，也可以不表现所有权。在这种关系中，占有权对所有权并没有任何依附而言。传统理解下，占有权等也是所有权的权能，但不是对象关系，除了表现所有权，再无其他的含义，也不可能是一种独立的权利。由此推导出的占有权与所有权的另一个重要区别是：占有权是仅仅支配物的权利，而所有权则是支配占有权的权利。在这里，对物的无限的支配被理解为了间接通过对物的当下的支配关系的支配，而对物的当下的支配则仅仅是对物本身的支配。

占有权的发现，揭示出了所有权的权能构成的原理，在对象性关系结构下，合理解释了权能的分离；以占有权概念解释信托关系、抵押权、所有权保留买卖，揭露出了传统观点在这些问题上一直存在的误区和盲点;给出了占有权的最终证明,彻底结束了关于占有性质的争论。这些突破已经足够,占有权概念的引入意义重大。

第二节　信托关系与占有权

信托制度是英美法系的创制,因其独特的功能和价值,亦被一些大陆法系国家或地区如日本、韩国、我国台湾地区等引入。我国于 2001 年发布实施了《信托法》。在起源地的英国以及将其发扬光大的美国,并没有关于信托的成文法的定义,学理上一般认为,当一件财产从一个人(委托人)处移转给另一人(受托人),且该移转是为了第三人(受益人)的利益时便构成信托。大陆法系基于自身的成文法特性,关于信托的成文法定义是其体系的内在要求,不可避免。按照我国台湾地区的信托规定,所谓信托,是指"委托人将财产权移转或为其他处分,使受托付人依信托本旨,为受益人之利益或为特定之目的,管理或处分信托财产的关系"。我国信托法关于信托的定义大同小异,是"指委托人基于对受托人的信任,将其财产权委托给受托人,由受托人按委托人的意愿以自己的名义,为受益人的利益或者特定目的,进行管理或者处分的行为"。

上述定义只是在抽象层面界定了信托关系的含义,要从根本上理解信托关系或者说进一步明确上述信托定义的含义,还需要具体解析信托关系下权利的基本架构,即受托人、受益人所拥有的权利的性质。英美法系的结论是:受托人、受益人分别拥有普通法和衡平法上的所有权。大陆法系则陷入困境：大陆法系下，所有权是唯一的自物权，因而必须或者说只能用所有权解释受托人、受益人的权利性质，但因其体系下的所有权是绝对的权利，所以受托人、受益人二者中只能有一方为所有权人。然而撇开二者中任何一方的实际权利都不具有绝对权利的品格不论，认为任何一方拥有所有权，另外一方的权利都无法解释。

大陆法系下，信托关系中受托人、受益人权利的性质以及谁拥有所有权是必然发生的追问，学者们也意识到了这个追问，对其的探讨并不冷清。但尽管观点纷呈，却没有一种观点能讲清楚其中的道理。其实，建立了占有权概念，厘清占有权与所有权的关系，信托关系下的权利结构非常清晰：完全不存在绝对的权利，即不存在所有权，存在的就是占有权、收益权等当下的权利。传统体系先天不足，所建立的逻辑程式就是错的，在信托关系上适用中的困难不可避免。

信托关系中不存在所有权，道理非常简单。所有权是无限的权利，在时间上表现为无限，除非特定情况下因公权力之需要，否则不会消失。以此标准衡量，委托人、受托人、受益人均非所有权人是非常明显的。首先，三者中任何一方的权利在时间上都不是无限的。在委托设立后，委托终止时委托人是否能够收回权利以及受益人能否取得权利并不确定，因而谁都没有无限的权利。受托人同样如此，信托结束后占有权非因自己的意志和利益而彻底丧失，离无限的权利相距更远。其次，在信托期间，任何一方都不具有全面的支配权能，受托人具有的是占有权、处分权，无收益权，受益人具有的是收益权，但无占有权及处分权，委托人具有其他一些权利，但都不是绝对的权利。

传统观点没有认识到当下支配关系是一种独立的关系，因而对于即便如上述简单的结论亦视而不见，局限在所有权是唯一的自物权的枷锁之内，陷入了无休止的争论之中。对于信托关系中的所有权人，主张受托人是所有权人的有之，主张受益人的有之，主张委托人的也有之。然而问题本身就是个伪问题，是在所有权的“有色眼镜”下看出的问题。返归本真，信托关系中谁为所有权人的问题根本就不存在。

支配权存在相对、绝对以及当下、无限之分，前者为占有权，后者为所有权。传统理论将支配权与所有权完全等同，受托人、受益人的所有权人身份之争不可避免，并且永远无法解决。受托人享有占有权，当然体现支配权，受益权更是如此，从某种意义上说，受益权是支配权的终极目的。委托人的支配权同样理所当然，他可以解聘受托人，可以主张信托无效，等等，这些权利无疑都充分体现着支配权，上述主张从其前提中都是必然得出的结论。因而在传统理论的体系内，这种混乱是无解的。然而，所有权根本就不是支配权，而是对支配权的支配权，在正确界定所有权定义之后，争论的症结被厘清了。

逻辑上，与时间的无限和当下两个维度相对应，支配权存在绝对支配权和相对支配权之分，所有权为绝对的、无限的支配权，占有权等为相对的、当下支配权，因而在信托关系中实际上存在的是相对的支配权，但并不存在绝对的支配权，即所有权，传统理论无论认为受托人、委托人还是受益人是支配权人，这一点并没有错，其错误在于把支配权当作了所有权。相对支配权的表现形式也是占有权、收益权等，即占有权、收益权等也是相对支配权的权能，也是内容与形式的关系，但与作为所有权的表现形式不同，在所有权中，占有权等权利是以对象关系表现所有权。

在相对支配权中，权能之间既可以集合在一起，也可以彼此分离，但不是权能与支配权之间的分离。集合在一起是统一表现支配权，分离开来则是分别表现支配权，但总是在表现支配权。就是说，占有权等权能与支配权的关系是形式与内容的关系，因而分离着的权能表现着支配权，占有权行至何处，支配权就跟至哪里；同样，作为支配权权能的收益权等其他权能，也无时不反映着支配权，谁有收益权，谁就有了支配权。信托关系的本质，其实无非是相对支配权的各种权能之间的分离。占有等权能分离出去，支配权便随着分离出去，权能分离出去就是支配权分离出去，亦会导致一个物体之上多个支配权的现象，似乎有些悖理。但其实并不难理解，两个支配权并不冲突：一个是收益支配权，一个是占有支配权，等等，此处的支配权并不是唯一的、绝对的权利，存在多个支配权并不奇怪。没有以自身为对象的支配权达到不了无限，支配权在以自身为对象，超越了自身时，才达到无限和绝对。

在新的理解之下，占有权是一种独立的权利，信托关系中占有权与所有权实际上处在一种动态的转化关系之中。首先，信托设立本质上就是将所有权分别分解为占有权、受益权等等，分解之后即在整个信托关系存续期间所有权不再存在，物上存在的就是占有权等权利,体现的是所有权向占有权等权利的运动。其次,信托关系终止后,占有权向所有权运动,所有权重新生成。若信托文件规定信托关系终止后信托财产归受益人所有,则这种生成的具体内容就是受益人享有了所有权。

在关于信托财产所有权归属的争论中,主张受益人享有或者应该享有所有权是流行的观点之一,孟勤国先生、温世扬先生也都持该种观点。在孟先生的物权二元体系下,受托人拥有占有权,受益人拥有所有权。受托人拥有占有权是成立的,但受益人拥有所有权的说法有待商榷。从意思表示的角度看,不存在委托人将财产转让给受益人的理由,委托人设立信托关系,其意欲建立的权利架构是:委托人自己放弃所有权,受托人拥有占有权,受益人拥有受益权,信托关系终止后,信托财产归属于受益人,即受益人在将来拥有信托财产的所有权。从实证的角度分析,在信托关系的权利架构中,委托人一直拥有撤销权,在撤销权利剑高悬之下,受益人不可能拥有所有权。另一方面,受益人当下的权利内容之中,并没有占有、使用、处分信托财产的权利,缺乏这些重要内容的权利离所有权相距甚远,直接地说,没有占有、使用及处分内容的权利不可能是所有权。占有等权能可以与所有权分离,但分离以拥有为前提,在拥有—分离—收回的统一关系中,缺少当下占有等权能的所有权因对占有权能的支配权的存在,所有权本身不受影响,但受益人的权利从信托关系设立的瞬间起,就缺乏占有等权能,因而不是一种分离关系,所有权只是在将来才生成。

委托人如此设立信托关系下的权利架构,具有独特的功能。一方面，将所有权的转让设定在将来，使得受益人的权利具有不确定性，委托人保留了在信托关系期间对信托财产的附条件的控制。不确定关系是一种客观关系，是一种关系样态，也是现实生活的一种需要。另一方面，将所有权分解为占有、使用、处分权与收益权，既是一种权利制衡，受托人、受益人之间互相制约，也具有效率上的效果。将所有权当下转让给受益人，上述目的则无法实现。

从深层次分析，孟先生关于受托人拥有占有权、受益人拥有所有权的观点，失误有两个：一是将占有权与所有权完全捆绑在一起，认为占有权是“非所有人利用他人财产的物权，非所有人在占有他人财产的基础上以占有、使用、收益、处分或者其他允许的方式实现的直接支配物的权利”。显然，在孟先生的二元体系下，虽然占有权不是从所有权中分离而来，却与所有权相伴生，在另外一种意义上，没有所有权，就没有占有权。实际上，占有权的独立性并不在于其是否从所有权中分离，而在于时间当下维度的独立性，占有权可以与所有权完全无关，就是占有的权利，而非占有他人财产的权利。在信托关系中，就只有占有权，而无所有权。二是缺乏将来所有权的概念，将所有权只理解为当下的权利。

关于信托中的法律关系，与主张受益权为所有权的观点相反，亦有另一种极端的说法，认为受益权为债权。但受益人对信托财产具有追及性是通识，许多国家在立法上亦有明确具体的规定，如《日本信托法》第 31 条规定：“受托者违反信托本旨处理信托财产时，受益者得以向对方或转得者宣布取消该项处理。”我国台湾地区的信托规定第 18 条：“受托人违反信托本旨处分信托财产时，受益人得申请法院撤销其处分。”我国《信托法》第22条规定：“受托人违反信托目的处分信托财产或者因违背管理职责、处理信托事务不当致使信托财产受到损失的，委托人（根据第49条规定，受益人享有此项权利）有权申请人民法院撤销该处分行为，并有权要求受托人恢复信托财产的原状或者予以赔偿；该信托财产的受让人明知是违反信托目的而接受该财产的，应当予以返还或者予以赔偿。”如此前提之下，受益权是债权的说法，太过牵强。

第三节　所有权保留买卖与占有权

按余能斌先生的定义，所有权保留是指在移转财产所有权的商品交易中，根据法律规定或当事人的约定，财产所有人移转财产的占有于对方当事人，而仍保留其对该财产的所有权，待对方当事人交付价金或完成特定条件时，该财产的所有权才发生移转的一种制度。关于所有权保留买卖的性质，学说上有附停止条件所有权转让说、部分所有权转让说、特殊质押关系说、担保物权说、担保性财产托管说等等。其中，附停止条件所有权转让说为德国、日本以及我国台湾地区的通说。余能斌先生也认可该说。该说总体上是对的，但对该说的理解存在误区。学者们未在时空立体概念下思考所有权保留关系，其深刻含义并未被阐释出来。

附停止条件所有权转让说的基本含义是：转让所有权的物权行为附有停止条件。表面上看，附停止条件就是指转让没有生效，但其实转让没有生效也是生效的。附停止条件从肯定意义上讲就是将来生效,将来生效的物权在当下具有效力。传统观点没有在当下与将来的关系中理解所有权保留关系,把没有生效理解为了绝对没有生效。既然绝对没有生效,买受人的权利效力何来?这是传统解释的重大缺陷之一:理解为绝对没有生效,却没有说明或无法说明买受人的权利所从何来。

缺陷之二是完全拘泥于所有权保留的形式上的机械含义,认为所有权保留就是保留了所有权,出卖方仍然享有所有权。其实,保留的含义并不一定是指所有权仍然由出卖方所有,在这里,所谓的保留仅仅是指所有权没有到达买受人手中,但也不在出卖人手中,处在中间状态或者说悬置状态。从这个意义上说,部分转让所有权的说法是有道理的。这里的部分并不是指对所有权权能在出卖方与买受人之间作量上的分割,而是指在空间上所有权处于出卖方与买受人之间。将所有权转让理解为在一段空间距离上的运动过程,所谓的部分转让是指在距离上已经移动了一部分。余先生批评部分转让所有权说,认为该说不符合出卖方保留所有权的初衷以及所有权具有完整性根本不可分割,值得商榷。

所有权保留的真正含义是保留了取回权,而非保留了所有权。取回权是一种将来的物权,是一种发生与否不确定的物权。将所有权保留机械地理解为保留了所有权本身,不符合所有权保留关系中权利处于不确定状态的本质。在所有权保留关系中,所有权处在中间状态,是不确定的。如买受方付清款项,所有权向买方发生,买方取得所有权;如未付清款项,所有权向出卖方复归。认为所有权仍然原封不动地保留在出卖方手中，将本来不确定的、动态的关系确定化、静止化了。

出卖方保留了取回权，取回权是一种将来的权利，因而出卖方当下拥有的也是一种期待权，即期待取回的权利。学者对买受人的期待权人身份论述颇多，对出卖方的期待权人身份鲜有提及，从根本上就理解错了。在所有权保留关系中，因所有权的最终归属不确定，双方的身份其实都具有期待权人的性质。传统理解错误地认为所有权仍然在出卖人手中，意识不到其期待权人的身份也是这一错误前提下注定的结果。

传统理论错误之产生，原因很多，比如缺乏时空观念、缺乏动态概念等等，认为一定存在着所有权，缺乏独立占有权观念，也是一个重要原因。在所有权保留买卖中，根本就没有所有权存在，传统观点关于所有权的解释牵强附会，在道理上是完全讲不通的。学者们的逻辑有些简单，认为所有权既然没有移转给买受人，那当然就还是出卖人的。然而学者们忽略了，标的物虽然没有移转给买受人，却从出卖人处移转开了，或者说移转走了，此时的所有权处在中间状态。没有移转过去，未必就一定在原地不动。因而这里的保留，其真正的含义应该是：没有移转给买方，但并非仍然归卖方所有。

所有权已经离开，或者换句话说，所有权已经被处分了，只是对买受方还没有发生所有权产生的效果。所谓的保留是在处分的基础上的保留，没有处分，则无所谓保留，这与日常用语中的保留的含义完全不同，后者的保留含义与处分完全没有关系。虽然使用的是所有权保留的概念，但严格地说，并非保留了所有权，而是保留了取回权。实际上,在所有权保留买卖中,出卖人已经将所有权形成权处分给了买受方。一项所有权的形成权被处分给了对方,自己当然不可能再是所有权人。所有权的形成权被处分给了对方,学者们仍然认为出卖人是所有权人,这在逻辑上十分奇怪。拥有形成权之后,买方对标的物上的管领力和支配力远多于出卖人,前者都不是所有权人,何论后者?! 处分不一定就处分给对方,没有处分给对方也不一定就仍然是出卖人的,对所有权形成权的处分是一种悬置处分,处分的只是形成权,所以出卖人还保留有取回权;从另外一种意义上讲,由于处分了形成权,所以保留的只是取回权,不可能再是所有权。从买方的立场上而言,其得到的也只是所有权形成权,而不是所有权,当然也不是标的物上的所有权人。

质言之,在所有权保留买卖中,出卖人享有的是取回权,而不是所有权;买方享有的是所有权期待权,也不是所有权,标的物上的所有权处在悬置状态,所有权人空位,无论是出卖人,还是买受人,均不是所有权人。对于已经"离开"的所有权而言,出卖人与买受方的地位是相同的,因尚未到达,买受人当然不是所有权人;但因已"离开",出卖人也不再是所有权人,他只是前所有权人,曾经的所有权人。

反思我国《合同法》关于所有权保留买卖的相关规定,逻辑上的缺陷十分明显,立法技术上是很笨拙的。该法第 134 条规定:"当事人可以在买卖合同中约定买受人未履行支付价款或其他义务的,标的物所有权属于出卖人。"按照该说法,在买方未履行义务之前,卖方拥有所有权,那么一个顺理成章的结论是,卖方如再作转让,转让应该是有效的。但所有权保留买卖所设定的关系则是:一当买方付清了价款,所有权即可生成。因而出卖方的处分根本就是不可能的。所有权属于出卖人这样的表述,完全扼杀了将保留解释为没有到达买受人的可能。相比较而言,保留了所有权则是比所有权属于所有权人更为科学、灵活,留有解释空间的表述。

第四节　抵押关系与占有权

按照现行关于抵押关系下权利结构的通说,抵押人在债务届期前仍然享有所有权。引述几位学者的表述如下:

"抵押物所有人对不动产设定抵押权后,可以将不动产转让……因为抵押物所有人虽然以其不动产设定抵押权,但他并不因此丧失对不动产的所有权。"[1]

"担保期间,担保物之所有人仍可以依法转让担保物的所有权,足以说明担保物的价值是在所有人的直接支配之下。"[2]

"从理论上说,抵押权设定后,抵押人仍然享有抵押物的所有权。"[3]

与上述类似的表述可以引述很多,在这个问题上,实际上没有任何争议,甚至主流观点与非主流观点之分都不存在,认为抵押人

1　梁慧星、陈华彬:《物权法》,法律出版社,2003年,第322页。

2　孟勤国:《物权二元结构论》,人民法院出版社,2004年,第340页。

3　温世扬:《物权法要论》,武汉大学出版社,1997年,第214页。

仍然享有所有权是唯一的观点。但这种观点并不对,高度的一致是一种集体的迷失。抵押关系下的真实状态是:所有权已不再存在,抵押人的所有权其实已经变为附条件的所有权,是一种将来的权利,并且是不确定的权利;抵押权人享有抵押权,因抵押权本质上就是附条件的权利,也是一种将来并且不确定的权利,两个将来的权利,因都具有或然性,所以可以并存。所有权是绝对的权利,抵押权也是绝对的权利,这样性质的两个权利不可能并存。但附条件的权利因具有不确定性,两个权利同时并存正是其本性。附条件的所有权是将来的权利,主效力在将来才能行使,但同时具有当下的效力,抵押人作为附条件的所有权人、曾经的所有权人,当下具有占有权,而抵押权人当下则具有抵押物保全权等权利。

所有权是绝对的权利,只能因源于自己的意志的主动转让而丧失,不会因客观事实的发生而丧失,而设定抵押权后,抵押人所拥有的权利是一种会因客观事实的发生而丧失的权利,这样的权利已失去了绝对权利的本性,不可能再是所有权。实际上,抵押关系设立后,抵押人根本就转让不了所有权,转让所有权的判断标准是对方能确定地获得所有权,而在抵押关系下,受让人是否能获得所有权根本就不确定,完全依债务人是否清偿了债务而定。抵押人转让的是占有权,对抵押物的处分是一种不确定的处分,是对不确定的所有权的处分。

关于抵押人对抵押标的的转让,传统的说法是:抵押人享有所有权因而可以转让所有权,但抵押权不受影响。抵押权不受影响,那么所有权就肯定受影响。抵押权人与受让人的权利不可能并存。

一个主张不了的所有权不成其为所有权。抵押权不受影响,传统理论就此点到为止,但受到影响的所有权是一种什么样的权利,则没了下文。不确定的所有权,是对该情形下所有权关系最传神的概括。确定与不确定,本来就是对象存在的基本样态,适用到所有权问题上,名正言顺。

抵押人不确定的所有权与抵押权人不确定的抵押权相对应。其实,抵押权作为担保权,不确定性是其根本特征之一。关于所谓的担保物权的法律特征,梁慧星先生归纳为从属性、附随性、不可分性、物上代位性;温世扬先生归纳为物权性、价值性、担保性。这两种观点基本上代表了学界的主要观点。

上述说法并没有错,但不深刻,缺乏灵韵。担保物权之所以为担保物权,一为不确定性,二为他目的性。这样的概括才淋漓尽致。因为是担保权利,所以其是否实现、产生,完全取决于被担保的债权实现的情况。上述的从属性、附随性、担保性等说法,本质上需要更上位的概念加以解释,不确定性是终极性的概念,是对三个概念的终极概括。在条件成就时,不确定的权利变为确定的权利,成为一种当下现实的权利;与所有权、用益权不同,后二者之产生和存在以自身为目的,而担保权之产生、存在则不以自身为目的,他项债权的实现才是其目的,这是一种他目的。

引入占有权概念,抵押关系下真实的权利状态是:抵押人与抵押权人均拥有不确定的所有权,即将来的所有权;当下维度下,抵押人拥有占有权,抵押权人拥有保全权,所有权悬置。

第五节　租赁权与占有权

在国外学者的学说中，有关于基于债务关系的占有权的概念，以此解释租赁关系、借用关系、寄存关系等关系中的权利现象，国内金可可先生对此有专门的关注和研究，主要内容体现在其发表在《法学研究》上的《基于债务关系的支配权》一文之中。所谓基于债务关系的占有权或者支配权，针对的主题即是传统上一直争论不休的租赁权的性质问题。金先生博览群书，发现在康德的著述中，就提到了租赁权性质在自然法派中的争论，租赁权性质学说上的混乱，可见一斑。现行学说中，租赁权为债权是通说，与之对立的是物权说、物权化的债权说等等，金先生的基于支配权的概念所表明的立场，是一种精致的"混合主义"，中心在于论证租赁等关系中的权利的支配性质，但亦明确将该支配权设定在了债务关系的场景之中。

标题十分迷惑，其实却透露着传统民法学的强烈气息：在债权与物权二分的错误前提下所臆想出来的问题。物权完全是个伪概念，租赁权的实质是占有权，与作为接受权的债权楚河汉界，租赁权是债权还是物权的传统争论，根本上就是一场学术梦游，并不真实。

租赁权属于对众的权利而非对世的权利，因为缺乏对世的效力，买卖可以破除租赁等等，归入传统所谓的物权概念中，存在明显的逻辑障碍。但作为债权，则更是信口开河。传统定义下的债权的本质是请求权，租赁权无论如何与请求权都扯不上干系。

既不是债权，也不是所有权、用益物权，租赁权在传统权利体系中的身份认定成了问题。在占有权概念下，租赁权的性质之谜，被彻底揭开了谜底。

租赁权等作为权利的性质的终极根据在时间概念之中，当下维度与无限维度是时间的最基本的两个维度，与之对应，存在着当下的支配关系与无限的支配关系。在最为基本的层面，当下的支配关系即占有权构成了一个与无限支配关系并列的权利类型，其样式十分丰富，租赁等关系中的权利，只是占有权的样式的一种，并无特别的典型意义。在时间的当下维度的基础上确立了当下支配权即占有权的概念，租赁权作为权利的性质在终极意义上得到了解释。

所有权、债权、占有权，才是关于财产权利的基本分类，占有权构成独立的权利种类，根本不成立其是否为债权或所有权的性质上的追问。债权、占有权在对抗效力上与所有权存在很大差别，以相对权与绝对权加以区分，表达着特定的含义，以债权、物权概念表达对抗效力上的差别，文不对题：租赁权对抗效力弱，故而属于相对权；所有权效力强，所谓为绝对权，概念上，债权、物权不表达或表达不出关于对抗效力的任何含义。

租赁权的基本含义即为当下的占有、使用等的权利，与接受权差之千里，即便无买卖不破租赁原则的设立，其亦是当下的占有、使用等的权利，何况可以对抗不特定的多数。基于债务关系的占有权或支配权的概念，指向的是确立租赁权的支配性质，租赁、借用、寄存等关系下，存在着以传统理论无法解释的权利现象。然而“基于债务关系”这样的表达，表明国外学者以及金先生对占有权以及租赁权的性质的理解仍然隔靴搔痒，并不究竟。占有权的终极依据存在于时间的当下维度之中，绝对的对抗效力并不构成划分物权与债权的标准，租赁权等作为当下的占有、使用等的权利，自身即为独立的权利，根本不存在基于债务关系的问题。

第九章

占有事实说证伪

第一节 权利与事实的冲突

占有问题上，权利说与事实说的争论一直相持不下。实际上，在更为基本的层次，权利或规范与事实的冲突是一个普遍的冲突，不仅仅表现在占有关系之上，深层次涉及的是法律的本质问题。将问题放在权利与事实冲突的一般场景之下，占有性质之争的真相才能清晰映现出来。

法律究竟是人为制定的规范，抑或是自然存在的正义规则，两种关于法律本质针锋相对的观点从来没有达成过妥协。以自然法学派的观点，人的行为是纯粹的自然存在，即是一种事实，而在实证法学派的立场下，法律是对自然行为的规范，因行为的本质是一种法律上的存在，属于法学规范。因此，同时成立着关于特定行为的自然维度下或社会学维度下的定义与规范维度下或法学维度下的定义，这种现象十分普遍，并非个例。

犯罪：犯罪是自然存在即事实，与犯罪是法律规范，是关于犯罪定义的两种最基本的争论。陈兴良先生《犯罪：规范与事实的双重视角及其分野》一文对此有十分详尽的分析对比，文章极具学术价值。按照一种学派的观点，犯罪就是一种自然事实，而非法律规范，而按照另一学派的观点，犯罪则为法律规范。以自然事实的观点，犯罪既然为自然事实，所谓的罪刑法定原则，显然可以进行有限度的突破。

婚姻：社会学的定义是，男女双方以共同生活为目的而缔结的，具有公示的夫妻身份的两性结合。在这个定义下，婚姻是一种事实。法学的定义是，男女双方以永久共同生活为目的，以夫妻的权利义务为内容的合法结合。在这个定义下，婚姻是一种权利。两个定义同时成立，婚姻的事实属性与法律属性亦同时存在，法律婚姻与事实婚姻构成了明显的冲突。以法律的目的为规范或引导自然行为的观点，只有法律婚姻才能成为保护的对象，否则，法律规范的意义便会受到极大的损害。然而在另一端，将事实婚姻完全排除在法律保护的范围之外，并不符合公平正义的理念，对事实婚姻予以有限度的保护是国家中的通行做法。尽管事实婚姻亦受到保护，但与法律婚姻相比，程度上要相差很多，从而保证法律规范对行为的引导功能的有效发挥。婚姻的社会学定义是事实，法律亦保护该种事实，但并不能由此得出婚姻是事实的结论。除婚姻之外，收养问题上同样存在着法律收养与事实收养的二元定义，逻辑机理与婚姻大体相同。

合同：自然维度下的合同定义就是双方当事人之间所达成的意思一致，是一种合意的事实，而基于规范功能的目的，法律上为合同设定了一定的形式上以及内容上的标准，符合标准的才为法律上的合同。但不符合法律标准的非法律合同亦非绝对不受法律保护，对事实合同给予有限度的保护并不会破坏法律的规范引导功能。但不当的扩大保护,必须禁止。

发明:发明是一个自然过程或自然事实,这是常人最容易接受的道理。然而法律上的发明则是指经过申请并被赋予专利权的智力成果。但未申请并且未获得专利权的自然发明或事实发明,并不会被绝对剥夺使用发明的权利,我国《专利法》第69条规定,在专利申请日之前已经制造相同产品、使用相同方法或者已经作好制造、使用的必要准备,可以在原有的规模上继续制造或使用发明。这意味着事实上的发明,在一定程度上会受到法律的保护。

占有:社会学的定义是,对物的可感觉到的实际控制,是一种事实。法学的定义是,法律上承认的对物的观念上的控制,是一种权利。将占有放在事实与权利或规范的对立作为关于法律的一个普遍现象的大背景下,其事实与权利的属性上的争论的实质变得清晰:作为引导规范,占有的法律定义是一种权利,而在社会学定义下,占有就是一种事实。基于公平、正义的理念,法律对事实意义上的行为给予一定的保护是一种普遍的规则。

同时成立作为事实的行为的自然维度或社会学维度定义与作为权利或规范的行为的法学定义,两个定义存在冲突,即事实与权利或规范之间存在冲突。依法律规范和引导功能的本质目的,对事实意义上的行为不应该予以保护,否则法律规范便失去了意义。但绝对排除在保护之外,与正义原则亦严重相悖。中庸之道,似乎是最为恰当的适用原则,对事实意义上的行为给予保护,但被限定在狭小的范围之内。

事实与权利或规范的冲突是一个普遍的法律现象,特定行为即为自然事实亦为权利或规范是一个普遍的情形，事实与权利或规范之间并非非此即彼的单一结论，即占有即是事实，亦为权利。国内学界关于占有性质的争论，事实派与权利派不可开交，彼此绞尽脑汁证明占有为事实不是权利或是权利不是事实。实际上，无论占有为事实或者占有为权利，根本就无法予以证明。对特定行为同时成立社会学定义和法学定义，两门学科，两种定义，分别代表着观察对象的不同维度，以其中的任何一种学科一统天下，都无可能。

在法学坐标下，权利是体系据以建立的最基本的原点，其根据就在于法律的直接规定，不存在证明的问题。选举是权利、婚姻是权利、隐私是权利等等，没有别的理由，根据就在自身，不需要解释，也无法解释。需要回答的问题只是：是否需要法律调整选举、婚姻、隐私等等，但这不是选举等是权利的理由，而是法律规范上述关系的理由。法律调整客观关系，就是直接规定与之对应的权利。在占有问题上，法律对其调整，当然就是直接规定占有权，将占有界定为权利。因而追问占有为什么是权利，答案只有一个：法律调整占有关系。占有是事实也是如此，同样不需要论证。事实是一种可感觉的客观关系，是人与物、人与人之间物理上的结合关系，作为客观存在，不存在法学证明的问题。法律规范某种事实，则存在着权利与事实的对应，如不规范，则仅有事实，无对应的权利。选举、婚姻、隐私等等，没有法律，也是一种客观关系。

占有既是权利，也是事实，前者是法学命题，后者是社会学或其他学科命题，但法律是否直接保护占有事实则是法学命题。法律即便直接保护占有事实，占有是权利的地位亦无可替代；同样，由于占有的特殊性质，即便规定了占有权，直接保护占有事实亦具有其特殊的功能。理想的做法应该同时设立以占有、占有权为标题的两个章节。这样的物权法一直没有先例，孟勤国先生开物权法体例之先河，在其建议稿中，占有、占有权依次规定，思想之深刻，令人钦佩。而我国物权法遑论规定占有权，连占有的规定亦只有寥寥几个条文。只能理解为学者们对占有问题底气不足，避而远之。

占有是权利，与占有是事实不是权利，这两个命题显然是矛盾的，但可以同真。社会学具有自己的独特角度、独特的价值，从社会学的角度，占有就是事实，不是权利。法学替代不了社会学，也否定不了社会学，即便从更高的综合法学与社会学的立场成立的占有即是权利又是事实的命题，亦不能构成对占有是事实不是权利命题的否定。社会学作为一个独特的认识维度，无法取代。占有是权利不是事实或者占有即是权利又是事实的命题，单独表达，都是对社会学维度的否定，因而违反认识占有存在法学、社会学多元维度的客观逻辑。实际上，占有是事实不是权利、占有是权利不是事实、占有即是权利又是事实三个命题单独表达，一方面是真理，前两个命题分别支持着社会学、法学的独特的认识维度，后一个命题代表着必须超越社会学、法学的更高的综合的认识维度，但另一方面，这些真理只是相对真理，即便更高层次的即是权利又是事实的综合命题，也是相对真理，具体的认识维度必须上升到综合的抽象维度，而抽象的综合维度则必须有具体维度的支撑，任何一个维度都存在片面性的局限。因而，关于占有的绝对真理在命题体系中才能得到表达，即在占有是事实不是权利、占有是权利不是事实、占有即是权利又是事实三个命题所组成的体系中才能得到表达。

占有是事实不是权利，这是一个正确的命题，但该命题不需要论证，其属性属于社会学认识维度下的公理，“因为占有是事实，所以占有是事实”，公理的属性就是直接的规定，其中的逻辑无法表达，无法论证。

事实说所给出的最充分的所谓论据，就是《德国民法典》《瑞士民法典》及我国台湾地区所谓“民法典”的规定。《德国民法典》第854条规定：“物的占有，因取得对该物的事实上的支配而取得”，《瑞士民法典》第919条规定：“凡对某物进行实际支配，为该物的占有人”，我国台湾地区所谓“民法典”第940条规定：“对于物有事实上管领之力者，为占有人”，上述规定确实陈述着占有是事实的含义。但也仅此而已。法律必须直接保护占有事实，这是非常容易达成共识的法学结论。上述规定无非是表明，法律对占有事实予以直接保护。法律对占有事实直接保护，并不必然排斥占有同时是权利。因而上述规定能够证明的只是：占有是事实，法律直接保护占有事实。至于占有是否同时是权利，在上述规定中并没有逻辑上的关联。

只要法律调整占有关系，纯粹占有权的存在就是必然的。这是法律的本质，也是法学常识。对占有权的论证，只需要给出一个根据：法律调整占有关系。许多学者绞尽脑汁论证占有是事实不是权利，非常荒诞。否认占有是权利无异于否定了整个物权法，违背了法律用权利调整事实这个根本主旨。如果法律仅仅是直接调整事实,“法律就没什么意义了”[1]。

占有不可能不是权利,只是占有除了是权利,还是事实,或者更准确地说,法律除了以占有权调整占有关系,还直接保护占有事实。否认占有是权利,整个物权法就成立不了。传统物权法以所有权为基础,而所有权肯定不是事实,它就是一种纯粹的权利。但所有权是一种抽象的权利,需要以占有权、使用权等具体的权利来表现,或者换个说法,离开占有权等具体的权利,所有权就是纯粹的虚无,没有占有权等,所有权不成其为所有权。所有权以占有权为表现形式,既然所有权是权利,占有权怎么可能不存在。学界关于占有的定义是管领特定物的事实状态,许多学者在阐释占有的事实性质时,都喜欢引用耶林的一段论述作为经典,即“占有是所有权的实现。占有是事实,所有权是权利,占有是事实上行使某种请求,而所有权是在法律上确认、实现的权利……所有权是通过法律作出保障的,占有是通过事实关系来保障的”。耶林的该段话并不正确,占有权等是所有权的表现形式,所有权通过法律作出保障,就是占有权等通过法律作出保障,所有权是权利,占有就一定是权利,是法律上对物的支配关系,与占有事实相对应,是使占有事实发生的资格。所有与占有的区别,并非如耶林所言完全是权利与事实的区别,权利与事实的区别只是区别之一,在法学层面上,所有与占有的本质区别是绝对与相对的区别,所有是绝对的支配,占有是相对的支配,但其实质则都是观念上的,是权利。质言之,占有是管领物的事实,

1　刘智慧:《占有制度原理》,中国人民大学出版社,2007年,第87页。

只是占有的含义之一，是社会学上的含义，除此之外，还存在着法学含义的占有：法律上的对物的支配关系。

所有权离不开占有权，因而占有不可能不是权利。很多学者一方面坚定地认为占有不是权利，另一方面却夸夸其谈着所有权中的占有权能，认为占有权能是对物加以实际控制和管领的权利，非常荒谬。认定了占有不是权利，在所有权中就不存在占有权的问题，就不能认为所有权的占有权能是权利，而必须像梁慧星先生那样实实在在地认为，所有权中的占有权能是"特定的所有人对于标的物为管领的事实"。或像刘保玉教授那样，认为占有权能是所有权的事实权能。事实是权利，所有权中包含着事实，这样的话至少还有一些逻辑可言，是从占有是事实不是权利的前提中必然推导出来的结论。比起那些一方面否认占有是权利，另一方面又将占有权能理解为权利的学者，梁先生、刘先生还算清醒一些。占有不是权利，所有权中的占有权能就不能是权利，而必须理解为事实。尽管荒谬，也必须接受。

第二节　间接占有概念的玄机

《德国民法典》规定有间接占有制度。该民法典第868条规定："某人作为用益权人、质权人、用益承租人、使用承租赁人、保管人或在类似关系中占有物，而根据这一关系，其对他人暂时享有占有的权利或负有占有的义务的，该他人也是占有人（间接占有人）。"尽管日本等许多国家的民法典都以《德国民法典》为范本，但在间接占有问题上，则未全盘吸收，而是自有主张，对该概念采取了排斥态度。我国物权法亦随波逐流，没有规定间接占有制度。在占有的性质争议不清的情况下，间接占有概念是对客观存在的占有权的朦胧认识状态中的模糊表达，在占有权的存在被证明和广泛接受的前提下，间接占有概念的确没有太大的意义。

按照中国学者的总结，占有是事实不是权利是通说，占有是事实不是权利命题的确是正确的，但另一个对立的命题即占有是权利不是事实同样是正确的。然而后一个命题一直没有得到广泛的认同。由于间接占有终归是一种客观关系，一种客观存在，对认知的刺激反映无可避免，间接占有概念就是对客观存在的占有权的一种模糊表达。在普遍认为占有事实不是权利的大背景下，间接占有对占有权的含混表达，却无疑是一种深刻的认识。

占有就是权利，传统体系中有此一说，却一直没有成为通说，在与事实说的争锋中，亦处于下风。逻辑上，权利说确实也并没有对占有权的成立给出充分的论证。谓占有权的成立是法律公理，不存在论证的问题，但对具体命题而言，指出其不必论证的公理属性，就是一种论证。对占有权的论证就是指出其不需要论证。学说中，权利说并不盛行，法典中，明确规定占有权的更是绝无仅有，日本法中虽然规定了占有权，但实际上不过是因占有事实而产生的占有权，同纯粹的与占有事实无关的占有权完全是两回事。《德国民法典》间接占有概念的提出，是民法典中因法律保护占有事实诱发的对占有权的第一次认知直觉，是对占有关系认识的先河之举，卓越的贡献。

间接占有概念是对占有权的第一次认知直觉,但学界将其解释为事实的主张亦十分盛行。事实说不值一驳,间接占有不可能是事实,将间接占有理解为事实,违反了权利与事实的基本区别。

世界上主要的大陆法系国家或地区,均没有占有权能的规定,德国、法国、日本、意大利、荷兰以及我国台湾地区,概莫能外。这不是一个偶然的现象,其深藏的是占有是事实不是权利的普遍立场。然而,占有权是一种客观逻辑,客观力量,尽管在占有是事实不是权利的清晰意识下,也能以模糊的潜意识形式出现。间接占有概念的实质,就是在占有事实说的强烈意识下,模糊存在的占有权利意识。

世界上主要大陆法系国家民法典中都没有占有权能的规定,虽然这种现象不是积极现象,这种做法亦并不正确,但在占有事实说的前提之下,这样的现象是逻辑上一种必然的结果。与此不同,我国物权法、俄罗斯联邦民法典中规定了占有权能,从形式上看,超越了其他大陆法系国家,代表着关于占有本质的正确立场。占有就是权利,作为所有权的权能,天经地义,其他国家民法典对占有权能的排斥,正是这些国家民法典的幼稚和瑕疵。占有权能的措辞,对占有权的表达显然比间接占有概念更直接、更准确。然而,十分遗憾,我国物权法中关于占有权能的规定,反映的并不是关于占有权成立的独具慧眼的清晰立场,恰相反,更可能是连占有是事实不是权利与占有权能的冲突意识都不具备的思维混乱。

物权法的主要起草人梁慧星先生、王利明先生都主张占有事实说,事实说下,无占有权能的逻辑空间,认为占有是事实不是权利,占有权能的规定就是赤裸裸的自相矛盾。在更高的层次上,主张占有是事实不是权利与主张占有是权利不是事实并不冲突,可以同真,但显然以对二命题的冲突意识为前提。梁先生、王先生的著述中,从未有过关于占有既是事实不是权利又既是权利不是事实的自觉论证,物权法中关于占有权能的这种关于占有权的形式上的清晰表述,徒有其表。

占有既是事实,也是权利,但学者们对占有的这种双重性质一直就没搞清楚,许多国家立法上对所有权的定义中没有占有权能的规定,反映出了立法者普遍及强烈的占有事实说意识。与其他国家民法典体现出的清晰但错误的事实说意识相反,《德国民法典》虽然同样没有占有权能的规定,但关于直接占有与间接占有的区分,则朦胧地触及了占有既是事实也是权利的二元本质。

间接占有概念具有意义,它是对占有权成立的一种模糊判定。在普遍认为占有是事实不是权利的愚昧认识下,该意义突出出来。国内学者对此一无所知,关于间接占有概念的观点,逻辑上混乱不堪。

传统观点对占有本质的认识一直十分模糊、幼稚,占有事实说无论在学说中还是在民法典中都处于强势地位,但对占有权的意识无法彻底压抑,间接占有概念正是对占有权的朦胧表达,这就是间接占有概念的基本意义,别无其他。学者不明就里,杜撰出了所谓直接占有与间接占有区别的意义,其实并不成立。

三种代表性的说法是:

第一,区分直接占有与间接占有的意义,在于承认了间接占有人也构成一种占有。[1]

第二，区别的意义在于明确了占有概念的外延。[2]

第三，区别的意义在于直接占有可以独立存在，间接占有不能独立存在。[3]

区别的意义所设问的问题就是为什么承认间接占有，说法一中区分直接占有与间接占有的意义和间接占有构成占有两个命题是一回事，实际上什么也没说。任何区别本身就是类别的划分，说法二谓区别是对占有外延的明确，是同义反复，与说法一一样，实际上什么也没说。说法三更是不知所云，所说的正是区别本身，而非区别的意义。不过也很好理解，间接占有的意义就是宣示占有也是权利，除此之外根本就没有其他的意义，既然不承认占有是权利，那么对间接占有的意义只能胡编乱造。

1　王利明：《物权法论》，中国政法大学出版社，2008，第 466 页。

2　温世扬：《物权法要论》，武汉大学出版社，1997 年，第 371 页。

3　梁慧星、陈华彬：《物权法》，法律出版社，2003，第 377 页。

第十章
物权概念证伪

第一节　民法上的“小语种”——物权概念实证法上的地位和处境

与民法、债权、所有权、抵押权等迥然不同，世界范围内，物权并非一个通用的民法上的概念。统计出使用物权概念国家的数量，当然是最完美的阐释方式，但并不必要，典型分析一下英国、美国、法国、德国、日本等主要国家的相关情形，问题的眉目便足够清晰。所有权概念、抵押权概念等不可或缺，英国、美国有关于所有权、抵押权的法律，有关于动产、不动产的法律，却没有关于物权的法律的任何的只言片语。法国与德国同为大陆法系，《法国民法典》有物权概念的零星使用，但与将物权作为一个基本的权利种类完全是两回事，民法典中译本中，物权概念只出现了一次，而且属于翻译不当。[1] 法国法中，并不存在债权与物权的基本区分，根据尹田先生的考察研究，法国没有一本以物权为书名的关于法国法的著作，这一现象为法国没有物权法提供了有力的佐证。至于尹田先生自己

1　参见郑成思、黄晖《法国民法典中的“财产权”概念与我国立法的选择》，载《知识产权》2002 年第 3 期。

的《法国物权法》，作者自己承认书名名不副实，完全是为了迎合国内学术市场的一个营销策略。[1] 打着物权的幌子的做法当然不妥当，但诚实地说出真相，在国内民法大家中，尹田先生已属难能可贵。

英美法系自不必说，即使同属大陆法系的法国等国家，物权都是一个没有意义的概念，实际上，大国之中，使用和推崇物权概念的主要是德国和日本等国，我国仿照德国和日本，物权被作为了民法上的一个基础概念。

物权并不是一个世界范围内通用的民法术语，使用物权概念并非民法典或民法学中的主流，然而国内学者的著述所制造出来的气氛却是：物权是天经地义的民法概念，是世界范围内的国际惯例。

物权并非民法学上的通用概念，此真相必须被揭示出来，国内民法学者对物权概念的普遍认同完全是一种学术盲从，本来就是舶来品，缺乏敏锐的思想鉴赏力，这一概念被当作了经典。逻辑上，物权概念内容上存在的问题触目惊心。历史上，罗马法中并无物权概念，现实中英美法、法国法等亦如此，内容上存在着严重的问题，物权概念被广泛排斥，其实是一种逻辑上的必然。

1　参见于海涌《法国不动产担保物权研究》（第二版）尹田教授作序《法国财产法对中国物权法的借鉴意义》，法律出版社，2006年。

第二节　担保物权与用益物权概念的谎言

传统所谓的物权，由所有权、用益物权与担保物权所构成，三类权利中，只有所有权是一种真正的权利类别，称谓其为物权也不算什么大错，但没有太大的意义，因为债权作为接受权，也是对物的权利，而且所有权本身，同时也是对人的权利。而另外两类权利，根本就不是独立的权利类别，所谓的用益物权，正确的称谓应为用益权，其实质内容就是占有权，相当程度上就是所有权的内容本身。至于所谓的担保物权，含义为权利的转让，同样并不构成新的权利类别。

按照所谓的物权法定的原则，关于物权的种类的界定似乎属于禁区，非立法者，不得进入。尽管贵为原则，但物权法定的含义并不清晰。更正当的，权利有其自身的客观结构，在相当大的程度上，权利是被发现出来的，而不是被法律所规定出来的。权利的逻辑关系，或者说逻辑物权，属于客观关系，在客观的逻辑关系以及逻辑物权概念之下，所谓的物权法定原则，鞭长莫及；而违反了物权客观逻辑关系或者逻辑物权的法定物权，尽管有物权法定的尚方宝剑，亦是徒有虚名的假物权，并不真正构成一种物权。

权利是时间维度下的一种关系，时间是权利终极意义的存在方式，时间的构成或维度是权利分类的唯一标准或者终极标准。按时间无限、当下的基本维度划分，对应存在着两种基本的支配关系，一为无限的支配关系，一为当下的支配关系。前者即为传统学说中的所有权，至于后者，无疑即为占有权，但现行理论显然不知其为何物。

当下是一种独立的维度,并不能完全被无限所消融,当下的支配关系与无限的支配关系并驾齐驱,各自具有自己相当广阔的适用空间。传统理论中没有占有权概念,但占有权关系却客观存在着。

缺乏占有权概念,无疑是一种严重的缺陷,其错误根源在于对时间维度的疏忽,这一点十分明显。在时间维度之外探究权利关系,不可能发现权利的真谛。国内学者中,金可可先生对权利的时间关系稍有涉及,其提供的信息极具价值。根据金先生的介绍,德国学者 G.胡塞尔的《权利与时间》一书探究了法律关系在时间上的存在,[1]而国内既产生不了这样的学者,也无这样的著作。没有自觉在时间范畴下探究权利,是国内学者的通病,而建立了时间概念,无限支配关系、当下支配关系完全是唾手可得的结论,占有权概念亦顺理成章。

在所有权之外,另行独立存在着占有权,这是一种实体韵味十足的权利,这一概念被发现之后,用益物权概念所表达的实体性、终极意义相形见绌,需最终以占有权为归依,即便不能被占有权完全取代,但地位、价值,显然无法与占有权相提并论。尽管是独立的,但占有权却同时构成着所有权的权能。

称用益物权是个伪概念,离经叛道、缺乏常识的指责完全在意料之中。国内学者普遍痴信用益物权概念,怀疑用益物权概念的科学地位如同触犯了民法理论体系的天条。不过情形并非用益物权

1 参见金可可《基于债务关系之支配权》,载《法学研究》2009 年第 2 期。

信者们想象得那般天经地义，无论物权概念，还是用益物权概念，均非大陆法系民法典中的没有例外的国际惯例，世界上最具代表性的两大民法典中，《法国民法典》既无物权概念，亦无用益物权概念，更无抵押物权概念。了解了这一事实，用益物权信者们的"物权信仰"应该产生动摇。

用益物权作为权利，本质上就是所有权，因而针对设定了用益物权的对象，同时存在着两个所有权人。这样的解构建立在时间维度下的权利构成的基础之上，离开时间范式，无法理解两个所有权人的权利关系。时间维度下，所有权存在当下与将来之分，用益物权等是当下的所有权，而与之对应的则为将来所有权。设定用益物权后，统一绵延的时间中的完整所有权被分割为当下与将来，当下所有权与将来所有权构成了对象之上的基本的权利关系。

对对象的认识是一个复杂的过程，真正揭示或体认客观真实的存在，是人类智力逐渐成熟的一个漫长的过程，在更多的情况下，人们其实处于命题和概念形成的幻觉之中，传统体系中抵押权物权或所谓的担保物权，就是这样的典型幻觉。

抵押关系的逻辑机理为权利转让，因而并不构成一个新的物权种类，国内学界以为抵押权作为优先受偿权的物权性质天经地义，完全忽略了将抵押权作为物权仅仅是大陆法系代表性民法典之一的《德国民法典》的"一家之言"的基本事实，实际上，与《德国民法典》比肩的另一代表性民法典《法国民法典》并无抵押权物权的概念。对《德国民法典》的盲目信奉，学者们失去了对《法国民法典》中的真知灼见的判断力。最简单的，债权等权利之上可以成立担保关系,由此可以成立担保权,但绝无产生物权的可能。

权利是一个完整自足的原子,其上不可能再存在成立其他权利的空间,因此,针对任何权利,转让关系是唯一可能的关系,自身不会成为其他权利的对象或客体。债权等权利之上的所谓优先受偿权,把债权作为了权利的对象,这在逻辑上根本就不可能,拍卖债权并取得拍卖款项,本质上就是债权自身的内容,并不是不同于债权的另一种单独的权利。债权人自身亦可能将自己的债权拍卖并取得拍卖的款项,由此以为债权人对自己的债权具有物权,荒诞不经。所谓的对债权的优先受偿权,本质上就是债权的转让,是两个债权共有人之间的权利关系。

抵押(质押)的本质是权利转让,所有权、知识产权、债权均为其客体,债权届期后债务人履行不能,抵押人与抵押权人对抵押标的的一般价值的动态共有关系生效,抵押权人有权分割共有财产。

各国立法将抵押权界定为优先受偿权,是一个流行的错误,该错误的产生,很大程度上是源自一个误区或缺陷:无法区分共有人之间的先后关系,无法描述抵押权人对抵押人关系下的优先位置。不求甚解、机械僵化一直是传统理论在思维态度或者方法上的痼疾,意识不到抵押权人与抵押人之间的比较关系是这种思维方式注定的命运。债权人之间的序位关系无疑是一个最直接的序位关系,不需要太深刻的思索就能发现的关系,传统的思维方式只能发现这样的表象关系。抵押权人与抵押人之间作为共有人之间的比较关系,需要辩证的思维方式,缺少如此的思维方式,自然意识不到或想象不出这样的关系。

抵押权就不是新的权利种类，传统理论将其作为所谓的物权种类，可以说是法学的幻觉，也是法学的一个笑柄。

第三节　物权定义的谬论

物权概念是中世纪法学家对罗马法的一种解释，任何解释都是对文本的主体理解，未必符合文本的本义。物权概念就是这样，作为对罗马法解释而演绎出来的术语，逻辑上破绽百出，并不是一个符合法理逻辑的科学概念，《德国民法典》将其规定在法典之中，其实完全是一个严重的错误，而日本、中国等对德国民法典的盲目模仿，则显然缺乏眼光和独立的鉴别能力。

物权概念是不成立的，但传统理论关于债权为请求权以及以行为为客体的基本立场，显然预设了对应的以物作为客体的权利类别，而接受权与物作为债权客体立论的建立，了断了关于物权概念的所有幻想。

债权既是对物的关系，也是对人的关系，其客体既包括物，也包括行为，而所谓的物权，以物为客体根本上就是一个天大的谎言，对人关系与对物关系是相互界定的，“所有”之所以为“所有”，一个基本的含义就是对他人占有等行为的排除；另一面，之所以对他人占有等行为予以排除，因为主人拥有“所有”，“所有”是对物的关系，“排除”是对人的关系，二者互为因果，互相界定。对应的一个直接结论是：所谓的物权既是对物的关系，亦是对人的关系；既以物为客体,亦以行为为客体,更"骇人听闻"的结论则是:物权中包含着债权,物权同时就是债权。

物权中包含着债权,其实并不荒谬,对人关系与对物关系的客观结构就是"互相纠缠",因此这一结论只是意味着物权与债权的区分是不成立的,意味着物权概念是荒谬的。

物权与债权互相纠缠是一种客观结构,不得逆违。实际上,传统理论中的物权概念,就间接表达着债权的含义:

物权的通行定义是,权利人对特定的物享有的直接支配和排他的权利,包括积极权能和消极权能两种权能。排他的权利和消极权能,含义就是对人关系,直截了当地说,就是债权。

物权中包含着债权,二者客观上是无法分开的,但以区分物权与债权为宗旨的传统理论,显然不可能直接承认或如此表达,排他性、消极权能、对物关系本质上是对人的关系等等中性的表达,表面上回避了与物权债权区分立场的正面冲突,然而排他性、消极权对债权的表达相当明显,对物权包含着债权的回避,自欺欺人。

债权同时以物为客体,所谓的物权亦同时以行为为客体,因此根本就不存在所谓的物权,物权与债权的区分,是民法学上最大的一个理论泡沫。

权利的本质特征是行为方式,以行为方式作为权利分类的依据和标准,才是对权利内容的最充分的表达。从客体的角度对权利加以分类和表达,意义极其有限,甚至并不成立。规定有物权概念的民法典,却不对其加以定义,是一个非常重要的现象。其中的原因在于,根本无法从物作为客体的角度定义权利,即便使用了物权的概念,但定义却无法给出。我国民法典是个例外,物权的定义赫然成为民法典的条文,王利明先生视其为中国的创新。然而,所给出的物权定义,完全是在重复支配权的含义。没有不同于支配权的特殊含义,这样的物权概念当然便没有意义。这也意味着,并不存在一个从客体角度表达权利的维度,权利必须从行为方式的角度予以表达。

物权定义:权利人依法对特定的物享有直接支配和排他的权利。

支配权定义:权利人得直接支配其标的,而具有排他性的权利。

对比两个定义,个别地方的咬文嚼字,显然是故意避免定义重复或相同的诟病。支配权的定义,一定包含物作为客体于定义之中,而所谓的物权的定义,也一定包含行为方式即支配的含义于定义之中,两个定义不可能存在根本上的区别。物权定义中所谓的特定物,用意是将无体物排除,支配权定义中所谓的标的,则涵盖有体物、无体物甚至人格利益。将人格权排除在支配权之外,支配权的定义也是:权利人得直接支配物而具有排他性的权利,直接就是所谓的物权的定义。

逻辑上,民法学上首先应该建立的是针对有体物、无体物的统一的物权定义,下辖有体物权、无体物权。有体物、无体物是对物的一个基本的划分,物权、有体物权、无体物权的概念结构是简单的法理逻辑,现行理论破坏了物、物权概念基本的逻辑关系,既然客体仅指有体物,则对应的权利就应该称谓有体物权,而非物权。肇始于《德国民法典》对物、物权概念本义的破坏,引起了系列的思维混乱。王利明先生在其《物权法论》中将知识产权何以不是物权作为一个问题加以解释。知识产权当然是物权,只是不是有体物权。王先生首先应该质疑的是传统物权概念的用词不当,而非阐释知识产权非为物权。知识产品是无体物,这是词语的客观含义,关于无体物的权利属于物权,天经地义。

第四节　物权、债权关系的错乱与对物权(物权)、对人权关系的本义

现行民法以及民法学体系上,物权与债权是一组对应概念,各自的含义是在相互的对比关系中得以体现的。将物权与债权两个概念作为关系概念加以比较,如同比较动物与水果,根本就不在同一个位阶上。动物与植物对应,物权与人权对应,这才是概念之间的本来关系,物权与债权的对应,不伦不类。

据金可可先生的研究,物权、债权的区分分为四个发展阶段,萨维尼之前,对应的概念为对物权与对人权,并无物权与债权的区分,萨维尼首先将物权与债权对应在一起,将对物权与对人权的区分发展为物权与债权的区分,物权债权区分理论得以形成。依金先生的观点,从对物权、对人权的区分到物权债权的区分,是民法上的一大进步,萨维尼推动了民法或民法学的发展。实际上,真相并非如此,物权与债权的区分根本就不成立,萨维尼提出物权与债权的区分并取代对物权、对人权的区分,是民法学上一个巨大的倒退,造成了民

法观念上的严重混乱。

罗马法上并无物权概念，当然更无物权与债权两个概念的对比处理，所有权、债权、抵押权、质押权等具体概念构成了罗马法上的基本概念，这些具体概念同时构成了民法学上研究和解释的对象。法理上，存在着民法与民法学两个独立的概念系统，所有权、债权等等为民法概念，但其同时构成的解释和研究的对象，对其研究和解释会形成另一类法理和学理上的概念，属于民法学概念。建立了民法与民法学区分的理念，物权、对物权、对人权与所有权、债权之间的关系清晰起来：物权、对物权、对人权等等是对所有权、债权等概念解释中所形成的概念。

对所有权、债权等权利加以解释，对人权、对物权的区分是最基本的维度，在彼此的对应中，穷尽了权利的意义空间，对人权、对物权两个概念相互依存，只有在相互的关系中，才能表达意义。这里，彻底凸显出了萨维尼物权、债权区分理论的荒谬：民法与民法学是区分的，债权是民法上的术语，而物权则是民法学上的概念，将民法概念与民法学概念混淆在一起，萨维尼的理论相当粗陋。

物权是民法学上的概念而非民法概念，这一结论具有极其重大的理论体系意义，然而却鲜有学者予以提及。确立了这一前提，现行关于民法的许多“乱象”被识别了出来，物权概念是对所有权、抵押权等民法上的术语认知和解释的结果，并非民法概念本身，认知和解释性的概念未必准确，与纯粹的价值性概念完全是两回事，当然不应该出现在民法典中，更不应该与属于纯粹价值性概念的债权扯在一起。物权、担保物权等等是学理概念，并非什么新奇的主张，金可可先生、王利明先生都意识到了这一问题。

对人权与对物权，是一组极其匹配的对应概念，相得益彰，对物权的含义存在于与对人权的关联之中，反过来也是一样。将两个概念彼此拆分，各自的含义便不复存在。离开与对人权的对比，对物权概念的含义消失，离开与对物权的关系，对人权便失去了意义。

物权与债权并不存在任何的关联，现行体系中作为基本原理建立起来的物权与债权的区别，非常荒唐。

区别一　请求权与支配权的区别

评析：请求权根本就不是独立的权利，而是债权、所有权等的权利的共同的一项权能。债权的真义是接受权，即便界定为请求权，其本身的含义亦为支配权，这既是温德沙伊德使用请求权的原义，也是请求权概念自身的客观逻辑或客观含义。另一方面，传统体系中权利的定义本身就是支配权，即所有的权利均为支配权，将支配权作为种类，权利的一般定义便无法给出。梁慧星先生将权利分为支配权、请求权、变动权三类，整合支配、请求、变动的上位概念是什么，梁先生大概连问题都没有意识到。离开支配概念，不可能表达出体现于所有权利中的共同行为。

对支配的理解不能局限在占有、使用等狭隘的意义上，占有、使用等只是所有权的含义，只是所有权作为支配权的表现方式，而非支配权的一般含义。在最抽象的意义上，支配即为控制，是控制对象的权利，是使特定事实发生的权利。债权、所谓的物权、知识产权等等，其中体现出来的支配含义不一而足，接受的权利、转让的权利、排除妨害的权利、撤销的权利等等，都是支配权非常典型的表现方式。

区别二 相对权与绝对权的区别

评析:债权是对特定人的权利,但该对特定人的相对的权利却是绝对的,该对特定人的权利可以对抗非特定人。债权与所谓的物权在排他性以及相对性、绝对性的表现形式上存在差别,物权直接就是排他的,直接就是对非特定人的权利,债权的排他性和绝对性表现在权利的权利上,权利本身并不排他,是相对的,但权利的权利则是排他的,绝对的。传统理论对权利的理解是平面的,没有将权利同时理解为自身与自身的关系,即没有建立起立体的权利的权利的概念,因此在相对与绝对的关系上,简单地在债权与物权之间作了非此即彼的截然划分,非常浅陋。债权的排他性、绝对性具体体现在撤销权与代位权二权利之上,撤销权、代位权是对债权排他性、绝对性极其鲜明的宣示,逻辑上的因果关系,一目了然。

区别三 序位区别

评析:关于物权对债权的优先关系,亦并不成立,孟勤国先生对此有清晰的观点,振聋发聩。

物权优先于债权的效力是学者们普遍认可的优先效力,但并没有什么道理。问题本身就不存在,"物权与债权,……永远没有机会相互冲突以至于需要确定谁为先的问题"[1]。比较物权与债权的先与后,无异于比较风马牛,不可能进行得下去。现行的诸种比较没有一个可以成立。

---

1 孟勤国:《物权二元结构论》,人民法院出版社,2004年,第89页。

比较一、特定物如为动产,若后买人已受让该动产的交付;若为不动产,后买人已办竣所有权登记的,后买人取得所有权,其对特定物的所有权优先于先买人的债权。

评析:该问题的实质是确立物权产生的标准,先受让交付或者先办竣登记的买方取得所有权,而非后买方的所有权优先于先买方的债权。是先取得了所有权,而非取得所有权后优先于了债权。"其对特定物的所有权优先于先买人的债权",这种说法太过随意。所有权一经产生,就不再存在优先保护的问题,优先保护以所有权未产生为前提,因而优先保护的肯定不是所有权。实际上,这里的真实关系是:法律优先保护以交付或者登记方式履行了的债权,即赋予其以物权的效力。正如孟勤国先生所说,是优先保护履行了的债权,由此产生物权,而非产生了物权,因而优先保护。[1]

比较二、债务人财产上设定了抵押权,在实行抵押权时,无论债务人的财产可否清偿完毕债务,抵押权人就拍卖标的物所得的价金均优先于一般债权人受偿。债务人受破产宣告的,在债务人财产上设定了担保物权者,就该财产享有别除权。

评析:抵押权根本就不是优先受偿权,以优先受偿权概括抵押权,本身就是法学的一个笑柄。

1　孟勤国:《物权二元结构论》,人民法院出版社,2004年,第89页。

第五节 债权对应所有权——财产权的基本分类

物权概念并不成立,债权与所有权才是表达财产关系的基本术语,债权与所有权的区分才是民法典的一个基本结构,同时亦是一个真正的法理问题。实证法上,尽管《德国民法典》债权物权的区分结构跟风者众多,但《法国民法典》债权与所有权的区分结构,也并不孤单。被德国物权债权区分说麻醉了的学者,以为物权与债权的区分天经地义,从来没有意识到或认真追问过,何以存在着一个以法国为代表的债权与所有权区分的民法典模式。

物权债权区分说这一伪问题一统天下,所有权与债权关系的真问题被驱逐到了学者的视野之外,关于物权债权区分的论文铺天盖地,而关于所有权与债权关系的论文,却屈指可数。将关于物权的思维垃圾清除干净,重新建立债权与所有权的区分结构,传统民法结构和民法理论,必须进行脱胎换骨式的改造。

债与所有,债权与所有权,具有十分密切的对应关系,构成了财产关系的一个基本维度,债权与所有权的区分以及关系的内容,非常玄妙。

从词义上看,"债"与"所有"的对立组合,真正表达着彼此的本义:"债"是他人欠的或欠他人的,"所有"则是自己拥有的,一正一反,闭合着财产关系的全部空间。"债"即为"欠",表达着的是特定的行为,与"所有"相对,在行为方式这个最根本的权利分类标准上,表达出了两个基本的权利类别:债权与所有权。作为对比,债权与物权两个概念的关系则是驴唇马嘴,"债"与"物"、债权与物权,既不符合行为方式的权利分类标准,相互间亦缺乏直接的关联:"物"并不表达行为,与"债"的关系,需要相当间接的想象。

债权是接受权,所有权是占有、使用等的权利,这是债权与所有权最基本的区分,或者是对物的接受关系,或者是对物的占有、使用、收益等的关系,客体均为物,区别是支配方式上的。

作为接受权,债权的物客体十分明显,接受物构成着对物的关系的一个基本维度,以对人关系的角度,则体现为对债务人给付行为的接受。但对物最终极的支配关系,显然是所有权,对物的接受关系,以对物的所有关系为目的;另一方面,对物的所有关系,以对物的接受关系为媒介或手段,由接受到所有,构成了一个完整的对物支配关系的动态过程。

接受权概念的建立,不但根本上改变了关于债权的定义,而且凸显出了物权概念的虚妄和荒谬,谎言被彻底戳穿了。接受是与占有、使用等并列的对物的一种支配关系,债权与物的直接关系即物作为债权客体的含义被清晰描述了出来,结论显而易见:物亦是债权的客体,根据物作为客体建立的与债权区分的权利完全丧失了意义。

债权与所有权才是财产权利的基本类别,获得权利是民事主体最大的财产利益,担保权的本质就是权利转让,不但与物权没有关系,而且与所有权亦无关系,《德国民法典》将所有权与所谓的担保物权整合在一起,十分荒唐,相较而言,《法国民法典》独立担保权编的设立,匠心独具。用益权是所有权能的分离,主体内容就是所有权本身,因此与所有权整合在一起,顺理成章。

关于财产权的宏观图景,物权、担保物权、用益物权均为伪概念,债权、所有权、担保权、用益权才真正构成着主要的权利类别,其间的关系或将担保权独立成编或与债权置于同一主题之下;用益权与所有权关系密切,构成关于财产权的另一主题。作为伪概念,传统理论对所有权、担保物权、用益物权的整合体系,是一种误导。

第十一章

法人团体人格、财产人格说证伪

第一节　人格权定义——作为人格的权利与支配人格的权利

与所有权、债权等权利相比，人格权显然在民法学体系中处于最为核心的地位，尽管重要，民法典中规定有人格权的立法例却绝无仅有，据梁慧星先生研究，世界上一百多个国家的民法典中，独立成编规定人格权的仅有乌克兰一例[1]。中国的民法典编纂，人格权是否独立成编举棋不定，争议双方言之凿凿。实际上，现行主流学说中关于人格权的定义都是错的，定义就没有搞明白，关于独立成编的各种议论，只能是隔靴搔痒。

民法规范的对象是纯粹的自然存在，而非直接规定主体，或者说所谓的对主体的规范，是将非主体的自然存在规范为主体。确定了这一前提，一个与传统理论截然不同的人格权定义显现了出来：自然人作为人格的权利。自然人是主体与自然人不是主体，构成了两个正相反对的命题。直接从自然人是主体的命题出发，掩盖了法律规范的动态过程。对不是主体的自然人才存在着将其规范为主

1　参见梁慧星《中国民法典中不能设置人格权编》，载《中州学刊》2016年第2期。

体的问题，因为自然人不是主体，所以需要法律将其规范为主体，对于纯粹的自然人而言，法律所需为其设定的第一位的权利就是：作为人格的权利。

享有了作为人格的权利，自然人成为人格，成为主体。与自然人是主体的立论相比，自然人不是主体的命题，建立起了作为人格的权利的概念，主体是通过纯粹的自然人享有作为人格的权利而形成的，这一概念清晰描述出了民法规范的逻辑起点。

作为规范对象的是纯粹的自然存在，因此民法的第一要义就是为自然人设定作为人格的权利。所谓的人格权，针对的对象是自然人，是指自然人作为主体的权利。这一定义与传统的人格权定义格格不入，直接从主体出发，所谓权利人自己的人格利益为标的权利的传统定义，缺乏自然与法律、对象与规范这一基本的思维范式，揭示不出法律作为规范的真实过程。

法律是行为的规范、权利是行为的资格，被认为是最为理所当然的两个民法学常识，似乎是绝对真理，是关于法律、权利的最完美的定义，指斥两个如此简洁明了的定义存在严重的偏颇，将在民法学中犯众怒。但这两个定义是必须被摆脱的观念，禁锢在这样落后的观念中，民法学距离科学的目标，十分遥远。

行为规范、行为的资格，仅仅是关于各自对象的半壁江山，另半壁江山，甚至更为基本性的内容，则为主体规范。先有主体的存在，然后才会有主体的行为。主体与行为，孰先孰后，地位轻重，二者的关系无须赘言。

作为人格的权利，是关于主体的存在的规范，而非关于主体的行为的规范。传统理论将一切规范都理解为了对行为的规范，人格权被浅陋地理解为了主体自身的行为。作为人格的权利，强调的是人格的存在，描述出了人格形成的动态过程，而所谓的支配人格的权利，人格并未被作为主体而是支配行为的客体，亦并不表达人格的形成。民法首先应该表达的是人格支配什么，而非对人格的支配。

人格权是主体支配人格利益的权利，也就是人格支配人格利益的权利，人格与主体属于同一个概念。这样的表达中，人格或主体被作为了直接的假定，表达不出自然人与人格或主体的动态关系；或者界定为自然人对人格（利益）的支配的权利，但这样的表达下，人格被作为了工具，而非目的。

人格是目的，民法的第一要义是确立人格的存在，即确立主体的存在，其后才是对行为的规范，对主体存在的规范与对主体行为的规范代表着两大不同的领域，对主体存在的规范就是确立自然人作为人格的权利。传统理论将人格权界定为支配权，其实是将人格权理解为了行为的权利，人格本身并未被作为规范所指向的目的。

人格是一个实体概念，是指作为目的实体、意志实体、尊严实体的式样。这里的“格”，不是指资格，而是指式样。梁慧星先生介绍国外的观点，人格与主体为同义词，人格即为民法主体，[1]民法主体即为人格，在诸民法总论著作中，梁先生的介绍抓住了人格概念的要害，美中不足的是没有给出人格的具体内涵，即没有给出人格即

1 梁慧星：《民法总论》，法律出版社，2011 年，第 91 页。

为作为意志实体等的式样的终极表达。作为实体概念的人格由生命、姓名、肖像、名誉、尊严、自由、隐私等要素构成，这些基本要素建构出了实体意义上的人格概念。

主体就是人格，人格就是主体，两个概念是相同的。自然人拥有了作为人格的权利，因此成为人格，成为主体。人格既是实体，亦是权利，人格就是人格权，自由就是自由权，隐私就是隐私权，姓名就是姓名权，等等，从自然人的角度，成立作为人格的命题，人格是实体，是一种目的的样式，自然人拥有作为人格的权利，人格权概念因此产生；直接从主体概念出发，人格就是主体概念本身，就是纯粹的作为目的的式样。人格与人格权之间是否存在区别，大概不会有几个民法学者意识到这是一个问题。现行体系中，更多地存在的是人格权概念。人格是实体概念、主体概念，人格作为主体概念，表达着民法体系的逻辑起点，与行为以及权利相比，行为的主体、权利的主体总是必须被设定在先的前提，不在实体意义上理解人格，民法体系就缺乏被建构出来的主体概念，就没有真正的逻辑起点。在实体意义上理解人格，将人格单独作为民法学体系中的一个章节，鲜明表达着民法上的主体是被建构出来的主体的立场，法意悠远。

人格、人格权概念的核心地位不言而喻，但人格权却不属于民法概念，民法概念与民法学概念分属于两个不同的概念体系，对这一基本的法理问题，很多学者完全一无所知。人格权、担保物权、用益物权等等，许多概念都是对民法规范的解释，因此不属于民法概念。我国民法典编纂果真人格权独立成编，民法学概念混入民法典又添新丁，担保物权、用益物权、人格权等等，民法学混同民法的现象普遍存在。

第二节 作为目的的权利

对人即主体的定性,以人为目的的论断最为究竟,德国哲学家康德提出的这一伟大命题,揭示了关于人的地位的终极本质,将文明的含义表达得淋漓尽致,而其后的黑格尔提出的“成为一个人,并尊敬他人为人”的命题,[1]直接就是关于权利的命题,黑格尔将其理解为抽象的权利,只是并没有给出具体的名称,但以概念的形式表达,实际上就是作为目的的权利。国内的民法学者对这些命题或许陌生,但即便不陌生,哲学兴趣、造诣等方面的不足,也严重影响了其对哲学命题包含的重大价值的学术敏感,因而一直未能将哲学与法学进行关联思考,将人是目的命题与民法上的私权联系起来,产生关于民法权利本质的理论灵感,建立起作为目的的权利这一民法理论体系中不可或缺的重要概念。

作为目的的权利,就是作为他人以康德绝对道德命令对待的对象,作为他人以他人对待他人自己的方式对待的对象,“己所不欲,勿施于人”,与之相反的情形则是被他人作为手段。作为目的抑或作为手段,是人格建构即主体建构的最核心、最究竟的含义,人格之所以为人格,主体之所以为主体,本质的根据即在于被作为他人的

---

1 参见黑格尔《法哲学原理》,商务印书馆,2014 年,第 46 页。

目的,每个人都是他人的上帝,成为他人供奉的对象。

现行民法理论体系中作为他人目的权利概念的阙如,是一个非常大的遗憾,深层原因是将意志完全理解为了对物的关系,纯粹的人与人之间的关系即意志自身的关系被完全无视了。权利客体这样的概念,被作为理所当然的权利结构,其实隐藏着极大的思维陷阱和思维误区。权利并非仅仅是对客体的关系,人格概念、主体概念,最本质的要素是人与人之间的关系,这种关系没有客体,不是意志对物或其他客体的关系,而是意志的自身关系,是他人对他人的意志的关系。

意志本身是在与他人的关系中形成的,被他人"尊重"的意志才成其为意志。一方面,意志获得了尊重,另一方面,因为获得了尊重,所以意志"存在"了,以为意志是一种完全的"自性",完全的自我关系,在哲学上属于典型的机械思维,是一种弊病。

被他人"尊重"的意志才能成为意志,因而针对意志设定权利直接关乎着人格概念、主体概念的生死大限。如此权利的最灵魂的内容,就是作为他人目的的权利。

将意志理解为自我关系,会形成人格权系自我支配的观念。自我关系与相互关系是并列的两极,如同"自性"与"缘起"的关系,缺一不可。关于人格权,现行理论偏执于一端,以"权利客体"的模式一统天下,作为目的的权利,打开了理解人格权的另一个不可或缺的基本维度。

在与意志的关系上,作为他人目的的权利,对应的是意志的存在。关于权利的本质,自由意志说是主流的学说之一。意志的自由行使,当然是权利的核心内容,但传统理论将意志的另一种价值和意义忽略了:意志的存在本身即已构成权利的内容。意志的存在与意志的行使,是权利之网的经纬二线,缺一不可。意志的自由行使与支配权对应,而意志的存在则大体上与人格权对应。所谓的意志的存在,就是他人将另一个他人的意志作为意志,将另一个他人作为与自己同样的意志体,由此形成的权利便为作为他人目的的权利。意志的存在与意志的行使,在自由意志的范畴下,民法权利体系中的两大族群,财产权与人身权,或者支配权与人格权,被成功地统一起来,形成了统一的权利定义,对权利的理解进入到了哲学维度中的极致境界。

作为他人目的的权利的术语,哲学上的思辨色彩浓重了些,以通俗的语言表达,即为被行为的权利,行为的权利与被行为的权利,是权利的无可分割的两个层面,被行为的权利尽管通俗易懂,但不是终极的表达,与作为术语的作为目的的权利相比,在关于权利本质的表达的意境上,天差地远。

人格权是最典型的作为目的的权利,该权利与支配权大相径庭,只有在作为目的的权利的范畴下,才能将其实质表达清楚。传统理论一直以支配权的思路解构人身权,以升量石的肤浅,不可避免。

人身权不是支配权,但支配权却是现行关于人身权的通说,在民法学著作中,关于人身权的支配性的论述,大行其道,是阐释人身权的常态,例证俯拾皆是:

生命权是主体支配自己生命的权利。

健康权是主体支配自己健康的权利。

身体权是主体支配自己身体的权利。

肖像权是对权利人对自己肖像的支配。[1]

……

对该通说亦有质疑的另类，如尹田先生、李永军先生、温世扬先生等，其中以温士扬教授的相关论述最为犀利。据温先生查阅，卷帙浩繁的相关的学术文献中，并未发现有关肯认人格权“支配”属性的论述，而否认人格权为支配权者却不乏其人，如拉伦茨认为，人格权实质是一种人身不受侵犯的权利，并非一种支配权。福尔克尔认为，人不可在自己身上设立支配权，不可像利用财产一样利用人格，此为《德国民法典》第253条所禁止，因为它践踏了人的尊严。[2]基于上述结论，温教授支持龙卫球教授的主张，认为作为人格权的姓名权、肖像权本质上是一种受尊重权。温先生的研究具有相当的学术价值，探究的是一个真正的问题，所持的立场十分正确。不足的地方是，没有上升到哲学高度，从权利的基本逻辑上给出人格权的答案。“权利是自由意志的定在”[3]，只有在关于权利的一般定义的语境中，才能最终摧毁人格权支配权说的根基。“受尊重权”等等，这些形而下的术语，表达不出人格权形而上的极致意义。

人格权以精神利益为其保护客体，也是一种支配权的定义境界极差，以支配权为参照描述人格权，非常粗陋。人的价值并不仅仅

1　李锡鹤：《民法原理论稿》，法律出版社，2012年，第513—521页。

2　温世扬：《人格权“支配”属性辨析》，载《法学》2013年第5期。

3　黑格尔：《法哲学原理》，商务印书馆，2014年，第36页。

是利益，精神层面的价值以利益为限定，是对精神的亵渎，精神利益是个十分糟糕的表达；而所谓的支配力，完全是个人主义的维度，个体对自身精神利益的支配，赤裸裸的个人本位和私利本位。在人格权中，如萨维尼所言，不存在权利客体。主体对主体的权利是民事权利中的最高权利，主体高于客体，因而首先是主体对主体的权利，其次才为主体对客体的权利，这是必须首先被确定的不必证明的法学公理。

人格权的本质是作为他人目的的权利，作为他人目的是一种权利，不但不是支配力，或者不仅仅是支配力，而且是比支配力层次更高的终极性权利。作为他人的目的，意味着成为他人以康德绝对道德律对待的对象，成为他人“礼遇”和“善待”的对象，是他人表达“善”的对象，也是他人“利益支付”的对象。作为他人目的，包含着“善”的含义、“利益”的含义，内容极其丰富；作为他人目的，即包含了利益的范畴，又超越了利益的局限，已然是最高的价值 。人是社会动物，作为他人目的，直接从与他人的关系上界定人格权，浓烈表达出了主体权利的社会属性。

作为目的的权利，不是支配权，更不是所谓的请求权，本身即是一种至少与支配权平行的权利，无须本末倒置地再以支配权等其他权利加以注解。成为他人的主体，这是对人的个体尊严的哲学上的终极表达。

第十二章

请求权与支配权分类原理证伪

第一节 请求权的救济权与支配权本质

请求权与支配权的分类，是现行民法理论权利体系最基本的分类，可谓权利理论的第一原理，其被信奉的程度完全配得上民法常识的名分，其在民法原理中的基础地位从未被怀疑和动摇过。然而所谓的常识却一次次名不副实，常识最终被识破为谬说的实例不胜枚举。常识未必是真知，黑格尔早有格言警示世人，在民法领域，以讹传讹、积非成是的现象不在少数，孟勤国先生常识与事实的距离很远的判断，是对待现行民法知识的正确态度。请求权与支配权分类原理，是常识为谬识的又一典型实例。

性质上，请求权与支配权并非一种平行的关系。国内权威民法学著作中，原权与救济权是权利的一个基本分类，其中所谓的救济权指的就是请求权，如物权请求权、人身请求权等等。救济权不是独立存在的权利、没有独立的价值，这在逻辑上不应该有什么问题，相当程度上，原权利与救济权之间的关系属于权利的内部结构，如直接将救济权界定为对权利自身的主张的权利，其中的内部关系表达得就更为明显。梁慧星先生、孙宪忠先生编著的民法学著作，未将原权利与救济权作为权利的一个类别，原因不得而知，大概意识到了其中的问题:救济权不应该成为一个独立的权利类型。然而尽管未使用救济权的概念,两位先生关于请求权“派生性”的观点却同样鲜明:

“请求权系由基础权利而发生,必先有基础权利,而后始有请求权……请求权多于基础权利受侵害时,方才发生。”[1]

“请求权是由基础性权利衍生而出的一种派生权利,必须先有基础性的权利,才可能产生请求权。”[2]

派生性权利的表述支吾其词,更直接的表达则是:请求权不是一种独立的实体权利,不是一种独立的权利类别。学者们当然不会如此的直截了当,前提就是请求权与支配权的分类,直接否定自己的前提,自相矛盾也太过赤裸。

传统理论之所以在请求权的独立性问题上躲躲闪闪,债权请求权独立性的“独苗”为其提供了些许的幻想:债权请求权是基础性的权利,构成请求权概念的基本含义。然而接受权概念的发现,彻底统一了请求权概念的附属性质,所有的请求权都仅仅是基础权利的一项权能,并不是一种独立的权利。

撇开请求权作为一种权利,其基本含义是债权、物权共同的一项权能,而非一种独立的权利不论,证伪请求权与支配权分类原理,还有其他充足的理由:单论请求权,请求权的含义就是支配权。将请求权与支配权作为种类区分的观点一直大行其道,十分奇怪。通说认为德国人温德沙伊德是请求权概念的鼻祖,然而温氏本人的请

1　梁慧星:《民法总论》,法律出版社,2011 年,第 73 页。
2　孙宪忠等:《民法总论》,社会科学文献出版社,2010 年,第 95 页。

求权概念并不是指权利的种类，而是指权利的一般定义，在温氏的本义中，一切权利皆为请求权，根本不存在请求权与支配权的分类，支配权作为概念，仅仅是对请求权概念的解释，是请求权的宾语，即请求权的本质是一种支配的权利。不知何方神圣篡改了温氏的观点，炮制出了请求权与支配权的区分理论，并一直被厚爱有加，造成了民法理论体系中的极大灾难。

第二节　支配权概念证伪

现行体系中，请求权、支配权、抗辩权、形成权构成了权利的基本分类，其中请求权与支配权显然处于核心的地位，如此的分类似乎天经地义，而学者对支配权概念的接受可谓“如醉如痴”，从未怀疑支配权概念存在着破绽。对这一迷乱的现象必须予以当头棒喝：支配权概念是个幻象，属于似是而非的民法谬论。这样的主张无异于信口开河，专家们对之的嗤之以鼻完全可以想象得见。但究竟是真理还是谬论，逻辑和聪明的读者才是最终的裁判。

依体系化的考量，请求权、支配权、抗辩权、形成权，即构成权利体系的四类权利中，存在着一个基本的“公因式”，是统摄四类权利的一般定义，不给出这样的一般定义，四类权利的分类在逻辑上就缺乏根据，一般定义与种类，二者之间相辅相成，种类概念只有在一般定义的前提中才能成立，反过来当然也是一样。

贯穿于四类权利中的这个一般定义就是支配权。撇开四类权利中作为类概念的支配权不论，其他三类权利的本质属性通通均为支配，请求是支配，抗辩是支配，形成亦为支配。请求权的含义即为命令，支配的意味并不寡淡。再论另外两大权利类别，即形成权与抗辩权，其支配权含义的浓烈程度，更是呼之欲出。形成权直接使权利人与他人的法律关系发生变动，撤销权、解除权、追认权这样的权利不是支配权，字典中支配一词便没有意义。相对而言，抗辩权是一个非常别扭的名称，名称上的缺陷一定程度上遮蔽了客观权利的真实含义。抗辩权所表达的权利与抗辩完全是两回事。作为诉讼上的对抗，抗辩的本质是一种解释和论证过程，是证伪对方所主张的权利，而所谓的抗辩权，则与抗辩大相径庭。行使抗辩权的结果是消灭了对方的请求权本身，因此抗辩权是直接消灭法律关系的权利。这是一种消灭对方请求权的选择权，选择消灭，对方的请求权便不复存在，不做选择，法官不会主动适用以作为阻却请求权的事由。如径自以消灭权作为名称表达，与形成权构成对称的权利体系，对支配含义的表达，十分传神。逻辑上，支配的含义就是使得发生特定的事实，这是支配作为语词的基本含义，民法只有遵从支配作为语词的基本含义，才能表达出自身的含义。

存在着统摄四类权利的“公因式”，该“公因式”便是支配权，离开支配权，无以表达贯穿于四类种类权利的共同行为——权利的一般定义。然而现行体系非但没有清晰给出权利的一般定义，而且对其作为种类概念的支配权，定义亦是不知所云，根本不成其为定义：

定义一:支配权,指权利人得直接支配其标的,而具有排他性的权利。[1]

定义二:所谓支配权是指权利人直接支配标的物的权利。[2]

定义三:支配权是指仅依权利人直接支配财产以实现其利益的民事权利。[3]

定义四:所谓支配权,是指可以直接支配权利客体,并具有排他性的权利。[4]

定义五:支配权是排除他人干涉而权利人仅凭自己的意志对标的物进行处分的权利。[5]

这些定义是目前国内最活跃、最权威的民法学者所编著的主流民法总论著作中的支配权定义,代表着国内学者关于支配权定义的通说,支配权就是支配的权利,这样的定义逻辑上不表达任何意义,竟然冠冕堂皇地一直出现在主流民法总论著作中。

上述定义的简单结构是:支配权就是支配的权利,这样的定义如果成其为定义,定义便没有任何意义。不论按着什么样的定义规则,主词与宾词之间,即被定义项与定义项之间都应该存在差别,支配权就是支配的权利这样的同义反复,无论如何都不能构成支配权的定义。这些定义中,李永军先生的定义别出心裁,大抵是出于同义反复的顾虑,定义中以处分界定支配,形式上没问题,但将支配等

1 梁慧星:《民法总论》,法律出版社,2011年,第72页。
2 孙宪忠:《民法总论》,社会科学文献出版社,2010年,第94页。
3 尹田:《民法学总论》,北京师范大学出版社,2013年,第70页。
4 崔建远:《民法总论》,清华大学出版社,2013年,第66页。
5 李永军:《民法总论》,中国政法大学出版社,2012年,第44页。

同于处分，甚至对于所有权，都无法适用。

事实上，传统体系中所谓的支配权，指的完全是所有权。在债权之外的对物的支配权，除了占有、使用等权利即所有权，不可能存在别的方式。支配权作为伪概念的产生，相当程度上是对所有权与所谓的担保物权主要是抵押权概念的概括。将抵押权作为优先受偿权中对物的支配关系的谬论戳穿，支配权与所有权大体重合，因此亦丧失了自身的存在意义。对物的优先受偿权是赤裸裸的谎言，支配权是建立在抵押权为对物的支配关系的谎言基础之上，是谎言之上的谎言。

支配权是传统体系下权利的一般定义，债权、所有权、抗辩权、形成权才是权利的基本分类，该体系之下，种类定义与一般定义一应俱全，相得益彰，种类中体现着一般定义，一般定义贯穿于种类之中，形成的是一个完整的权利体系。

支配权概念是假的，该命题的产生受到了金可可先生《论支配权的概念》一文的启发，金先生文中的考证极具价值，可惜的是所得出的结论出了差错。

所有的权利皆为支配权，这是权利本身的客观逻辑，亦是德国学者关于权利概念的一贯传统，对权利即为支配权的清晰主张，比比皆是：

康德将权利三分为对于外在物的支配，对于他人任性意志的支配，对于他人的支配犹如对物支配，即分别为对物权、对人权以及对物性对人权。[1]

萨维尼认为债是针对其他人格具体行为的支配关系，债权以对他人行为的部分支配为其内容。[2]

一切权利皆为支配权，德国潘德克顿体系内的所有权利都可以被解释为支配权，金可可先生对德国潘德克顿体系的这个概括非常准确，在相当长的时间内，德国学者关于权利的主流学说即为支配权，而朱庆育先生研究的另一个结论则为：当今德国权利通说为维护特定利益之意志支配力。两个结论结合起来形成完整的关于德国学者在权利内涵上的基本立场：权利即为支配权。

在所有权利皆为支配权的语境下，独自探讨支配权的意义有限，这个道理不难理解，正如同金可可先生正确指出的那样，潘德克顿体系内的权利都可以被解释为支配权，因为缺乏一种能够在对比中彰显此种共性的其他权利形态，支配权概念一直姗姗来迟，一切权利都是支配权，支配权概念毫无意义。[3] 支配权概念，指称的是权利的一个类别，如果不能作为类别存在，支配权概念便意义有限。如同所有的天鹅都是白天鹅，白天鹅概念便不会成立一样。天鹅就是白天鹅，白天鹅就是天鹅，在两个概念绝对同一的情形下，只有天鹅才是概念，才是主词，白天鹅只能是天鹅的宾词，是天鹅的属性。概念存在于与其他概念的关系之中，处在“缘起”之中，支配权概念因缺乏对应的其他种类概念，因而无法成为一个概念；但另一方面，

1　参见朱庆育《民法总论》，北京大学出版社，2013 年，第 485 页。

2　参见金可可《论支配权概念》，载《中国法学》2006 年第 2 期。

3　参见金可可《论支配权概念》，载《中国法学》2006 年第 2 期。

概念又具有自身的“自性”，并非完全因“缘起”而生成，不过，这个含义上的支配权，只具有宾词的意义。德国学者长时期内缺乏对支配权概念内涵、范围等的清晰论述，理由大抵就是如此。其中的道理实在太过简单，一切权利皆为支配权，支配权即为权利，权利即为支配权，支配权全部含义都被包含在权利概念之中，支配权在相当程度上失去了自身独立的意义空间。

权利的一般定义就是支配的权利，这是权利内容的客观逻辑，也是民法理论发达国家德国的通说。法律是法律与事实的关系，因此支配权的定义应该从与事实的关系角度切入，即支配权是使所欲望的事实发生的法律上的力或权利，无论所有权、债权、形成权、抗辩权，概莫能外。

金先生进一步认为，在形成权等概念形成之后，因他种权利的出现，支配权概念具有了对比的种类权利，从而才脱离了权利一般定义的语境，最终成为一个富含意义的清晰概念。而按照朱庆育先生的研究，支配权至今仍然是德国学界关于权利一般定义的通识。

支配权就是权利的一般定义。对此两位先生的观点存在些许差别，朱先生以为仍是权利的一般定义，金先生则认为相当长时间内如此，随着其他种类权利的出现，支配权权利一般定义的“身份”发生了改变，已经成为种类定义。形成权等是否为与支配权相异的他种权利，显然是个是非之地。从证成的角度而言，金先生以为形成权、支配权等是不同的种类权利，无疑也应该给出一个能够统摄形成权、支配权等的一般定义，不给出这样的一般定义，支配权为种类权利的立场，缺乏足够的逻辑支撑。

第十三章

权利的定义及分类

第一节　权利的定义——自由意志的定在与行为正当性的资格

权利的定义本质上是个法理学问题或者哲学问题，关于权利概念的观点因而也最能体现学者的学术功力和水准。民法即为民权法，权利无疑是民法体系中最核心的概念。权利概念体系由权利的一般概念和具体的权利概念两部分构成。两大部分相较而言，权利的一般概念更为复杂难解决，捕捉到玄妙高深的权利定义，并非易事。如同真理对逻辑学家一样，权利概念令法学家为难，作为思想大师，康德对权利一般概念的复杂程度看得十分明白，而极端悲观主义的学者甚至认为权利的定义根本就是不可能的。尽管如此，法学家们还是给出了许多关于权利的一般定义，但效果并不理想，五花八门的定义之间，争奇斗艳，很难形成一种能被普遍接受的有力的通说。一脉相承的是，国内学者在该问题上同样一如既往的混乱，一味重复国外学者关于权利的说法，其实对国外观点的阐释和评析亦未必准确。

权利概念的重大意义在于，概念本身就是民法理论体系上的一个基本范畴，尽管无具体的实证意义上的规范功能，思辨和抽象的意义似乎缥缈,但正是这种形而上的价值,代表着民法知识体系的最高境界。除了自身纯粹的抽象价值,权利概念构成了下位的作为具体种类权利的灵魂和命脉,是贯穿于所有种类权利中的单一的法律精神。这是权利概念与具体权利之间最基本的逻辑关系,没有正确的权利的一般定义,或者所给出的一般定义与具体的种类权利的定义相冲突,民法体系就称不上一个真正的科学体系。现行的权利体系的弊端和疏漏也正在这里,即没有自觉地在权利定义与种类权利定义的关联中阐释种类权利。对抽象的概念缺乏激情和兴趣,因而忽视对权利定义的研究,热衷于种类权利,却意识不到种类权利只有在权利的一般定义的结构中才能成立。即便站在具体种类权利的立场,权利的一般定义亦不可等闲视之。

关于权利的定义,法学家们争论不休,意志说、法力说、利益说等等,学说纷纭,国内有学者介绍,支配力说是德国的通说。其实关于权利的最好的定义,哲学家已经给出,这个问题是一个基本上被解决了的问题。然而哲学意识和素养的缺乏,极大限制了法学家们对哲学家给出的良好的定义的判断和识别能力,哲学家的定义在此,犹如明珠投暗。法学家冷落哲学的后果,便是在已经解决了因而根本不存在的问题上争吵不休。

权利是自由意志的定在,这就是哲学家给出的权利定义,该命题完全揭示出了权利最本质的特征,表达出了权利最灵魂的内容,并因此可以将人身权、物权、债权等所有的种类权利含摄于其定义之中。

定义是黑格尔给出的,其特有的思辨风格在常人看来显得晦涩,“定在”的术语非常传神,但显然并不通俗,不拘泥于该术语的专业细节,“定在”大体上可作“存在”含义解释。

自由意志的存在,是一个具有无限张力的命题。现行关于权利定义的学说中,意志说是一个十分有影响的流派。但该说所理解的意志,仅仅是意志的行使,这种理解最大的缺陷是将意志单一理解为了对客体的关系,忽略了实际上更为重要的关系,即意志与主体的关系。主体是权利逻辑体系的起点,主体本身就是自身对自身的权利,没有主体对自身的权利关系,主体便不成其为主体。该种权利关系的内容即为自由意志的存在。自由意志的存在作为权利,针对他人的义务则表现为禁止性规范,“成为一个人,并尊敬他人为人”,“即不得侵害人格”。[1] 人格权的基本含义,正是主体作为意志的存在,权利体系中另一类基本的权利——支配权,大体上是意志对客体的关系,具体方式则表现为自由意志的行使。自由意志的存在与自由意志的行使,对应的人格权、所有权等等,含摄了权利体系的全部权利。

建立了自由意志的定在的权利新定义,犹如登高望远,现行流行的关于权利的诸种定义的弊端,都能看得明白。

定义一 “意志说”:所谓权利,即指意志的自由行使。

评析:该说以意志作为核心要素界定权利,大方向准确无误。人的本质属性即为意志,其最高的价值亦为对意志的尊重,如同李锡鹤先生所言,离开意志讨论权利是不可思议的。[2] 不过,意志的

---

1 黑格尔:《法哲学原理》,商务印书馆,1982 年,第 8 页。

2 李锡鹤:《民法原理论稿》,法律出版社,2012 年,第 178 页。

行使并非唯一的指向,意志的存在本身亦是极高的价值,将意志作为意志对待,即作为目的的存在,是权利不可或缺的基本内容。缺乏目的性概念,是“意志说”最大的瑕疵。

“意志说”并非关于权利本质的主流学说,攻讦来自两点:一为无意志能力的未成年人及精神病人亦能作为权利主体,一为权利的取得、变更与丧失并非完全取决于当事人意志。

两种诘问表面上理直气壮,实际上均不成立。没有意志的人亦享有权利,对人的理解尚局限在生物人的层次之中,法律维度上,人必须被作为意志实体,无论生物意义上的人是否具有生物意义上的意志能力,法律意义上都必须被作为意志实体,而且没意志的主体必须被设立一个意志体,法律设立代理制度,正表明权利的本质是意志自由。关于权利能力与行为能力的关系,一方面因为权利能力的在先存在,才产生行为能力的问题;但另一方面,正因为行为能力可被代理,才有权利能力之存在,无行为代理之成立,便无权利能力之成立。婴儿拥有权利能力,正是因为他人可以代理其行使自由意志,这种互为因果的关系表明,没有自由意志之成立,不可能有权利能力之成立。缺乏自由意志的婴孩成为权利主体,正因为他人可以代理其行使自由意志,因而意志仍然构成了权利能力的前提。至于权利的取得、变更等非取决于当事人的意志,这种攻讦根本就文不对题,权利的取得等与权利的内容本身明显是两个问题,不论意志自由的取得、变更是否取决于当事人的意志,都不实质影响意志自由本身,以权利的取得、变更、丧失是否取决于当事人的意志作为自由意志的标准,标准本身就是错的,如此肆无忌惮的自由,不可能是一种现实的自由,不可能是意志自由的真正含义。

定义二 “利益说”:权利非由意志造就,用益塑造了权利的实质。

评析:该说的鼻祖为耶林,局限在财产权范围内,耶林对“意志说”的攻讦的确犀利。对于非利益的存在,意志不可能有兴趣,利益决定意志的方向,将利益作为权利的本质要素,权利与义务在内容上区分了开来,适用于财产权,十分精当,但以利益解释人身权,显然表达不出人的尊严和价值,而且与意志要素相比,利益要素在权利定义中只能是对意志要素的补充。

定义三 “法力说”:所谓权利,指得享受特定利益之法律上之力也。

评析:法力说为国内学界的主流说。权利是一种力,一种法律上的力,这样的定义代表着权利定义的一个有价值的维度,当然不可能是唯一的维度。关于法力说,国内学者的理解最为混乱。

所谓法律上的力,应该是侧重于支配的维度对权利的一种表达,“力”的含义基调是“支配”“影响”“相互作用”,以“力”比附权利,突出的是权利的支配性质,所以称谓权利是法律上的一种“力”,表达的就是:权利的灵魂是支配。现行理解中将支配的力、请求的力、形成的力并列起来,似乎请求的力、形成的力不是支配的力,不知所云。[1]

定义四 “可能说”:权利是法律赋予民事主体享有的利益范围或者实施一定行为实现某种利益的可能性。

---

1 梁慧星:《民法总论》,法律出版社,2011 年,第 72 页。

评析:该说是从苏联引入的一种学说,国内大牌学者中,王利明先生是此说的信徒。现实与可能是一对典型的哲学范畴,其深刻内涵并不易把握。直接从行为的角度界定权利,最有表达力的表述是:权利是行为正当性的资格。在行为的角度界定权利却舍弃正当性概念而言他,不得要领。英文中权利与正当性是同一个单词,反映的正是权利与正当性的本质关系:权利是对自然行为正当性的一种法律判定,设定一种权利,就是意味着一种自然行为具有了正当性的资格,如此的表述,才根本上从行为的维度揭示了权利的真谛。

权利是获得利益的资格或行为的资格,在正当性含义的角度表达的才是本质,所有权作为权利或行为的资格,意味着所有即占有、使用等自然行为是正当的,正当性的下位概念才是利益,或者说权利是对利益自然行为的正当性的评价,正当性才是权利的本质。在可能性的角度界定资格,表达的是权利与权利的行使的关系,权利在行使之前,是一种行为的可能。定义应该表达本质,权利与权利的行使的关系,即对权利作为行为资格的"可能性"解释,偏离主题。

玩一下语言游戏,将定义相反地改成"实施一定行为实现某种利益的现实性",逻辑上不存在任何问题,而且更接近权利概念的本质。没有权利的人对特定行为存在的才是"可能性","可能性"同时就是"不可能性",权利人对特定行为具有的是"现实性",是不包含"不可能性"的"必然性"。"现实性"与"现在"并不是一回事,即便在日常语言习惯中,人们将"现实性"与"现在"也是区别使用的,在诸如"想法不现实"这样的表达中,"现实"显然是指没有合理性、没有必然性,而非指可以被当下感知的"现在"。

现实性是体现合理性、必然性的存在，可能性是一种“偶在”，无论“现实性”还是“可能性”都与“现在”发生关联，表达“现实性”与“现在”的区别，准确的概念是“潜在”，而非“可能性”。权利是由“潜在”到“现在”的运动过程。哲学在任何国度都不会是一门能够被大众轻松驾驭的“技艺”，苏联人在“可能性”与“现实性”的理解上十分外行，国内学者不明就里，将“可能说”照单全收，以讹传讹。

民法即民权法，权利概念在体系中的灵魂地位和本体地位，任何其他概念都无法替代；权利概念又是一个“深不可测”的思维之谜，所包含的内容充满玄机，有无穷的奥妙。然而对于这样一个充满想象空间的伟大概念，上述诸说对其的阐释隔靴搔痒，完全没能将其迷幻的神韵表达出来。

权利的极致境界就是作为目的的权利，目的范畴的层次、意境，与支配、利益等等现行学说中用以表达权利的这些形而下的基本术语，云泥之别。缺乏作为目的的权利概念，未能达到作为目的的权利的意境，是现行学说中最大的浅陋。目的高于支配，亦高于利益，是阐释权利关系时最应切入的维度，作为目的的权利是高于支配、高于利益的权利，至少是与之并驾齐驱的权利，因此支配力说、利益说等所表达的权利都只是权利的一个类别，而非权利的一般定义。

与缺乏作为目的的权利一脉相承，现行学说对意志自由的理解仅仅局限在意志的行使一端，而忽略了意志的存在。意志的存在与意志的行使，两端不可偏废，存在本身就是目的，而意志的行使甚至可以被归结于存在之中。

意志的存在、作为目的的权利，这样的术语将对权利关系的探究引入了极境,以作为目的的权利、意志的存在解释人身权,人的高贵、尊严才能在究竟的意义上被表达出来;而对于债权,则具有极大的参照意义:权利不必是行为,被行为的权利是一个与行为的权利并列的广大空间,新的视阈下,债权现出了其作为被行为的接受权利的真实景象。

权利是法律上的存在,抑或是自然上的存在,是探究权利问题的另一个哲学视角,如同自然法与实证法关系上的争论一样,权利关系中亦存在着自然与法律两个维度上的冲突。以法律存在立论,则有权利为法律上之力一说,持相反的立场,大体上应以自然之力解释权利。这是一个极为折磨思维的纠结问题,国内学者"知难而退",无人就此阐幽发微。

第二节　支配权与作为目的的权利——权利的基本分类

现行体系中,支配权基本上是与请求权作为对立或者差异概念而使用的,作为权利体系中两种代表性的权利,形成权、抗辩权等其他的权利的地位显然无法与请求权与支配权相提并论。尽管不能完全否认请求权作为一种特殊权利种类的性质,但请求权作为独立的权利,仅仅是一个小的类别,诸如共有人分割财产的请求权、承租人优先购买请求权等等,其鲜明特征是义务人的义务依请求而存在,无请求即无义务,而被传统学说作为与支配权对立概念的所谓请求权,如债权、物权请求权等等,根本就不是请求权,至于人格权或人身权,关于其定义一直就存在争议,以支配权界定其性质的观点饱受诟病。债权作为权利体系中的基本权利并不是请求权,人格权或人身权亦非支配权,因而现行体系中以请求权、支配权表达权利的基本分类,即作为权利体系中代表性的权利种类,显然并不成立。

支配权是现行体系中权利的一般定义,而非种类定义。据朱庆育先生研究,权利的一般定义即为意志支配力,是德国的通说。有意或无意之间,国内学者对权利一般定义的理解,淡化或回避了权利的这一一般定义。以支配力为权利的一般定义与请求权和支配权分类原理的矛盾赤裸裸般明显,或者牺牲请求权概念,或者牺牲权利的一般定义,较量之中,一般定义一败涂地。

绝无仅有的是李锡鹤先生,李先生旗帜鲜明地主张,一切权利皆为支配的权利。撇开人格权或人身权不论,物权、债权、形成权、撤销权等等,离开支配权概念,就无法精确表达出统摄这些概念的共同的本质特征,法律的本质是行为规范,对权利的本质的表达必须以表示行为的语词作为名称,"支配"一词,独一无二。因忌惮或故意回避将支配权作为权利的一般定义,现行关于权利的一般定义,支吾其词。

支配权作为权利的一般定义并不正确,人格权或人身权,无法以支配进行描述或表达,但除此之外的其他权利,物权、债权、形成权、知识产权等等,则皆被统摄在支配权概念之下,人格权之外的所有权利,均属于支配权,称谓支配权作为权利的一般定义不准确,只是指其无法表达人格权。撇开人格权之外,权利的"一般"定义即为支配权。

权利的一般定义为自由意志的定在,包括意志的存在与意志的行使,人格权的本质是作为目的的权利,支配权则为行为的权利,分别与意志的存在与意志的行使相对应。作为目的的权利与支配的权利,构成了民事权利的基本分类。

缺乏作为目的的权利,是传统权利体系中极其严重的弊端。支配与目的,是究竟意义上的权利维度,层次上、意境上“门当户对”,支配以行为或请求行为作为具体的表现形式,作为目的的权利则是被行为的权利,对义务人的效力主要表现为禁止性规范。行为的权利以及被行为的权利,封闭了表达权利内容的全部维度,真正构成一个完整无缺的权利体系。

以为权利只是行为或者请求行为的权利,这种根深蒂固的偏见必须被屏弃。行为与被行为,相映成趣,不能割裂。前者更多体现的是自由意志的行使,而后者则直接体现着自由意志的存在。自由意志的行使因其表象上的能动性,显然更容易被认知,被当作权利的本质,相比之下,意志的存在作为一种状态,其“静止”的本性影响了被认知的概率。然而正是在人迹罕至的地方,才隐藏着真正的宝藏。

作为目的的权利,实证法上最典型的为人格权,债权、知情权等在一定程度上亦体现着其精神。传统体系缺乏作为目的的权利概念,支配权一枝独秀,以支配权概念解释人格权,意境极差。支配力才是权利,契合的是人与人之间的对立关系,支配对他人总是一种利益损失,而作为他人的目的,表达的则是人与人之间的友善和谐,在目的关系中,人才真正成为文明动物。

权利的基本维度是作为目的的关系与支配关系,其他诸种关系均为两种关系的下位关系,被含摄于两种关系之中,传统理论中的请求关系根本就不是权利的基本关系,作为下位关系,无论请求关系、形成关系等等,其实均为支配关系的具体形式。关于请求关系与支配关系的区别,流行的说法是前者需要相对人的协助,后者则无,其牵强附会,无以复加。请求的本质是命令,所谓的配合实际上是服从,其支配含义原汁原味,谓支配权不需要他人合作,同样是信口开河,以所有权为例,没有其他人的不作为,所有权利人的行为根本就无法实现。形成权亦如此,直接形成了特定的法律关系,如此的法力不是支配力,支配力的含义就应该在字典中消除。

权利的一般定义为自由意志的定在,而非通说所谓的支配力,与支配力对应的只是意志的行使,无法反映意志的另一种基本状态,即意志的存在。在该一般定义之下,传统的请求权、支配权权利分类原理被彻底颠覆,取而代之的是作为目的的权利与支配的权利,两种权利均统摄在自由意志的"定在"的范畴之中,逻辑上天衣无缝。实证法上对应的权利则分别为人身权、财产权,人身权是典型的作为目的的权利,所有权、债权等财产权则以支配权作为基调,同时两种权亦存在一定程度上的交叉和重合,相映成趣。

第三节　时间维度下的将来权利与当下权利

探讨权利,必须在一个基本的前提下进行,这个前提就是:作为一种客观关系,权利存在于时间维度之中,受到时间维度的规范。换句话说,不管权利是一种什么样的关系,都必然与时间维度存在着对应关系,时间维度如何区分,权利就如何在对应的维度上进行分类(时间只有一个维度,过去、当下、将来等并不是独立的时间维度,而是时间的维度构成)。时间是物质的存在方式,因而只有在时间的角度上探讨权利,才可以说真正揭示着权利的本质。反思传统的权利理论,完全游离于时间坐标体系之外,如此基础上构建的理论,缺乏最基本的逻辑起点,其科学性注定十分有限,也不可能揭示权利的本质。

时间的维度,在一种意义上可以划分为过去、当下与将来,在另一种意义上可以划分为当下与无限(永恒)。因而毫无疑问,作为一种客观关系存在于时间之中,必然对应存在着当下的权利与将来的权利,以及当下的权利与无限的权利。反过来讲,权利本质上就是当下或将来、当下或无限的某种客观关系。

权利存在当下与将来之分,就债权而言,附条件、附期限的法律行为所设定的权利,便是将来债权的典型形态。将来债权的含义意味着,债权已经存在,但存在在将来。传统理论从未进行过这样的追问,因而所理解的债权或者是当下存在的,或者便不存在。当下债权与将来债权的区分,描述出了债权在时间维度上的不同类型,将来是一种独立的存在,而非纯粹的虚无。以将来债权解释附条件、附期限法律行为所设定的权利,在与当下债权的对比中,淋漓尽致地勾勒出了其权利的特质。

所有权关系中当下权利与将来权利的区分更加明显。现行体系中,并无将来所有权的概念,所称谓的所有权未在时间维度上进行区分。实际上,所有权保留买卖关系以及抵押关系中,存在的完全是将来的所有权,并无当下的所有权,传统理论不知当下所有权与将来所有权为何物,所有的所有权混沌不分,都是一样的。

抵押关系是一种附条件的权利结构,界定为优先受偿的权利,那也是附条件优先受偿的权利,而非无条件的一般结构。条件的本质是将权利设定在了将来的时间维度中,统一的当下与将来的时间维度被作了分割,将来的权利被处分了,独立设定出了将来的权利:或者抵押人拥有将来的所有权,或者抵押权人拥有将来的所有权。因独立设定了将来的所有权,所以并不存在当下的所有权。传统理论认为抵押人仍然享有所有权,文理不通,将来处分的权利为并不确定的权利,怎么可能是所有权。所有权保留买卖亦是同理,出卖人与买受人拥有的均为将来所有权,当下所有权并不存在。当下所有权必须是唯一的,但将来所有权却并不唯一,作为一种存在,其存在形式是逻辑范式。

将来是一种存在,而非虚无。现行理论缺乏将来所有权、将来债权概念,理念上是将将来理解为了虚无。存在不仅仅是现在或当下,将来与当下并列,是与当下具有同等意义的存在。

将来是一种存在,将来所有权是对物的现实的关系。表面上,任何人似乎都对特定物拥有将来的所有权,但该种关系完全是抽象可能的关系,无限趋近于"无关系"。

将来所有权是存在在将来的所有权,即将来生效的所有权。传统观点的浅陋在于认为没有存在在当下,所有权便不存在。

第四节 完整权与期待权分类原理证伪

当下债权、将来债权,当下所有权、将来所有权,是权利在时间中的存在方式,亦构成着权利的基本类型。传统理论未建立起这样的权利时间类型,笨拙地"发明"了所谓的完整权与期待权的权利类型,在将来权利的概念之下,所谓的期待权丧失了意义。期待是对将来权利变为当下权利的期待,被期待的是将来的权利。

既得权与期待权是更为普遍的一种表达,朱育庆先生认为与"既得"对应的概念为"未得",期待权也是一种既得的权利,因此使用完整权的概念与期待权概念对应。实际上,两个概念之间半斤八两,均为伪概念。

期待权当然也是一种完整的权利,而且是当下的权利,被期待的权利才是将来的权利,将来权利并非要件尚未齐全的权利,仅仅是在时间维度上存在在将来,而期待的含义则完全是权利在将来与当下时间维度中的一种动态关系,与"既得""完整"等等,扯不上太大的关系。将来债权下,权利人对其具有变为当下权利的合理期待,因此具有解除合同或要求对方提供担保的权利,这些权利均为当下的权利。抵押关系中,抵押权人的保全权,亦是期待的权利,是当下的权利。

被期待的权利是将来的权利,对将来权利的期待的权利是当下的权利,这便是期待权概念的基本含义。将来权利与当下权利概念下,不存在权利要件的问题,将来权利中的条件,仅仅表达权利的时间维度,对应的为当下权利,根本就没有条件。既得权、完整权,完全是胡言乱语,权利的形成并非一个条件逐渐满足的过程,更多的情形下,权利是直接设定的,或者存在,或者不存在,并无任何的条件。

期待权是对将来权利期待的权利,是一个陪衬角色,内容亦十分干瘪,直接建立起将来权利概念,期待权概念将变得无足轻重。传统理论中,无将来权利概念,所有权保留买卖是其所理解的典型的期待权关系,但以期待权的范式解构所有权保留买卖,却混乱不堪,买受人的期待权根本无法与强大的所有权抗衡,申卫星先生由此提出了买受人享有"不完整所有权"的概念,期待权概念上的混乱可见一斑。

所有权保留买卖关系中,真实的权利结构是两个将来所有权的关系,"不完整所有权"概念有些旨趣,但并不科学。无论出卖人,还是买受人,拥有的均为将来所有权,当下所有权空缺。或者将来出卖人拥有所有权,或者将来买受人享有所有权,双方的地位势均力敌。传统理论无将来所有权概念,当下所有权被作为了唯一的所有权,但以所有权解释出卖人的地位,逻辑上存在着巨大的障碍,不包含将来权利的权利,无论如何不会是所有权。当下所有权是唯一的，但两个将来所有权却可以并存。

抵押关系也是一种典型的“期待权”关系，但被传统理论完全忽略了。以将来权利解构抵押关系，传统解释的马脚显露了出来：

第一，抵押关系是典型的条件结构，界定为优先受偿权，也应该是条件结构下的优先受偿权。

第二，抵押人拥有所有权的立论违反法理。

第三，抵押权实现的条件应该为抵押权生效的条件。

抵押权是典型的将来权利，债务人将来清偿不能，抵押权生效，生效意味着权利人可以当下行使权利；抵押人、抵押权人拥有的均为将来所有权，结构与所有权保留买卖相同。

未形成时间范式，缺乏基本的逻辑结构，现行关于期待权的通说本末倒置，在期待权概念下，将权利中最本质的内容牺牲掉了，而且作为物权、债权之外的新的权利种类，其性质并不清楚。而在将来权利概念下，或者为将来所有权，或者为将来债权，相关的权利性质一清二楚，将来所有权就是所有权，将来债权就是债权，不存在性质上的争议。因是将来权利，自然是被期待的权利，对其的期待形成当下的期待权，期待权只是将来权利的一个派生权利，现行学说无将来权利概念，将期待权当作了唯一的权利，对相应权利关系的表达，喧宾夺主，完整权与期待权之类的术语，将权利处于时间坐标中所体现出来美妙神韵屏蔽得一干二净。

传统通说将期待权理解为对“将来取得完整权利的期待的权利”，包括取得债权、取得所有权等等。这里的取得债权、取得所有权是指一种客观事实或者一种客观状态。其基本含义在于：权利当下没有取得，没有发生，只是在将来才发生，在将来才取得，但当下具有了权利产生的部分条件。因当下具有了部分条件，所以对将来取得权利存在着合理期待的权利。这种理解是对时间本质的一种僵死的理解：将来没有到来，所以完整权利就不存在，以为对将来的权利，仅仅存在取得关系，而不存在“取得了”关系。“存在了”关系、“取得了”关系，并非仅仅是当下关系，将来维度下，同样存在“存在”关系、“取得了”关系，权利已经取得了，已经存在了，只是存在在将来。

权利被看作已经存在了，只是存在在将来。与之相对应，期待的不是权利的产生，而仅仅是当下的产生。所谓期待权根本不是什么对未来取得完整权利的期待，而是对将来变为当下的期待，对将来现实变为当下现实的期待。

传统理论对时间结构完全没有概念，观念上一直存在着一个盲点：将来没有到来，将来关系只能是取得关系。实际上，无论在当下还是在将来，都存在着现实的支配关系，即都存在着“取得了”关系，“取得了”与否，与当下及将来无关。现实的关系或者“取得了”关系本质上是特定主体对特定标的确定或者可以确定的关系，因而不必是当下关系，无论在当下还是将来关系下，这种特定主体对特定对象的确定关系都是存在的。区别只是在于：当下“取得了”，当下可以行使全部的支配权利，而将来“取得了”，则在将来变为当下时，权利才能行使。

在将来权利概念下，描述着的是两个权利之间的关系，而且是一种动态的关系：将来权利作为存在在将来的现实关系，对应着当下对其的期待关系，将来权利自身不是期待权，而是被期待的对象，期待权不是将来关系，而是当下关系，是对将来权利的当下期待。

第五节　对众权与对世权—— 绝对权与相对权分类原理证伪

相对权与绝对权概念是现行民法体系的主角之一，据说发明该组概念的"版权人"德国人很以此为自豪，自认为"绝对权与相对权之区分，于德国民法具有根本意义，堪称最重要的权利分类"[1]。但反对的声音亦很激烈，被誉为一代民法宗师的日本学者我妻荣先生明确主张，绝对权是一切权利之共性，并非是物权所特有的性质，不能以绝对权的有无区分债权与物权。[2] 史尚宽、郑玉波先生各自的著作中，均表示了对该分类大不以为然的排斥态度。国内反对者以徐晓峰先生立场最为鲜明和具体，认为区分绝对权与相对权的标准是权利的客体，而非义务人的多寡。

绝对与相对是一对哲学范畴，作为普遍法则，在权利体系中的适用是毫无疑问的，必须对权利作相对与绝对的分类。但现有学说，不论是肯定派还是否定派，都没有将其真正的意义力透纸背。

以一定的视阈，权利意味着绝对的利益，所有权作为结果权利，充分体现了绝对利益的特征；相对而言，债权显然不是绝对的利益，

1　朱庆育：《民法总论》，北京大学出版社，2013 年，第 499 页。
2　我妻荣：《新订债权总论》，中国法制出版社，2008 年，第 7 页。

它只是一种可能的利益，优帝《法理汇编》将其定义为可期待的信用，点出了债关系为期待利益而非实在利益的实质。[1] 债权是以绝对利益为目的，朝向绝对利益运动的权利，是需要实现却又未必能够实现的权利。在上述意义上，所有权为绝对权，债权为相对权，具有相当的逻辑根据和分类价值。

绝对与相对的另外一基本意义是时间维度上的，时间是一切对象的存在方式，因而必须将权利嵌入在时间坐标系中加以观察和体认。在时间维度上，权利显然存在无限权利与当下权利之分，前者为绝对权利，后者为相对权利。现有的体系下，时间对权利的意义尚停留在时效制度这一完全形而下的含义境界，哲学形而上的神韵空空如也。

现行学说中的所谓相对权与绝对权，是依据义务人特定或非特定而划分的，绝对权的效力及于所有人，即以不特定人为义务人；相对权效力仅及于特定人，即以特定人为义务人。作为通说的此种意义上的相对权与绝对权分类，并不成立。

义务人的“特定”或“非特定”，“对人”或“对世”同权利的绝对性与相对性无关，根本不能成为区分“物权”与债权作为绝对权与相对权的标准。最明显的，对人权、对世权两个概念在名称上就不合逻辑，与对人权对应的概念应该是对物权。实际上，真正成立的对应概念为对众权与对世权，均为对人的权利，但范围上存在区别，“物权”针对的是所有的人，而债权针对的则仅仅是多数的人。对

---

1 参见李锡鹤《民法总论》，法律出版社，2012 年，第 147 页。

众权概念的建立,清晰勾勒出了问题的实质:不针对所有的人,未必就一定针对特定的人,“众人”是处于所有的人与特定的人之间的中间状态,债权正是属于这一情形。

任何权利都为立体结构,即对客体的权利以及对客体的权利的权利,这是权利的基本逻辑结构,但现有体系对如此重要的权利结构,显然不知为何物。就债权而言,其权利的含义为:接受的权利以及对接受的权利的权利。前者的义务人是特定的,而后者的义务人则是“对众”的,即债权人对特定人的权利是“对众”的。以为债权为相对权,大抵是忽略了对特定人的权利的权利。债权亦为绝对权,只是程度上有所差别,权利的绝对原则与权利的公示原则发生冲突,绝对性被限定在了“故意”的侵犯范围之内。债权人的撤销权与代位权,是其对绝对性的及其鲜明的宣示,面对如此明显的绝对性证据视而不见,固执坚持相对权与绝对权分类,令人费解。债权的义务人绝对不是特定的,很容易想象,即便是对特定人的权利,但对该特定人的权利的权利却可以是绝对的,实证法上所谓债权的预告登记,其实质正在于此。

债权人的义务人尽管不针对所有的人,但亦根本不是特定的,现行理论据特定义务人这一基础建立的绝对权、相对权理论,根据或前提就是错的,结论自然不可能成立。

第十四章

法人否认说证成

第一节　组织作为规范对象——民法规范的基本主题

法律是对自然存在的规范，自然存在是法律规范的对象，从这一基本的原理出发，组织显然是民法所需规范的一个当然主题，作为规范对象的组织，意义或含义本质上是自然维度上的，本身不具有任何的法律属性，正因为是纯自然的存在，因而才存在规范的必要。法律不可能对法律存在予以规范，不可能直接创造出一种存在，一定有其对应的自然存在上的逻辑起点，而法律的真实过程或者本质，亦正是对自然存在的一种规范。

现行的理解中，普遍以为主体、法人是民法所应规范的一个当然主题，该种观点完全是一种错觉。民法的真实过程是对自然存在的规范，主体、法人等等，表达的是法律维度上的概念，因此显然是法律规范自然存在后所形成的结果，本身并不是自然存在，不可能是法律规范的直接对象。在民法学的意义上，可以认为法律对特定自然存在的规范本质上是对主体的规范，但这完全是民法学上对民法规范过程的解释，本身并不是民法。以为民法是对法人、主体等等的规范，谬误之处在于：将民法学当作了民法。

主体、法人等等，性质上属于法律存在，对应的自然存在是自然人、组织,法律对作为自然存在的自然人、组织予以规范,对规范后的自然人、组织的民法学上的认知,形成了主体、法人的概念。民法是对主体、法人的规范,抑或是对自然人、组织等纯粹的自然存在的规范,两种观点泾渭分明:以为是对主体、法人的规范,直接从民法学出发,将民法学等同于了民法;以为是对自然人、组织的规范,主体、法人等属于对民法规范自然人、组织等自然存在所形成的民法学上的认知,将民法与民法学严格区分了开来。

必须建立起自然存在与法律存在的关系的思维范式,必须建立起自然存在为法律规范的对象的基本观点。主体、法人等等,完全是已经具有法律意义的概念,自身已经包含特定的法律规范于其中,这样的法律存在不存在法律规范的问题。与之相反,自然人、组织则是纯粹的自然存在,本身不具有任何的法律属性,对如此的自然存在,才成立法律规范的意义。

自然人是民法规范的当然主题,之所以成为规范对象,深层依据便在于其纯粹的自然存在属性。自然人或为个体,或形成特定的组织或团体,法律规范自然人,必定需要同时规范自然人个体所形成的组织或团体,作为与自然人对应的自然存在,自然人个体与组织的关系,毫无疑问亦是民法规范的一个基本主题。

组织显然是民法规范的一个基本主题,各国民法典缺少对组织的规范是一个极大的民法疏漏,令人费解。将组织作为民法规范的一个基本主题,取代所谓的主体、法人主题,自然人与组织一起,构成了民法所应该规范的真正的对象。

将法人与合伙等整合在同一个主题或标题之下,堪称我国民法典的一个创举，是对《德国民法典》等经典民法典的一个背叛或超越。但如此的制度设计，法理上实际上沿袭的仍然是传统的思维模式，区别仅仅在于对一直无解的关于合伙的主体性质的争议上，武断地采取了肯定的立场。然而民法本来就不是对主体的规范，而是对作为自然存在的组织的规范，依这一思路，真正的问题是把法人概念从民法典中剔除，将公司与合伙两个概念整合在统一的组织标题之下，民法对组织予以规范，基本的形式分别为公司与合伙，两种组织形式中所体现出的法律规范完全不同，公司组织中，个体自然人对组织的债务不承担责任，合伙组织中，个体自然人与组织的责任并不作严格的区分。合伙在民法典中被规范的根据，与其是否为法人或主体的属性完全无关，作为自然存在的组织，才是民法规范合伙的本来依据。因为其是组织，所以必须被规范，并不需要其他任何的抽象道理。而对其的规范，亦未必是将其规范为主体，是否为主体，仅仅是民法学对相应规范的解释而已。

民法的主题是对组织的规范，德国民法中将法人作为规范的主题，其实是对自然存在与法律存在之间的关系的严重误认，将民法学当作了民法，法理上并不正确。将法人概念从民法典中消除，以组织概念替代法人概念，自然人与组织这样的主题组合，脉络上更为清晰，理解上亦更为轻松。无论自然人，还是组织，均同为自然存在，表达出了法律为对自然存在的规范的深刻本质；而且与甚至连民法学教授也云里雾里的法人概念相比，组织完全是一个日常用语，不会有人对其含义产生困惑。

作为一个世俗概念，关于组织的规则构成着日常生活的一个基本需求,因此构成着民法规范的一个基本主题。至于规范组织后所形成的公司、合伙是否为法人或主体,这些极端抽象的概念只有学者们才有兴趣和能力把玩,完全是民法学的领地。

第二节　法人概念规范功能假象的戳破

现行做法中,法人是民法典中的一个基础概念,被理所当然地视为了一种法律规范,似乎具有不可替代的民法上的规范功能。民法与民法学不分,在如此的理论前提下,除了规范功能和规范价值,显然再无其他的意义可以用来解释法人。然而以"文本"和解释的二元立场审视法人,存在着与规范含义并列的另一种基本意义,即对规范的认知所形成的纯粹理解上的意义。规范的意义与对规范的认知所形成的理解意义,构成两个完全不同的意义领域,法人概念的含义便是认知性的,但不是规范本身。

组织构成着民法的一个当然主题,对组织的规范构成着民法的基本内容,其中最典型或核心的规范当属组织拥有自己特定的财产,自己承担财产责任。该规范的规范功能十分明显,规范对象与规范本身的层次非常清晰,组织是规范对象,自己承担财产责任是规范,直接与生活现实一一对应,即便对普通百姓亦无任何的费解之处。

民法规范的是组织,具体内容就是关于组织的特定规则,规范直接由关于组织的规则构成和表达。现行的法人的表达方式,规范与规范的对象含糊其辞,究竟是在规范组织抑或是在规范法人,指向并不清晰。民法典中法人的定义、法人的权利能力等等命题,强烈传达出了法人作为规范对象的信息。

将自然存在作为法律规范的对象,相应的民法规范显然应该围绕组织的主题而展开,组织的财产责任等等,才是真正的民法规范的表达方式。关于组织的财产责任等的规范,构成了民法的基本内容,有了这样的规范,民法相应的规范功能或目的便已完全满足,法人概念没有民法上任何的存在价值。

关于组织与法人的关系,存在着两种完全相反的命题,即组织是法人与法人是组织。在前一个命题下,规范的对象是组织,而后一个命题,显然将法人当作了规范的对象。民法典中,表现出的是将法人界定为组织的路径,实际上是将民法学当作了民法。将组织界定为法人,则是另一种完全不同的思路,直接以组织作为规范对象,建立组织独立拥有财产、权利能力等具体规范,对上述的规范命题加以认知识,会形成组织是法人的解释上的结论。组织是法人的路径,表达出了规范与对规范的认知以及民法与民法学之间的立体关系,将民法与民法学彻底区分开来,因此亦表达出了民法规范的真实含义。

法人概念没有规范功能,现行民法典中关于法人的各种规定当然也不是规范,而是民法学上的认知性命题。将民法学命题当作民法命题,是民法典中一个非常隐蔽的陷阱,并不容易被察觉。国内学者中,王轶教授对这一现象亦有所警觉,指出了民法典中民法与民法学混淆的其他一些情形，[1]但法人概念上所存在的问题，远比王先生所指出的情形更为典型。

组织独立拥有财产，形式上无疑是真正的民法规范，但内容上是否准确，却存有疑问。现行关于法人的规范或观点中，以为法人独立拥有财产，法人以自身的财产独立承担责任。其实，民法所需规范的目的，并不是法人独立承担责任，而是保护个体的其他财产。实现该目的所需设定的规范，应该是个体以其在组织中的财产承担组织的责任。组织中的财产仍然是个体的，而非组织的财产，个体以其在组织中的财产承担组织的责任，与组织独立拥有财产的规范相比，两种规范，意境迥然：保护个体的其他财产，未必一定另行设定一个绝对独立的主体，直接将个体的其他财产与其在组织的财产区别开来，逻辑上最为简洁明了。个人的财产分门别类，顺理成章，以为法人中的财产不是个体投资人的，不符合最朴素的生活逻辑。

法人概念无论从形式上，还是内容上，都不属于真正的民法规范。组织独立拥有财产，是形式上的民法规范，然而在内容上，并不存在组织独立拥有财产和权利的问题，个人以其组织中的财产承担组织的责任，是实现民法相应目的的直接规范，组织独立拥有权利财产、权利能力等等，相当程度上阻断了个体对组织财产上的权利。作为对比，个体以其组织中的财产承担组织的责任的规范，逻辑上显然更为合理：组织仅仅是个体共同行为的一个方式或系统，个体以组织方式拥有的财产与纯粹的个体财产相互区分，即组织仅仅是

1　参见王轶《民法典编纂争议问题的梳理与评价》（上），中国民商法律网法学讲坛专栏。

个体拥有财产的一种方式，个体以其共同行为中的财产承担共同行为所产生的责任，其中的逻辑关系，十分明了。

不存在组织独立拥有财产等的规范，法人概念便成了空穴来风，属于民法学上的臆想。公法领域，组织独立拥有财产、权利能力等，确实具有其充分的根据，团体或组织利益构成一种终极目的，并不能直接归结为任何特定的个体利益。私法领域中的组织，其所以成立，完全是为了特定的个体利益，并无作为终极目的的团体利益，本身不能构成目的的团体，无非是实现个体利益的一个工具，当然不能独立拥有财产，也不存在解释为绝对主体的问题。

第三节　对主体的规范——关于民法结构的“经典”谬论

对主体的规范，是民法体系或结构中的一项基本内容，国内学者对此普遍以为理所当然，李永军先生撰有《我国未来民法典中主体制度的立法设计思考》[1]一文，标题中鲜明反映出了学者们的一致立场：民法典直接规范主体，关于主体的规范构成着民法或民法典的基本内容。然而实证法的层面，即便在以概念法学著称的德国民法典中，权利主体、权利客体亦非法典中的基本标题或主题，我国制定中的民法典，专家建议稿直接以主体、客体作为法典的标题或

1　参见李永军《我国未来民法典中主体制度的立法设计思考》，载《法学论坛》2016年第2期。

主题，开了各国民法典的先河。

权利主体、客体这样的概念未作为法典的标题或主题出现在法典之中，并非偶然。民法对主体予以规范，但主体概念却不必或不应该作为民法典的标题或主题出现在民法典之中。肤浅的思维会觉得其中包含着明显的自相矛盾，然而真实的情形却并非如此：民法对主体予以规范，该命题是民法学上的命题，民法学与民法尽管相辅相成，但绝对是两回事。实际上，民法与民法学之间构成着立体的“文本”与解释的关系，民法是“文本”，民法学是对“文本”的解释。民法对主体予以规范，是民法学对民法相应“文本”的解释，但不是“文本”本身，民法对自然存在予以规范，即对自然人和自然组织予以规范，这才是民法的“文本”含义。对自然人和自然组织予以规范构成“文本”，对该“文本”的解释形成了民法对主体予以规范的命题。以为民法对主体予以规范，法典中便直接以主体作为标题或主题，缺乏“文本”与解释的关系的思维模式，将民法学当作了民法，民法与民法学关系中最基本的元素即“文本”被完全牺牲掉了。民法对主体予以规范与民法对自然人、自然组织予以规范是两个相依为命的组合命题，构成着“文本”与解释的立体关系，将前者与后者割裂开来单独表达，该命题就是一个赤裸裸的民法谬论。

民法规范主体，并不是直接规范主体，而是将一个非主体规范成主体，因此在逻辑起点的意义上，民法是将一个非主体规范成主体，即将没有任何法律属性的自然存在规范成主体。自然人是主体，前提是因为其不是主体，正因为其不是主体，法律的价值和意义才得以体现出来：因为法律的规范，自然人成了主体。偏执于自然人是主体的片面理解，表达不出法律真实的形成过程，自然人是主体的另一层含义即为自然人不是主体，直接从自然人是主体的命题出发，法律则没有任何的功能和意义。

民法的基本过程或逻辑起点是对非主体的规范，规范的对象是非主体，是将非主体规范成主体，因此单独主张任何一个命题，都不能充分表达真理。主张民法规范主体，当然包含着合理的成分，但对主体的规范的逻辑起点或基本过程，却是对非主体的自然存在的规范，即对自然人和自然组织的规范，因此直接作为规范对象的是自然人以及自然组织，对自然人、自然组织的规范才是民法的基本结构，才是民法典的基本标题或主题。

第四节　民法典立法设计：主体、法人概念的质疑

建立以自然存在作为规范对象的基本原理，清晰划分出民法与民法学两个意义领域和概念体系，对于民法典的制定，具有十分重大的现实意义。在民法典民法总则的结构安排上，主体、客体问题上都存在相当严重的意见分歧。专家建议稿中规定了权利客体的内容，但在公布的草案中，该项内容被删除了。国内话语权学者孙宪忠先生、杨立新先生对此提出批评，[1]认为主体、客体、内容是法

1　参见孙宪忠《关于民法总则草案的修改建议》，中国法学网，学者文集栏目：孙宪忠；杨立新《民法总则草案对权利客体规定的重要价值》，中国法学会网专题报道栏目第十一届法学家论坛。

律关系的最基本的三个要素，缺乏权利客体的相关规定，荒诞不经。实际上，遑论权利客体，甚至权利主体都非民法典的基本主题，民法总则草案中删除权利客体的规定，根本不值得大惊小怪。

相比于权利客体问题，权利主体作为民法典的基本主题似乎是民法中人的通识，争议主要发生在关于主体所涵盖的范围上，诸如合伙是否应该被规定为主体，法人之外的哪些其他组织可以成为主体，等等。这些争议问题不可能有终极的答案，柳经纬先生径直将所有合法成立的组织都视为了法人和主体。[1]

合伙以及其他组织是否为主体成为民法典制定中的热点问题，然而这个问题根本就不是民法上的问题，因此与民法典的结构设计没有直接的关联。民法本来就不是对主体的规定，而是将非主体的自然存在规定为主体，组织作为自然存在，民法典之所以对其规范的根据就在于其作为自然存在的性质本身，不是因为组织是主体所以成为民法典规范的对象，而是通过民法典将组织规范成为主体。柳经纬先生认为所有合法成立的组织均为法人和主体的观点并不荒谬，遗憾的是柳先生仍然停留在传统的主体思维模式上，对传统的突破并不彻底。组织是否为主体与民法典是否对其规范无关，与其说所有合法成立的组织都是主体和法人，因此成为民法典规范的对象，不如说民法典直接规范的就是组织本身。

将主体和法人的概念从民法典中剔除，直接将组织作为民法典的规范对象和主题，如此构成的民法典才是民法规范的真实含义，

1　参见柳经纬《"其他组织"及其主体地位问题——以民法总则的制定为视角》，载《法制与社会发展》2016年第4期。

是普通百姓亦可以体会的"轻松"法典。法人、法律行为之类的概念,完全是民法学上的术语,对于民法规范本质的揭示,不可或缺,但它不是规范本身,其抽象性的特点,对民法的普及和传播构成了十分严重的阻碍。废除法人、主体等概念的立论并非胡言乱语,学说上,以耶林为代表的法人否认说一直影响深远,[1]实证法层面,未设立法人、法律行为、主体概念的民法典一直是一个独特的法系,据徐国栋先生研究,[2]拉丁法系的民法典普遍没有民法总则,而且并没有资料显示,这些国家的民法典在规范效果上存在什么问题。

---

1 参见仲崇玉《耶林法人学说的内涵、旨趣及其对我国法人分类的启示》,载《法学评论》2016年第5期。关于法人否认说以及耶林的观点,本文的分析最为详细和准确。

2 参见徐国栋《民法学总论与民法总则之互动——一种历史的考察》,载《法商研究》2007年第4期。

第十五章

自然人的法律人性质

第一节　自然人作为法律人的定义

法律的主体，毫无疑问是“民法”的第一要素，遗憾的是，现行“民法”体系中，对该要素的阐释并不清晰。这种混乱和肤浅不但体现在对法人的本质一直未能给出一个公认的解释，争论持久不衰，而且表现在对自然人的本质问题竟然不知不觉，甚至连问题都没有发现。关于法人本质问题的文章如过江之鲫，而对于自然人的本质的讨论则十分冷清。也许学者以为自然人的本质根本不是个问题，但实际情况并非如此，自然人的本质问题并不简单。而且实际上，法人的本质问题只是自然人的本质问题所派生的问题，缺乏对自然人本质问题的问题意识，进而缺乏关于自然人本质的认识，不可能真正解码法人的本质。

自然人的本质是否为一个问题，以及现行学说对该问题是否已经解决，一切都可以围绕法律人概念作出清晰的判明，找到答案。自然人的本质是法律人，现行学说根本不知法律人概念为何物，并无法律人概念，遑论提出自然人是法律人这样一针见血的命题，因而可以非常确定地说，自然人的本质仍是民法理论的蛮荒之地。法律人概念以及自然人是法律人命题的有无，是判断关于自然人本质认知程度的绝对标准。

法律是法律与“自然”的关系，自然法与制定法、自然行为与法律行为、自然人与法律人，二者的关系从多种维度体现出来。对自然法的修正，有实在法之产生，对自然行为的规范，有法律行为之产生；而对自然人的规范，则有法律人之产生。在法律与“自然”的关系下，自然法、自然行为、自然人超越了纯自然的天然属性，同时具有了自然属性与人为属性或法律属性的立体特征，既是自然法又为制定法，既是自然行为又为法律行为，既是自然人又是法律人，人作为万物之灵，创造出了一个基于自然却又超越自然的“人为”的世界、法律的世界。只有在自然世界的背景下，法律世界的意义才能显现出来；而也只有在法律世界的维度内，自然世界才真正具有了“人为存在”的本质。

自然人是法律人，该命题真正表达了自然人的本质。如同法律行为是对自然行为的最终统摄一样，法律人亦是对自然人的一个设定目标，是自然人所必须朝向的一个最高价值。

法律人，是法律意义上的人，指权利和义务的主体。法律的目的，就是创造一个有别于自然的法律上的世界，创造一个人为的关于对象的价值体系和标准体系，因而民法上的人，不言而喻是指法律上的人。以法律人的标准规范自然人，符合标准的为法律人，不符合标准的为“动物”，只是在现代文明社会，所有的自然人均为法律人，不再存在主体与奴隶的区分，自然人与法律人实现了绝对的同一，形式上法律人的概念不再具有任何意义，但在实质上，法律人的概念仍具意义，离开此概念，无以表达自然人的本质，无以表达法律与自然的区分,无以表达法律的意义。

人即是指人格,是由自由、意志、尊严、名誉等要素构成的实体,本身是法律对自然存在的实体的规范目标或规范的结果。法律的本质即是法律与自然的关系,是针对自然存在所进行的规范,规范后的自然存在一方面仍然是自然存在,但同时亦成为法律存在,而在没有法律的社会,自然存在永远只是单一的自然存在。

自然存在是法律存在,这是法律现象的一个基本结构。在实体问题上,对自然人的界定,亦应从这样对立的两端进行,一方面,自然人是法律人即人格的一个类型,是法律存在,但另一方面,自然人不是法律存在,而是一种自然存在,法律是将非法律存在规范成法律存在,因此自然人首先是自然的存在,只有针对自然的存在,才存在法律规范的意义。作为自然存在的自然人即为生物人。

从非法律主体的维度表达自然人,是界定自然人的一个最基本的维度,把非法律存在规范为法律存在,是法律的基本构造,在这个意义上,界定自然人的非法律存在属性,构成着自然人作为法律存在关系的逻辑起点。自然人作为自然存在的属性是自然人作为法律存在的元点,正因如此,自然人即为生物人的命题并不是纯粹的法学定义,而仅仅是法学定义的一个前提,自然人是法律人,生物人是法律人,这样的命题才是关于自然人的法学表达。

法律的本体是对自然存在的规范,元点端是自然存在,目标端为法律存在。自然人为法律人,是关于法律对主体的规范关系的最简单的立论,也是法律在主体问题上的最基本的含义,然而大抵是顾虑于法律人与法人两个概念名称上的混乱关系,现行关于自然人的定义,仅仅停留在自然人为生物人这样的前提性的低端层次,自然人为法律人的终极的法学表达,绝无仅有,缺乏自然人为法律人的清晰表达,对自然人的表达,就缺少法学的灵魂。

第二节　自然人、法人分类的语病

自然人、法人是关于主体的对应概念,尽管亦有《法国民法典》对其视若无物,并无法人概念,但其在德国、中国、日本等相当数量的国家的民法学中的标志性概念的地位是毋庸置疑的。可叹的是,自然人、法人概念作为对应概念的使用,存在着严重的语病,并不符合逻辑和法理。

自然人与团体、组 织,是并列的两个意志实体,没有法律的规定,其也是独立的意志实体。彼此作为独立的实体,二者之间存在着相互的关系,但却不存在彼此比附的问题:自然人就是自然人,团体就是团体,并非只有人才有意志,团体本来就具有意志。将团体比附为人,逻辑上等于消解了团体概念本身。如同上帝概念一样,不论是否存在上帝,都不能以“人”来解释上帝,人格化的上帝,直接就是人,不可能是上帝。

团体本来就是与自然人并列的独立意志实体,因此不必也不能将其称为“人”,团体概念本身就表达着独立意志实体的含义,称谓团体,直接就意味着独立的意志实体。

如此的理解之下,与自然人对应的概念应该是团体或组织,而非法人，不但不是对应的概念，而且恰恰相反，自然人与法人是同一个概念，即法人是对自然人概念的解释：因为法律的规范，自然人成为法律上的人，即法人。

自然人与团体是并列的独立意志实体，因此法律须对其进行规范，法律规范的不是主体，而是非主体。典型的团体形式，一为公司，一为合伙，法律对二者进行规范，规范之后，公司、合伙等成为法律上的主体。自然人、团体作为意志实体，法律规范后成为主体。对团体的主体含义的表达，完全不必借助"法人"的概念。刑法中，团体是与个体并列的规范对象，团体或集团犯罪与个体犯罪刑罚的标准大不相同，而民法学者自诩为万法之母的民法，竟然未在自然存在的维度上直接将团体作为规范的对象，以民法学上亦未必成立的法人替代团体概念，民法学的发达程度，差强人意。

法人、主体这样的概念，完全是民法学上的维度，并不属于纯粹的民法上的概念，限定在民法的语境中，法人、主体概念并不适用。民法并非对主体的规范，而是对作为自然存在的意志体的规范，或者为个体自然人，或者为团体，因此民法典的相关概念应该是：自然人 、团体（公司、合伙）。自然人与法人这样的分类，不伦不类。

在综合私法、公法的更宽广的语境内，法人仅仅作为自然人的法律属性的立场能得到更为究竟的阐释。国内多数学者主张有所谓的公法人、私法人的分类，但亦有李锡鹤教授认为国家法人、公法人的概念并不成立。[1] 李教授的观点是正确的。个人、团体、国家

1 李锡鹤：《民法原理论稿》，法律出版社，2012 年，第 733 页。

是三类基本的意志实体，错误地将人当作唯一的意志实体，才会产生以人表达团体、国家的主体性质的歪论，团体、国家首先是自然存在的意志实体，法律规范后成为主体，完全不必借助所谓的法人概念，团体、国家直接就是主体。如果意欲表达主体的含义，团体、国家是主体的命题，就是最为恰当的表达方式。法人概念的直接含义为法律上的人，以法人称谓团体、国家，意味着团体、国家不是自然意义上的人。不是自然意义上的人，未必就不是主体，因此如果表达团体、国家的主体性质，团体是法律上的团体、国家是法律上的国家，这样的表达才有意义。不是自然意义上的人，也不需要作为法律上的人，团体、国家是否为自然意义上的人并不重要，其作为法律上的主体，并不需要作为法律上的人，法律上的团体、法律上的国家概念本身就直接表达主体的含义。

认为团体、国家等概念并不表达主体的含义，以比附自然人概念的法人概念表达团体、国家的主体性，不但没有必要，而且污损了团体、国家的主体性质。自然人有人格、国家有国格、上帝有“神格”，故弄玄虚，还可以认为团体有“团格”，以人格概念一统天下，团体不成其为团体，国家不成其为国家，上帝不成其为上帝。

法人概念的含义非常有限，尽管许多国家存在法人制度，但也有相反的国家，国内学界对法人概念的使用却泛滥成灾，戴着法人的有色眼镜，似乎所有国家法律体系中都有法人概念。“文本”与对文本的解释是不同的，法国法律中有公务机构的概念，有学者将其翻译为公务法人，标榜为所谓的“意译”而非直译。[1] 法国法律体系中是否存在法人概念，应直接以法律文本的概念作为判断标准。以解释的角度所得出的概念，可能完全是对“文本”的异想天开，并不足信。

第三节 意志实体——自然人、组织的实体性质

民法并不规范主体，而是规范作为自然存在的意志实体，主体概念属于民法学上对民法规范意志实体即自然人与团体后的一种解释。现行理论以为民法是关于主体的规范，探讨的是主体的概念，即便探讨主体概念，也要以实体概念为前提，在实体之外夸夸其谈，如此隔靴搔痒，指望求得主体问题的正解，完全是一厢情愿的臆想。病灶就没有找准，不可能开出药到病除的灵丹妙药。

实体问题是个地地道道的哲学问题。哲学上，关于实体的立场，一向有物质实体观与意志实体观的对立，前者以物质为实体，后者以意志为实体，即唯物主义与唯心主义的对立。撇开两种观点关于宏观的宇宙本原上的具体分歧不谈，在人的问题上，人是肉身，抑或是自我意识或者灵魂，便是争议的焦点所在。

论证唯物主义或者唯心主义任何一方的合理性，这是人类智力

---

1 参见葛云松《法人行政主体理论的再探讨——以公法人概念为重点》，载《中国法学》2007 年第 3 期。

的极限，不在凡夫俗子的能力范围，而且亦非法学上的主题。但唯心主义从意志实体的维度，为解释主体问题能够提供一个逻辑上充分自足的有效路径。

其实，唯心主义并不像想象得那般荒谬，将人理解为自我意识与理解为肉身相比，即便在常人当中，亦不会遭到嘲笑，将其他的对象理解为意志，而非没有生命的物质，基本上是相同的道理。简单而言，将物质运行中所体现的规律上升为实体的高度，作为意志实体，物质则仅仅是作为意志实体的载体，这便是唯心主义的立场；而将物质理解为唯一的实体，其运行所遵循的规律只是物质运行所体现出来的特征，而非一种实体，即是唯物主义。

实体是单一的意志体，叔本华的生命意志、黑格尔的客观精神真正解释了客观世界的精髓，是对世界的一种灵性解释。其实在日常生活中，人们也在非自觉地模糊使用着精神实体概念，只是没有形成明确的、自觉的理性思维。日常生活中的团体、政治生活中的政党等，显然是被作为实体理解的，离开精神实体的概念，这种实体性显然无法解释。对人的理解也是一样，只有极其愚钝的人才会把人仅仅理解为物质的肉身，人在深刻的哲学意义上，是一种意志主体。意志当然是肉身的机能，但这种机能却表现为一种连续的、具有内在联系的活动，因而构成一种独立的客观精神实体。而在最终极的意义上，这种客观精神甚至不是肉身的机能，存在的就是客观的，因而恰恰相反，肉身只是意志的载体。自然界也具有自己的意志，其客观的、固定的发展规律、轨迹就是这种意志的体现。普通人仅仅意识到规律的表象，却不能将自然界体现的规律上升到实体的高度。

实体的真相是精神实体,是意志体。不过现实的情况十分悲观,在绝大多数人的观念中,存在的只是物质实体。在意志实体的概念下,团体的实体性得到了充分的说明。自然人、团体的本质都是意志实体,组织、团体,作为自然存在构成着与自然人并列的独立实体。

自然人作为主体,本质上无疑是被作为意志实体解构的,从与客观对立的立场出发,人的意志被理解为了主观意志,然而从同一的立场,人毕竟亦是客观世界的一个部分,因而在最究竟的意义上,主观意志同时正是客观意志,客观意志是一切意志的最终归宿,由此表现出了人与物质的终极统一、和谐和一体:以为意志只是主观意志,是对客观世界的一种严重的误解。实际上,意志不但不能归结为主体的意志,恰相反,主观意志无非是客观意志的一种表现形式,其本源和上位概念,正是客观意志。

从客观意志、客观目的、客观精神的角度出发理解团体,根本就不需要法人的概念。客观目的、客观意志是实体,存在一个客观目的,或者说设立了一个客观目的,便成立了一个实体。

关于一人公司法人、财团法人的本质,一个流行的学说是目的财产,该说非常明显地体现出了物质实体说的流弊,将实体当作了缺乏精神的死体,宁愿赋予财产以目的从而构成法人的实体,也不愿直接将目的本身理解为实体。将目的本身看作实体,一切都变得顺理成章,逻辑上顺风顺水:财产不可能具有意志,在物质实体说的窠臼中,永远无法为法人在实体与意志之间搭建出桥梁,直接将目的作为客观意志，团体正是因特定目的而设立，目的本身就是客观意志体，因此团体直接就是一个意志实体。

实体的究竟含义是精神实体，是单一的意志体，而不是没有灵性的僵死的肉身或者物质。法律是对意志实体的规范，团体是与个体并列的意志实体，因此直接就是与个体并列的民法的规范对象。

第四节　个体与团体的关系以及主体概念的含义

主体不是民法上的概念，作为民法学上对民法规范现象的解释，性质上属于认知范畴。什么才是主体？尽管没有民法上的意义，但却是民法学上的一个基本追问。

作为独立的意志实体，是否具有独立于自然人之外的自身目的，是团体构成主体的基本标准。依此标准，无论公司还是合伙，均非民法上的绝对主体，其作为意志实体的性质是工具性的。传统理论中，所谓的团体或组织作为法人或主体，独立拥有财产是一个重要标准。其实，独立目的才是核心的标准：团体拥有所有权并不构成独立目的，公司、合伙的终极目的完全是为了自然人个体，不但最终会解散，清算时财产归自然人个体，在公司团体中，甚至团体的责任亦无须自然人承担，自然人作为团体的终极目的，登峰造极。

民法本就不规范主体，对团体的规范是对作为自然存在的意志体的规范，民法学上，存在对团体的规范的解释问题，但将规范后的团体解释为绝对主体，也并不成立。

团体作为独立意志实体的性质是工具性的。在自然人个体与团体的关系中,一方面,自然人是实体,先有自然人,后有团体;但另一方面,团体亦先于个体,在团体之中,个体才真正成其为个体。先于团体的自然人创造或形成了一个先于自然人自身的实体,这就是自然人与团体两种实体关系上的悖论:自然人先于团体,团体亦先于自然人,但二者的关系却不是被黑格尔严厉批评的一个无限循环的"恶无限",自然人与团体的相互循环以自然人为终点,是有终点的相互循环,最终的一切意义都在自然人的维度之中,即团体最终归依于自然人个体。

自然人是权利主体,形成了团体,团体便一定是一种独立于自然人的在先的实体,即是一种相对主体,在这个维度中,自然人暂时消隐退在团体之中,权利是团体的,责任亦是团体的。朱庆育先生以为合伙享有部分权利能力,批评关于主体问题上传统思维的"全有全无"模式,[1] 孙宪忠先生以为合伙享有权利能力,但无责任能力,[2] 其实大可不必如此模棱两可,即便认为团体享有全部的权利能力、享有全部的责任能力,逻辑上亦不存在任何的问题。

团体享有权利能力和责任能力,但团体不是循环的终点和归宿,终极维度是自然人,因此合伙所享有的一切权利、承担的一切责任都是作为主体的自然人的。团体是自然人设定出来的先于自身的实体,命题本身就清晰表明了自然人的无限地位,团体作为先于自然人的实体,只是工具性的意志实体。

---

1 参见朱庆育《民法总论》,北京大学出版社,2013 年,第 470 页。

2 参见孙宪忠《民法总论》,社会科学文献出版社,2010 年,第 171 页。

合伙究竟是否为主体,最终的答案是:合伙作为主体是自然人作为权利主体形成团体的自然机理,是无须法律规定的自然过程。因其是自然机理,无须法律规定,团体本身不是脱离自然人的终极存在,没有自身的终极意义,因此团体即合伙不是权利主体。既是又不是,似乎是诡辩,到底是诡辩还是真理,清者自清,智者自知。

遑论合伙,甚至所谓的法人,亦非绝对主体。民法是对团体的规范,团体是自然存在,是自然的意志实体。与合伙对应的概念是公司而非法人。法人即不是规范的对象,也非规范本身,而仅仅是对法律规范公司后的一种民法学解释:即公司像一种法律上的人。法人是民法学上的概念,称谓法人是主体如同称谓法人是法人一样,并表达任何的意义。真正有意义的命题是:公司是否为绝对主体。

主体概念没有纯粹民法上的意义,法人是主体的命题属同义反复,并非一个有价值的命题。法律是直接对公司的规范,公司是否为主体是民法学上的一个问题。然而在终极的意义上,即便公司,也不能被解释为绝对主体。无论其是否独立拥有权利、财产等等,都不构成终极的目的。

民法并不规范主体,对公司、合伙、无权利能力社团的主体性质的追问,没有民法上的意义。传统理论以为民法是对主体的规范,因此合伙、无权利能力社团等的主体性质成为一个基本的问题:只有具有主体性质的团体,才能成为规范的对象。这是一个极其荒谬的前提,主体是规范之后才形成的,在规范之前,不存在任何自然性质的主体。民法并不规范主体,合伙、无权利能力社团是否为主体,根本就没有民法上的意义，民法对其规范的根据完全在于其的团体性质，与主体性质无关。

第五节 财团法人概念的怪论

传统学说上，社团法人、财团法人是关于法人的最基本、最重要的分类，在国内学界被接受的程度近乎雅俗共赏，民法总则制定过程中，梁慧星先生的建议稿、王利明先生的建议稿以及专家建议稿，均将财团法人作为了一个基本的概念，但最终未被立法机关采纳。

财团法人概念的基本含义就是将财产或者物作为了法人人格的实体载体，直接地说就是财产是法人本身。将物、财产理解为法人人格的实体，代表着关于法人本质观点上的一个流派，朱庆育先生就直截了当地在财产作为人格实体的维度上界定财团法人的定义：财团法人是旨在实现捐助者特定目的的具有法人资格的财产集合。[1] 除了朱先生外，张俊浩先生、彭万林先生、郭明瑞先生亦都持该种立场，各自的民法著作中，均明确将财产的集合作为法人的一个类型。[2]

---

1 朱庆育：《民法总论》，北京大学出版社，2013 年，第 417 页

2 参见张俊浩主编《民法学原理》，中国政法大学出版社，1991 年，第 164 页；彭万林主编《民法学》，中国政法大学出版社，1999 年，第 100 页；郭明瑞等《民商法原理（一）：民商法总论、人身权法》，中国人民大学出版社，1999 年，第 160 页。

朱先生的定义直截了当,相比之下,孙宪忠先生、李永军先生以及《中国民法典民法总则专家建议稿》的定义则有些含糊其词。专家建议稿第 84 条所给出的定义为:财团法人,是指利用自然人、法人或者其他组织捐助的财产,以从事慈善、社会福利、教育、科学研究、文化、医疗、宗教等特定公益事业为目的,依照法律规定成立的非营利性法人。谓其含糊其词,因为在“利用捐助财产成立的法人”这样的表达中,回避了法人究竟为财产本身抑或是财产的支配者这个关于法人本质上的最根本的追问。法人的本质是实体,因此定义亦应该从实体的维度上切入,如同朱先生的定义,直接对财团法人的实体表明立场,即财团法人就是财产的集合本身。财团法人是或不是财产本身,直接对法人的实体表明立场,这是界定财团法人最应该切入的维度。专家建议稿等含糊其词的处理方式,很有些自欺欺人。

财团法人概念的含义就是将财产或物当作了法人即主体本身,批评其荒谬,针对的就是该概念的这一基本含义,这一含义显然从根本上颠覆了民法学以自然人为主体、物为客体的基本前提,使得主体与客体的区分毫无意义,逻辑上明显陷入混乱,针对财团法人概念逻辑上一个最直接的诘问就是:财团法人以财产为实体即主体本身,主体的客体是什么,财团法人概念的信者们似乎从未意识到这一问题,或者刻意回避了这个令其陷入逻辑泥淖的麻烦问题。

财产不可能是法人主体,撇开财产本身作为主体使得主体丧失了客体的结果不论,财产作为财产就不可能具有意志,以财产为主体,存在着根本性的逻辑障碍。但在现行的民法理论框架内,该概念似乎又是对目标问题唯一可能的解释路径，因此又无可替代，或者根本就意识不到问题，国内有对财团法人概念提出质疑的学者，但未成气候。

问题出在传统民法学体系的实体理论中，甚至根本就没有任何的实体理论，想当然地仅仅将物当作了实体。

目的是实体，在哲学上是一个十分正常的学说，但民法学缺乏关于目的概念的最基本的理念。目的为实体，团体的本质就是客观目的，依不同的目的，团体可简单二分为投资团体与公益团体，针对所谓的法人，对应的应该为投资法人与公益法人，我国民法总则营利法人与非营利法人的分类，有意无意中体现出了目的的概念，称得上是对《德国民法典》代表的传统民法典结构的一项卓绝的超越。

公益团体或公益法人作为主体，其实体的基础或根据为客观目的，成立一个目的，就成立一个团体或法人，自然人作为个体因为单一的客观目的而结合成一个团体，因此无论所谓的“社团法人”还是“财团法人”，都是社团法人，即因特定的目的而形成的社团。目的是团体的本质，团体因目的而区分，财团法人概念将自然人个体对物的关系，不但解释成了最根本的关系，而且解释成了唯一的关系。无论如何，理念的结合、目的的结合，都是自然人个体结合成团体的基本根据，个体对物的关系上的结合的唯一标准，完全是庸俗物质主义作祟的产物。

以目的结合在一起，“财团法人”是再典型不过的社会团体，是个体自然人再典型不过的结合。作为因自然人个体结合而形成的组织，自然人成员所形成的单一意志构成“财团法人”的意志，客观目的就体现为团体成员的单一意志,团体的意志仍然是人的意志,传统财团法人概念下财产具有意志这样的看法,被彻底清零。

目的是个体结合为团体的精神根据,个体的结合不但不以物或财产为唯一媒介,而且是否拥有财产也非团体成立的必要条件,只要成立特定的目的,就成立特定的团体,交易或拥有财产,就不可能是团体存在的唯一意义。没有财产的团体,其责任由组成团体的成员承担,无论个体对团体的责任是否承担责任,都不影响团体作为团体的相对主体的地位:成员个体意志所形成的单一的意志体。

因目的而个体形成团体,团体具有相对主体性的地位,个体自然人则是绝对的和终极的主体。

第十六章

物与权利权客体概念的乱象

民法总则在民法中人的热切期盼中问世，不过最终的版本与民法专家的建议版本有所区别，法律行为、社团法人、财团法人、物、权利客体等等专家建议稿中被作为典型民法概念的干货在颁行的民法总则中付之阙如，民法达人的专业知识受到了冷落。

物、权利客体是民法总则专家建议稿中的一个章目或主题，其他国家的民法典中，物作为主题的属于主流，权利客体作为主题或标题的十分少见。大抵以为在权利客体研究上取得了超越《德国民法典》的重大进展，专家建议稿在对《德国民法典》顶礼膜拜式的移植中，少有地以权利客体主题“背叛”了《德国民法典》的物的主题。幸运的是，专家的意见未被采纳，民法总则中不但没有权利客体的主题，甚至连以德国民法典为范本的物的主题的民法总则标配亦不见踪迹。

物不应该成为民法总则的主题，《德国民法典》开此先河，将世界民法典的编纂引入了歪路。其非为民法总则主题的根据，并不在于物仅仅是物权的客体，缺乏所谓的“公因式”成分因而放在物权法更为适宜，而是因为民法根本就不需要对物做出规范。

对物的规范的基本内容就是对物的定义、种类等作出界定，如《德国民法典》中所谓的物仅指有体物、物不包含动物等等。作为权利的基本法，民法应该以抽象的物即所有的物作为规范的对象，建立针对所有的物的权利规范，仅仅针对部分物即有体物进行规范，本身就不符合民法作为权利基本法的全覆盖性质。

民法应该针对物而非有体物进行规范。逻辑上，像所有权这样的概念，指向的客体不可能仅仅是有体物，既然对物作有体物、无体物的二分，无体物上的所有权是必然成立的概念。这里的无体物当然不是指权利，而是指光、电、水、细菌、智力产品等等自然维度上的概念。

所有权是指向全体物的，将所有权的对象限定在部分物即有体物上，既不符合所有权的性质，也不符合民法作为权利基本法的整体性质。

民法应该针对所有物加以规范，《德国民法典》的重大错误是仅仅规范所谓的有体物，这才是问题的实质，民法总则专家建议稿以为《德国民法典》的物的定义存在问题，绞尽脑汁思考新的物的定义。其实，物的定义根本就不是法律规范的范围，《德国民法典》中物指有体物这样的命题，表达的不是物的定义，而是民法典对物的规范范围。

法律是对自然存在的规范，因此并不需要对自然存在作出定义，正如法律仅仅对自然人作出规范，但不能规定自然人的定义一样，法律仅仅需要对物作出规范，但不能对物作出定义。物的定义是自然科学上的范畴，生物、非生物、动物、植物、细菌等等，法律的职责仅仅是规范，果真给出了动物、植物的定义，民法典就太可笑了。

法律规范全体的物，无论分类还是定义，都不是民法典的基本主旨,我国民法典与时俱进的巨大成就,决然地抛弃物的主题,真正称得上是一个亮点。

关于权利客体,专家建议稿中将其作为总则章节标题,堪称民法学错误的典型。权利客体根本就不属于民法概念,民法并不规范客体,而是规范自然意义上的物,只是民法学将民法对物的规范解释为对客体的规范。更糟糕的是学者关于权利客体的具体内容,大谬不堪地竟然将权利作为另外一项权利的客体。权利是一个自我闭合的圆满系统,不可能成为他项权利的客体,债权的所有权、知识产权的所有权等都文理不通,债权、知识产权的优先受偿权与之不相上下。权利构成权利的客体这样的说法,针对的是所谓的担保物权中权利抵押、权利质押关系。学者沉浸在担保物权的概念中,孟勤国先生《物权二元结构论》的当头棒喝,亦不能惊醒担保物权概念的拥趸:将权利作为权利客体写进了民法总则的专家建议稿中。

第十七章
法律行为概念证伪

第一节 规范抑或事实——法律行为的定性

规范与事实的对立、规范与事实的关系,是民法学最基本的关系和特征。法律的本质就是对事实和对象的规范,整个内容就是围绕规范与事实的关系而展开的,规范才是法律,事实是规范的对象。现行关于法律行为概念的研究明显缺乏将规范与事实区分这一根本的法学思维范式,普遍将法律行为界定为事实或法律事实,将法律行为作为了法律规范的对象。

德国人使用法律行为概念,意图表达的是私法自治原则,法律行为概念存在的意义完全在于对私法自治原则的表达。而对私法自治原则的表达,显然只有将法律行为作为规范或原则才能表达清楚。这样的表达就是:意思表示的内容直接就是法律或具有法律效力。意思内容相当于法律,私人的意思表示行为相当于造法行为。

在规范或原则的层次上,成立的是法律行为原则概念,含义是指意思行为相当于创造法律,法律行为原则的名称与所指向的内容直接具有关联,不会引起任何的歧义。径直以造法行为表达,当然最为理想。然而现行的理解中,法律行为被作为了事实或法律事实。法律事实是法律规范的对象,不可能表达也表达不出私法自治原则的含义。原则只有在规范中才能成立，这是法学最基本的逻辑。

在事实维度下的法律行为概念的定义，内容模糊，所指向的内容何以被概括为法律行为即以法律行为作为名称，并不清楚。

定义一：法律行为是指以意思表示为核心要素的，主体为追求该意思表示中所含效果在私法上的实现的行为。[1]

定义二：所谓法律行为，指以发生私法上效果的意思表示为要素之一种法律事实。[2]

定义三：所谓法律行为，指当事人旨在根据意思表示的内容获得相应法律效果的行为。[3]

这些定义是国内主流学者给出的定义，简单表达就是：法律行为就是发生或追求私法上效果的意思表示行为。何以发生私法上效果的意思表示行为就是法律行为？事实行为同样发生私法上的效果，为什么不能称为法律行为？发生私法上的效果的意思表示行为如何表达了私法自治原则？这些都是实质问题，但在定义中并未表达出任何信息。将法律行为作为事实，作为规范的对象，前提就是错的，因而也不可能建立出准确清晰的法律行为概念的定义。大抵学者模糊要表达的是：发生私法上的效果的意思表示行为表明了意思行为会发生私法上的效果，所以体现了私法自治原则。显然，直接从原则的维度，将法律行为理解为原则，将发生私法上效果的

---

1 李永军：《民法总论》，中国政法大学出版社，2012年，第168页。

2 梁慧星：《民法总论》，法律出版社，2011年，第162页。

3 朱庆育：《民法总论》，北京大学出版社，2013年，第78页。

意思行为定义中的顺序颠倒，以意思表示行为发生私法上的效果作为定义，对私法自治原则的表达更为直截了当。意思表示行为的内容直接发生私法上的效果，意味着意思表示相当于法律，相当于造法，当然体现了私法自治原则，而事实行为尽管亦发生私法上的效果，但事实行为自身中没有构成法律必须的意思内容，因而不可能是法律行为。

法律行为概念并不能表达私法自治原则的含义，真正成立的是法律行为原则概念。法律行为概念名称上不表达私法自治原则的任何信息，亦无对应的表达私法自治精神的内容。法律行为原则概念名称上也不直接，但存在对应的表达私法自治精神的内容，即私人意思表示的内容相当于法律。因而将法律行为原则作为民法中的一个概念，并无不可。但最理想的概念，显然是造法行为，其对私法自治精神的表达，一目了然，十分传神。但从功能上说，法律行为原则、造法行为与私法自治原则并无二致。

第二节　意思表示行为与法律行为的关系

法律行为概念的全部奥秘就隐藏在法律行为与意思行为的关系之中，将二者的关系解释清楚，关于法律行为概念的本质也就找到了答案。遗憾的是，学者们对这一重大问题或者视而不见，或者三言两语，对法律行为概念的研究亦因此而乏善可陈。

法律行为与意思表示行为的定义大体上是等同的。相当多的学者认为二者是一个概念，另一些学者认为意思表示是法律行为的基本要素或核心要素。为什么同一个概念，却具有两个名称？区别何在？即便认为非同一概念，但核心要素相同，同样的追问亦当然适用。

法律行为与意思行为的定义大体等同，对此不会存在太大的争议。对比孙宪忠先生在民法典总则法律行为章节建议稿中所给出的二者的定义，问题可以得到相当充分的解析。

法律行为：即以发生民事权利义务关系变更和废止为目的的意思表示为要素的人的行为。

意思表示：民事主体以一定的方式将其目的在于发生一定民事法律关系变动并使得自己受到拘束的效果的意思表达于外部的行为。[1]

二者的区别，简单表达就是：以意思表示为（核心）要素的行为与意思表示行为本身的区别。

法律行为与意思表示行为的核心内容是一致的，定义上的区别细微到甚至可以忽略不计。然而对于这一并无区别的同一内容的表达，名称上却大相径庭，法律行为与意思表示行为，单以名称论，显示不出任何相似或同一的信息。意思表示名称与其所针对的内容存在明显的关联，逻辑上毫不费解。意思表示就是意欲使特定意思内容发生私法上效果的表示行为，不表示追求发生私法上效果的意思行为没有法律上的意义。意思表示行为作为名称，直接传达着

1　孙宪忠：《民法总则编法律行为一章的结构和条文建议》，中国法学网孙宪忠专栏。

确定的信息，即对追求发生私法上效果的意思表示。意思表示行为作为名称对追求发生私法上效果的意思表示的内容的概括和表达直截了当，非常贴切，何以又用法律行为这一另外的名称加以概括和表达？“法律”一词作为名称的主体元素表达何种特殊的信息，这是一个必须给出解释的关键问题。现行学说对这一问题或者缺乏深切体认，或者因理不出头绪而支吾其词。孙宪忠先生认为，意思表示侧重表达人的个人意思，而法律行为强调行为的法律效果。[1] 究竟是名称上的不同，还是两种不同的行为，首先就是一个应该明确的问题。从文章的脉络和语境上分析，孙先生模糊地理解为了对同一种行为的不同表达维度，很多学者将意思行为与法律行为作为两种不同的行为，而且对其间的差别知难而退，不置可否，相比而言，孙先生不但将两个概念仅仅作为不同的名称，而且试图解析其中区别的具体含义，出类拔萃。

法律行为不是与意思表示行为不同的另一种行为，其仅仅是对同一种行为的名称上的不同表达。梁慧星先生以为法律行为是关于人的行为的概念，意思表示是关于人的意思活动的概念，含义模糊，十分费解。作为对同一行为不同的表达维度，意思表示名称的确未直接表达法律效果，法律行为名称表达效果，究竟是动机上的效果追求，抑或是结果上的效果实现，孙先生并未给出具体的分析。

意思表示是私法上效果的追求行为，客观上的效果实现属于法律规范。依法律是对对象或事实规范这一基本的民法学原理，首先

---

1 孙宪忠：《民法总论》，社会科学文献出版社，2010年，第219页。

必须确立的是对象概念或事实概念,因此,意思表示行为私法效果的含义是动机上的,不应该指客观上的效果实现。而动机上的法律效果的含义与私法自治并无瓜葛,仅仅因动机上对法律效果的追求,便据此建立法律行为名称,表达不出关于私法自治精神的任何含义。私法自治指的是动机上追求私法效果在客观上的实现。这样的意义只能在法律规范的维度上成立,不可能在规范的对象上成立。从规范的角度,动机上追求私法效果的意思表示客观上具有私法上的效果,即意思表示行为是法律行为,但这是法律规范,而非规范对象自身的自然属性。法律行为作为名称,对法律效果的表达,对私法自治精神的表达,在客观效果的意义上才名正言顺,而对客观效果的表达,表达的却已经是规范本身,而非规范的对象。

规范与规范的对象不分,这是现行关于法律行为概念理解上一个致命的缺陷。将法律行为作为事实,作为规范的对象,前提就是错的。前提错误,其他关于法律行为概念的一切立论都无从谈起,所包含的真理成分,微不足道。

第三节 "造法行为"——私法自治精神的神韵

规范与事实的关系是民法学的基本关系。规范与事实不同是二者关系的维度之一,规范的表达形式是规范命题,事实的表达形式是描述命题，前者以“效力”作为评价，后者以“真”“假”作为评价。[1] 二者关系更重要的内容，则是规范与事实的联系。国内民法学著述中，对规范与事实的关系鲜有涉及，孙宪忠先生主编的《民法总论》中，有法律事实通过法律规范这一中介直接产生民事法律关系[2]这样的表述，直接表达事实与规范的联系，属于凤毛麟角。事实或法律事实作为民法学中的一个概念，著述上大多将其作为法律关系变动的原因加以论述，然而对于法律事实引起民事法律关系变动最关键的过程即规范却并无笔墨，如同画龙没有点睛，对法律事实引起法律关系变动的描述和表达，蜻蜓点水。最致命的，将法律事实作为法律关系变动的原因本身就存在问题，并没有揭示或表达出民法中的基本关系。民法的基本关系是法律对事实的规范，事实作为法律关系变动的原因仅仅是表象。根本上，事实是规范的对象。规范对事实加以规范，有法律关系之产生，“产生”中自然包含“变动”。是规范的对象，还是法律关系变动的原因，表达境界上天差地别。

在事实与规范的关系中即在对象与规范的关系中解释法律现象或法律概念，法律行为概念上的诸种混乱被理出了头绪。作为对象的是事实或自然行为，即意思行为。法律对事实进行规范，就是规定事实的生效条件、事实的性质等等。意思行为是法律行为或造法行为，表达的便是规范。在这样的表述中，呈现出的是对象与规范之间的相互关系，将规范的对象与规范作截然的二分。

---

1 参见朱庆育《民法总论》，北京大学，2013 年，第 43 页。

2 孙宪忠：《民法总论》，社会科学文献出版社，2010 年，第 105 页。

区分出规范与规范的对象，在事实与规范的关系中描述法律现象，法律行为、造法行为的规范属性显现出来：法律行为、造法行为不可能是事实。将其理解为事实，规范荡然无存，建立不出事实与规范的关系结构，无法表达法律是对事实的规范这一基本的法律过程。

法律行为的合法性矛盾是一个世界性难题，根据朱庆育先生的研究，德国学者目前淡化了合法性问题，[1] 显然也未找到问题的答案。作为规范对象的事实才存在合法、非法的问题，正本清源，将法律行为、造法行为准确地定性为规范，合法性问题根本就不存在。

法律行为是规范，这是国外学者凯尔森的立论，观点极其准确，[2] 真正揭示出了法律行为概念的奥秘。但在法律行为的定性上，仍不彻底，以为法律行为具有规范和事实的双面性质。大抵凯尔森还是混淆了意思行为与法律行为的区别，未能清晰地在事实与规范即对象与规范的关系中理解法律行为。确立了对象与规范的关系模式，作为事实的只能是意思行为，不会是法律行为。在事实的维度上表达法律行为，对于描述私法自治原则，没有任何意义。

事实行为是造法行为，意思行为是造法行为，在意思行为与造法行为的关系中，私法自治原则得到了淋漓尽致的表达。在这样的表达下，一方面意思行为不是造法行为，造法律行为是造法行为，等于什么也没说，一个不同于造法行为的行为才能成为造法行为，才

1　朱庆育：《民法总论》，北京大学，2013 年，第 94 页。

2　参见凯尔森《法与国家的一般理论》，沈宗灵译，中国大百科全书出版社，1996 年，第 40 页。

表达意义。意思行为是自然维度和事实维度上的行为，是指追求私法上效果的意思表示，造法行为是规范维度上的，是指创造法律的行为，二者的区别一清二楚。相较而言，法律行为的含义则十分含混，如果表达的是造法行为，那就应该直接采用造法行为的名称；如果不表达造法行为，则就没有意义。意思行为与法律行为是否为同一概念，在现行理论中，是一个有极大争议的问题，而造法行为与意思行为之间，不会产生些许混淆。另一方面，意思行为是造法行为，这是对意思行为的规范定性，将意思行为定性为造法行为，正是法律规范意思行为的根本意义所在。意思行为是造法行为，意味着意思表示的内容直接发生法律效力，对私法自治精神的表达，浑然天成。

第四节 法律上的行为与伦理上的行为的区分——法律行为概念的简单含义

对人的行为的规范并非法律的专有领地，宗教规范、伦理规范以及习俗等对行为的规范亦杂糅其间，占有相当的“市场份额”，作用显著。一些行为专由伦理、宗教等规范调整，并不会产生法律上的意义，由此形成法律上的行为与伦理上的行为等行为的划分，法律行为、伦理行为等概念随之产生，将行为规范的不同方式区分清楚。法律行为概念表达的就是这样的区分含义，宣示着法律规范的特有领域，与其他种类的规范撇清瓜葛。

法律行为的含义就是法律所规范的或者以法律方式规范的自然行为，即指具有法律意义的行为，无论合法行为、非法行为，皆涵摄其中，十分简单。这是一个十分基础的法学概念，并没有什么特别复杂的法理值得探讨。德国人得意地以为自己发明了法律行为概念，其他国家的学者对之趋之若鹜，这一现象令人唏嘘。其中的误区在于：德国人错将造法行为当成了法律行为。

造法行为是民法领域的特有现象，将民事领域私法自治的精神表达得淋漓尽致。刑事领域、行政法领域，皆无此类现象，当事人的行为分别为刑事（违法）行为、行政法律行为等等，但绝不可能存在造法行为。造法行为概念表达的是私人的意思即为法律的含义，法律行为概念表达的则是法律上的行为或者具有法律意义的行为的含义，二者的区别一清二楚。

以法律行为概念专门表达民法领域的私法自治原则，词不达意，亦占据了表达具有法律意义的行为含义的专有名称。法律规范自然行为，在法律规范的维度下，自然行为区分为合法行为、违法行为等等，这是一个最自然不过的结论。统摄合法行为、违法行为这些具有法律意义的行为，存在着一个对应的上位概念，以法律行为概念概括，显然名正言顺。因法律行为名称被挪用，与私法自治精神扯上了关系，概括合法行为、违法行为的上位概念，只能另觅他途。

具有法律意义的行为对应的名称就应该是法律行为，根本不可能存在别的名称。不以而且也不能以具有法律意义的行为为法律行为，德国人“炮制”出了一个法律意义行为的上位概念，法律行为被作为了法律意义行为的下位概念。[1] 法律行为与法律意义行为不同，只有在狭隘的民法学者中才会有一定的市场，而在法理学者中，法律行为就是具有法律意义的行为，二者完全是一回事。国内权威的法理学者张文显先生、葛洪义先生对将法律行为定义为具有法律意义的行为的立场均毫不含糊：

“法律行为概念的对应概念是非法律行为，是指具有法律意义的能够引起一定法律效果的行为，是合法行为与违法行为的统语。”[2]

“法律行为可以作为法律事实而存在，能够引起法律关系形成、变更和消灭……分为善意行为和合法行为、恶意行为和违法行为。”[3]

法律意义行为与法律行为不同，德国人制造出了法学上的世界难题，证明法律意义行为概念与法律行为概念相同，可以“媲美”数学上的哥德巴赫猜想。单从数量上看，法律一词与法律意义一词相比，字数就少了两个，从内涵上看，法律概念涵盖的范围也要比法律意义概念宽泛太多，法律意义、法律价值、法律规范、法律功能……所有的这些概念都以“法律”为公因式，因此无论如何，法律概念也不可能是法律意义概念的下位概念。依法律意义行为与法律行为不同的思路，会形成一系列莫名其妙的概念，法律事实与法律意义事实不同，道德行为与道德意义行为不同……十分荒诞。

1 参见朱庆育《法学总论》，北京大学出版社，2013年，第78页。
2 张文显：《法学基本范畴研究》，中国政法大学出版社，1993年，第124页。
3 葛洪义主编：《法理学》，中国政法大学出版社，2012年，第362页。

将法律行为独占为民法领域的专有术语，既是民法学者的一厢情愿，也是民法学者的偏颇之见，在其他法律部门并不被认同。法律行为是法学中的一个基本术语，用以表达法律规范与其他行为规范的区别所在，除此之外，再无深意。这样一个再简单不过的基础概念，根本配不上"伟大发明"的称号，亦没有什么奥妙值得绞尽脑汁加以探讨。德国人真正要表达的含义是造法行为，本来就用词不当，却作为一个伟大的法学发现而被顶礼膜拜。

德国人颠覆了法律行为概念的固有含义，法律行为概念因取向于私法自治精神，实质上是指当事私人之间的造法行为，以造法行为表达，显然更为究竟，而且法律行为概念所引起的一切纠结都会烟消云散。法律行为本身其实是一个法律上最为普通的概念，民事法律行为、行政法律行为，甚至刑事法律行为，都是依法律为行为规范的本质而顺理成章的概念，德国人的智慧在于，发现了民事领域内的造法现象，并以法律行为概念表达这一现象。付出的代价或引起的混乱则是：法律行为概念固有的含义被损害了。德国的法律行为概念自身用词不当，需要纠正，然而学者们却不明就里，武断地维护德国人新创的私法自治意义上的法律行为概念，将法律行为概念的基本意义完全毁灭亦在所不惜。

造法行为概念远比法律行为概念更能传神表达私法自治精神的精髓，与之对应的概念则为仅仅适用法律的事实行为，二者性质迥异，相映成趣。在这样的对应概念下，根本不会产生造法行为是否为合法行为的追问，亦避免了与法律行为概念固有含义的冲突。

现行学说中，法律行为概念与事实行为概念的分类是不对称的。法律是对自然行为的规范，因此应该首先在自然行为的意义上对行为予以分类，显然，意思行为与事实行为才是最基本的行为分类。因法律的规范，意思行为具有了法律行为或造法行为的特征。规范对象即自然行为的分类以及规范后的作为规范意义的分类，代表着两种完全不同的分类，意思行为与事实行为是作为规范对象的自然行为的分类，而法律行为或造法行为则为对自然行为规范后的规范意义的分类。

法律行为概念应该以造法行为概念取代，恢复法律行为概念本来具有的含义。法律是对自然行为的规范，因此成立民事行为或民事法律行为的概念，意思行为与事实行为构成其基本的分类，在法律规范维度下，则分别形成合法、非法的意思行为与事实行为的细分。法律行为概念本身即不属于规范对象，因此亦不构成规范对象意义上的行为类别。

将造法行为当作法律行为，雀占巢穴，法律行为概念失去了自己的意义空间，引起概念上、理论上的极大混乱。建立造法行为概念，将法律行为概念的应有含义复位，一个逻辑上顺畅的民法理论体系，清晰呈现出来。

第五节　民事行为与民事法律行为概念的成立

法律行为仅仅是用以区分法律规范与伦理规范、宗教规范、习俗等其他行为规范的一个简单概念，并无特别重大的理论价值。具体到不同的法律部门，则分别有民事法律行为、刑事（违法）行为、行政法律行为等概念的成立。在法理学之外的法律部门，并无强调法律与伦理等规范区别的特别意义，因此直接以民事行为、行政行为等表达法律规范过程，更为简洁。

行为是法律规范的对象，针对民事法律部门，则成立民事行为概念，十分顺理成章，其含义涵摄合法行为、违法行为两大类，无论意思表示行为，还是所谓的事实行为，亦都包含其中，构成了法律规范的基本对象。对于这样一个基本的概念，国内学者的态度却势同水火，褒者称其为中国学者的伟大发现，贬者视其为敝屣。佟柔先生认为，民事行为概念是中国《民法通则》创造的，尽管《法国民法典》中也有民事行为的概念，但并不是作为法律行为制度中的一个概念而加以使用的。[1] 依顾昂然先生的解释，民事行为比民事法律行为要宽，包括民事法律行为、无效民事行为和可撤销的民事行为。[2] 以为法律行为概念存在着"合法性"矛盾，为什么法律行为属于合法的行为却又会是无效的？使用民事行为概念避免了这一缺陷。[3] 主张和支持民事行为概念的学者似乎言之凿凿，以为理所当然：民事行为概念具有极大的理论意义和价值，是中国人在法学上的伟大发现，"长期存在于德国学术中的合法性矛盾就此一举得到解决。如此重大的学术贡献，似乎没有理由不在世界立法史上留下

1　佟柔主编：《中国民法学·民法总论》，中国人民公安大学出版社，1994 年，第 208 页注释。

2　转引自朱庆育《民法总论》，北京大学出版社，2013 年，第 89 页。

3　王作堂等编：《民法教程》，北京大学出版社，1983 年，第 80 页。

浓墨重彩的一笔”[1]。

反对民事行为概念的学者，阵容亦相当强大，具体体现在对民事法律行为概念的反感上。民事法律行为概念没有意义或不成立，民事行为概念的意义便荡然无存。梁慧星先生认为，法律行为属于民法特有概念，绝无与其他部门法概念发生混淆之虞，添加“民事”语词限定纯属多余。[2] 孙宪忠先生持相同的立场，质疑民法通则创造的民事法律行为概念并不准确，该概念意味着似乎还存在着“行政法律行为”等。[3] 反对派中的其他学者如李永军先生等，所持的理由亦大体如此。

民事行为是依法律规范行为这一法律的本质必然得出的概念，离开民事行为概念或民事法律行为概念，对法律规范行为的具体过程就根本无法表达，最基本的，民事行为能力概念的使用就会成为问题。民事行为能力概念与民事行为概念如影随形，如毛附皮，前者不成立，后者自然土崩瓦解。其中的逻辑关系，并不复杂。

作为法律规范的对象，民事行为的概念不可或缺，但也并非如佟柔先生所认为的，是一个法学上的发明或创造，它表达的就是简单的法律规范的对象，属于民法学中最基本的初级概念，依法律规范行为这一基本的法学命题便可直接得出。

民事行为概念与民事法律行为概念的关系，是关于民事行为概念争议中的核心问题。简单而言，民事行为与民事法律行为是同一

---

1 朱庆育：《民法总论》，北京大学出版社，2013 年，第 89 页。

2 梁慧星：《民法总论》，法律出版社，2011 年，第 161 页。

3 孙宪忠：《民法总论》，社会科学文献出版社，2010 年，第 208 页。

个概念，在与伦理规范等的对比意义上，民事法律行为概念有其一定的表达意义，在民法理论体系内部，民事行为与民事法律行为两个概念不存在任何的区别。佟先生等以为民事行为是民事法律行为的上位概念，经不起简单的逻辑分析。法律规范民事行为，行为便具有了法律上的意义，因此成为民事法律行为。在通常的表达中，合法与违法才是对应的概念，法律与违法的对应使用，不合逻辑，亦极为罕见。在另一个重要的民法学概念法律事实概念中，法律所表达的就是具有法律意义的含义，不作合法、非法的任何区分。更重要的，将民事行为与民事法律行为区分开来，伦理行为与法律行为的区分无法表达。伦理、宗教、习俗等同样调整权利义务关系或民事关系，一定意义上民事行为的概念对伦理规范、宗教规范、习俗等同样适用，只有民事法律行为概念才能将彼此区别开来。

民事行为是法律规范的对象，民事法律行为与之是同义词。关于二者关系上的诸种混乱皆祸起于德国人对法律行为概念的错误使用。法律行为概念的本义就是具有法律意义的行为，非法行为、合法行为皆在其内涵之内，非单指合法的行为。以为法律行为单指合法的行为，随之产生的法律行为的“合法性”矛盾完全是个伪问题。问题是假的，针对解决伪问题围绕民事行为概念、民事法律行为概念而提出的五花八门的离奇新说，完全是妄言妄语。以造法行为表达民法中的私法自治原则，恢复法律行为概念的固有意义，一切纠结都烟消云散。

第六节　"事件行为"——事实行为的名称修正

事实行为，在现行民法理论体系中，是与法律行为、法律事实等概念相关的一个概念，尽管地位并不显赫，但亦代表着一类特定的法律现象，而且对于理解法律行为概念，起着不可或缺的对比作用，法律行为是在与所谓的事实行为概念的对比关系中，即在与事实行为概念的"缘起"中，含义或意义才得以体现的。

将法律行为与事实行为作为对立概念，其中的逻辑关系十分混乱。同为法律事实的下位概念，并且同为行为，事实行为亦为法律行为是简单的逻辑推理。法律事实是指引起法律关系发生和变动的事实，简单而言就是具有法律意义的事实，法律事实名称中的"法律"一词表达的含义就是"法律意义上的"，因此自然对应成立着法律意义上的行为的概念。法律意义上的行为即指法律行为，包括意思行为和事实行为，共同作为法律规范所针对的对象。法律规范的对象是自然事实，包括自然行为，在对象的语境上，意思行为与事实行为才构成对应的概念，这样的名称直接表达的是自然属性上的行为，能直接反映出法律对自然存在予以规范的层次关系，而法律行为与事实行为的对位则不伦不类，规范与对象或事实之间的动态关系完全被遮蔽了。

事实行为亦为法律行为，并不成立一个专指或表达私法自治精神的法律行为概念。除此之外，事实行为的名称也存在问题，十分别扭。定义上，事实行为是指基于某种事实之状态或经过，发生法律所特别规定的效力之行为。[1] 基于事实而发生法律效力,这是法律事实概念的定义,根本不能表达作为下位概念的事实行为的个性特征。所谓的法律行为亦因事实而发生效力,只是其中的事实是意思表示的事实。法律行为因意思表示的事实或事实上表示出来的意思发生效力,与事实行为并无本质区别。

法律是对事实的规范,事实是规范的对象,是所有规范对象的共同属性,以"事实"作为名称专指一种特定的行为,法律事实与事实行为二者作为上位概念与下位概念的种属关系非常混乱。

法律是对行为的规范,作为对法律实质的表达,该命题大体上是成立的。但在更广泛的意义上,法律其实是对事实的规范,事实因规范而具有法律意义。所谓的法律意义就是特定的法律关系,因此事实的意义不仅仅是法律关系变动的原因,在最基本的层次,它是法律规范的对象。因是法律规范的对象,事实变动,法律关系变动,作为法律关系变动的原因自在不言之中。民事事实的基本意义是法律规范的对象,作为法律关系变动的原因上的意义是第二性的。现行的理解中,将民事事实的意义界定在法律关系变动的原因,并不究竟。

法律是对事实的规范,而事实无非意思行为事实、事件事实与介于二者之间的第三事实,即"事件行为"事实。意思行为事实、事件事实,理解上不成问题,"事件行为"事实的传统名称是事实行为,新的立场以"事件行为"名称取代了现行的"事实行为"的名称。

---

1 梁慧星:《民法总论》,法律出版社,2011年,第64页。

在事实的范畴下对规范对象进行分类，意思行为事实与事件事实是两类基本的事实，在二者之间存在着一种灰色区域，既非意思行为，又非纯粹的事件，以“事件行为”的名称称谓此类行为，十分贴切，清晰表达出了该类行为介于意思行为与纯事件之间的混合特征。意思行为、事件、事件行为，这样的民事事实分类才符合逻辑。

作为上位概念的法律事实的基本含义就是引致法律关系发生的事实，即发生事实，发生关系。法律规范一切行为都是对行为事实的规范，因此法律所规范的所有行为都是因行为事实而发生效力，法律行为根据事实上表现出来的意思确定效力和内容，或者说把表现出来的事实上的意思作为效力的基础。因而无论所谓的事实行为，抑或是所谓的法律行为，均需根据事实确定效力，区别在于：事实行为中没有“意思”，而法律行为事实中具有“意思”，法律行为的效力内容是事实中的当事人的意思，而事实行为因缺乏当事人的意思，效力内容由法律直接规定，进而所谓的事实行为的个性并非是因事实而具有效力，因事实而具有效力是法律所规范的所有行为的共同特征，以此概括事实行为，根本无法对法律所规范的行为作出类别划分。事实行为的真正含义应该是：缺乏意欲使其成为法律效力的意思的行为，这种行为一方面与事件相似，另一方面又属于人的行为，同时兼具事件与人的行为的特点，故而以“事件行为”作为名称最为准确。对应地，所谓法律行为作为意思行为，含义则是指意欲使其成为法律效力内容的意思行为。

事实行为即事件行为是否为合法行为，是国内学界一个不大不小的争论，争论的意义显然无法与法律行为概念上的同一争论相提并论,但自身的学术意义还是存在的。争论可以被“具象”为侵权行为是否属于事实行为的定性上,两种相反的观点针锋相对,否定派主张侵权行为不属于事实行为,如梁慧星先生认为,侵权行为、违约行为为违法行为,不属于事实行为;[1]肯定派则主张侵权行为属于事实行为,如李永军先生主张,侵权行为虽然为人的行为,但由于行为的结果不是出于行为人的意思预设,而是由于法律的直接规定,因此,其也是事实行为而非法律行为。[2]

未能将规范的对象与规范区分开来,是现行学说中的一大弊端,关于侵权行为是否为事实行为的伪问题的产生便是这一弊端的直接结果。法律是对自然行为、自然事实的规范,规范与规范的对象,是关于法律的最基本的两个元素,建构法学理论体系,必须在规范与规范的对象的关系中进行。关于法律行为、事实行为概念的理解,学者们将规范当作了规范的对象。

将法律行为界定为合法行为,其所对应的事实行为显然也应该是合法行为。但以法律行为专指意思行为以及以为法律行为表达私法自治精神的立场根本就是民法学上一个误解,事实行为为合法行为的结论自然随之瓦解。

在对象与规范的关系模式下,首先需要建立的是规范的对象,作为规范对象的是意思行为与事实行为。规范的主要方式或内容就是对其作合法与非法的区分,意思行为存在合法、非法之分,事实行为亦然。关于事实行为是否仅指合法行为的争论,显然缺乏规范

1 梁慧星:《民法总论》,法律出版社,2011 年,第 64 页。

2 李永军:《民法总论》,中国政法大学出版社,2012 年,第 166 页。

与规范对象的二分思维模式。事实行为的基础意义就是规范的对象，存在合法、非法之分正是法律的主旨所在。以事实行为仅仅指合法行为，在关于法律本质的理解上，就没有建立起对象与规范这一基本的解释范式。

第七节 自然行为与法律行为的对应

对象与规范的关系是关于规范的基本原理，在对象与规范、自然存在与法律存在、自然行为与法律行为的关系中建构起来的民法上的行为分类，真正反映出了民法规范行为的立体结构，脉络非常清晰，传统上法律行为与事实行为的分类，逻辑上根本就讲不通，事实行为概念并不成立，侵权行为等所谓的事实行为当然亦具有民法上的意义，将其与法律行为或民事法律行为对立起来，无法表达出其所具有的法律上的意义。

一、意思表示行为与行动行为

法律是规范与自然的关系，以自然存在为自己的规范对象。具体到行为而言，该自然对象便体现为自然行为，因此应该首先将自然行为识别出来，建立自然行为的概念，在自然行为的维度上对行为予以分类，这是建构法律规范必须确立的基本前提。

在自然行为的维度，行为明显分为意思表示行为和行动行为两大类别，两大类别泾渭分明，彼此的区别非常清晰，所有的行为基本全被涵摄在其内。中国哲学上,知与行是一对重要的范畴,对于世界观的建构和解释具有重大的意义,民法学上,意思表示行为与行动行为的区分,与之具有类似的功能,表达出了行为的基本类别,其体系价值,不可或缺。

意思表示行为以意志为核心要素,目的是在观念上确立具体的权利义务关系;对应地,行动行为的基本特征是行动,是对意思表示行为所确立的具体权利义务关系的践行。每一个意思表示行为,都设定着一种特定的行动行为,但行动行为与意思表示行为却并非一一对应,存在着纯粹的行动行为,这种行为并非因设定权利义务关系的意思表示行为所引起,而是体现为直接的行动,现行理论中称之为事实行为。事实行为的术语很不准确,并不能与意思表示行为构成自然行为维度上的一组分类。意思表示行为与行动行为,这样的表达才符合自然行为的意韵。在与法律规范的关系上,意思表示行为其实也是一种事实,将意思表示行为与所谓的事实行为对立起来,意思表示行为的事实属性被掩盖了。

作为自然行为,意思表示行为或观念行为与行动行为构成着其最基本的分类,即便在日常的语言中,这也是对行为的最普遍的一种表达,观念不如行动,观念与行动的区分,是表达行为的最基本的一组术语。意思表示上或观念上的行为,并不对任何客体构成改变,而行动行为则会直接改变客体,具有可以感知的客观效果。正因为如此,行动行为被作为了最终的目标和价值。

特定的语境中,意思行为与事实行为,似乎亦构成自然维度上的行为的主要类别,意思行为是观念上的,事实行为是客观上的。

在法律之外的语境中，这种区分并无不妥。但法律本身就是对事实的规范，意思表示行为作为观念上的行为，显然也是一种事实，纯粹的内心意思只有表示出来，才构成意思表示行为，没有表示出来的内心意思，法律无须而且也无法对其规范。对内心的意思予以法律评价，这样的法律缺乏可以判断的客观标准，无异于法官可以随心所欲的法律游戏，十分荒谬。

建立自然行为概念并划分出所包含的类别，重大意义在于确立了法律所规范的对象。法律作为规范，识别出或确立起规范的对象，是不言而喻的基本前提。法律行为概念体系的建立，应以作为对象的自然行为概念为逻辑起点，传统的法律行为概念体系，显然缺乏这一基础。

二、造法行为与适法行为

在法律为对自然行为的规范的脉络下解析行为，规范前作为规范对象的自然行为分为意思表示行为与行动行为，规范后则均成为法律行为，对应的分类为造法行为与适法行为。造法行为与适法行为这样的分类，与自然行为的分类相对应，鲜明表达出了法律为对自然行为的规范的本质，同时，亦在相互对比的立体意域中，将私法自治的原则，描述得淋漓尽致：意思表示行为相当于“造法”，行动行为只是简单地适用法律。

法律行为概念的要义在于私法自治，这是学界的通说，并无任何疑义。在表达效果上，与造法行为相比，法律行为概念显然要逊色很多，法律行为如何就表达了私法自治，单从名称上，并未传递太多信息。而造法行为对私法自治原则的表达，则力透纸背：当事人之间的法律由当事人自己制定，私法自治含义的丰满形象，呼之欲出。不但如此，其与适法行为的组合使用，使得自治的含义在对比中显得更加具象。

意思表示行为与造法行为对应；行动行为与适法行为对应，如此对应的概念体系，清晰描述出了法律对行为规范的完整过程，在自然行为与法律行为关系的语境中，强烈表达出了法律为对自然行为的规范这一本质特征。

意思自治的含义就是法律授权当事人为自己制定法律，[1]当事人达成的协议等同于当事人之间的法律，[2]当事人的意思表示直接具有相当于法律的效力，质言之，意思表示行为就是造法行为。

意思自治原则就是指意思表示行为相当于“造法行为”，民事领域内存在着特殊的“造法行为”，对这一立论存在着一定的争议。法律是普遍适用的规范，仅仅适用于个体之间的“规范”，何以能被称为法律，成为争议双方的纠结所在。毫无疑问，当事人的意思表示，首先是对适用法律的选择，特定的权利义务关系是法律规制出来的，当事人的意思表示的意义，仅仅在于对法律所规制出来的特定的权利义务关系的选择。但这只是问题的一个方面，另一方面，与普遍规范对应，一定同时存在着个别规范，法律不可能也不应该穷尽特定权利义务关系的细节，这些细节必须由当事人自己才能规制，否则，所谓的意思自治，便丧失了任何的存在空间，而合同除了一个选择适用法律的条款外，其他所有的条款都显得多余。对权利

1　梁慧星：《民法总论》，法律出版社，2011年，第160页。

2　尹田：《民法学总论》，北京师范大学出版社，2010年，第31页。

义务关系的“个别规范”，是一种客观上的存在，法律是一般规范，个别规范相当于法律，意味着其具有如同法律一样的强制效力，与法律作为一般规范的定义不存在丝毫的冲突。

很多学者否认或未意识到意思自治原则的含义为当事人的造法行为，却夸夸其谈地阐释民法中的意思自治原则，这一现象令人不解。不将意思自治解释为当事人的造法行为，意思自治根本就没有意义。而持造法行为主张的学者，同时又执迷和热衷于法律行为与意思自治的关联，同样匪夷所思。存在着造法行为，意思自治的含义就是当事人的意思表示相当于造法行为，在造法行为概念下，法律行为概念根本就没有意义。造法行为表达意思自治或私法自治，十分形象和贴切，即便将造法行为作为法律行为的注解，将法律行为理解为造法行为，亦完全是床上叠床，何况法律行为还有其法理学、宪法学等法域上的具有法律意义行为的通行定义。以法律行为解释私法自治，不但招致了法理学等其他学科学者的强烈抵制，而且对于民法学而言，根本就没有必要。

适法行为的传统定义是指合法的行为，与脱法行为相对应。实际上，将其与造法行为对应使用，是一种更为重要和基本的法学表达。作为对自然行为的法律评价或法律规范，适法行为和造法行为两个概念，清晰描述出了分别针对意思表示行为和行动行为的规范特征。现行体系中，有所谓的事实行为的概念，对该概念使用的自然维度抑或是法律维度很不清晰。适法行为直接表达的是法律维度上的意义，与自然维度上的行动行为相对应，无因管理、发现遗失物、侵权行为等等在自然维度上属于行动行为，在法律维度上属于适法行为，即单纯的适用法律的行为，如此的对应使用，脉络层次清晰，而且直接表达出了法律为对自然事实的规范这一本质特征，现行体系中关于事实行为是否为合法行为的争论、侵权行为是否是事实行为的争论，统统被轻松化解。无因管理、侵权行为等等属于行动行为、适法行为，对行动行为直接适用法律，关于无因管理、侵权行为的法律描述，十分完满，相比之下，事实行为是否为合法行为以及侵权行为是否为事实行为所表达的法律意韵，苍白乏味。

法律是对自然行为的规范，相当程度上即是对行为事实或事实行为的规范，因此事实行为与法律行为的确可以构成一组基本的法学术语，事实行为与法律行为这样的对应范畴，表达出了法律为对事实的规范这一本质特征。但这里的事实行为，却不是指传统上与意思表示行为对立意义上的行为，而是通指意思表示行为与行动行为，含义为法律所规范的对象。法律行为与事实行为，描述的是法律与对象的关系。

事实行为就是指自然维度上的意思表示行为与行动行为，强烈表达着法律为对事实的规范这一本质特征，本质含义就是法律所规范的对象。现行体系中的事实行为，通行的定义为直接根据法律规定产生法律效果的行为。直接根据法律规定产生法律效果的行为，是对在先存在的一种自然行为的法律评价，行动行为与适法行为这样的组合术语，才能将其中的法律机理表达清楚。撇开复杂的法律逻辑不论，单从表达效果的角度，对直接根据法律规定产生法律效果的行为命题含义的表达，适法行为较所谓的事实行为，显然也要清晰很多。

第八节 附条件、期限法律行为概念的陷阱

意思表示行为的简单定义就是设定权利义务的行为，深究其内在结构，其实包含着两种行为，是一种双重结构，权利义务本身是一种行为，设定行为是另一种行为，设定行为与被设定的行为，前者为意思表示行为，后者则为体现权利义务的行动行为。分析学者所给出的附条件的法律行为的典型样本，这种双重结构非常明显。

附条件的法律行为，如：

1.“乙通过司法考试，则甲赠送乙一部电脑”。

2.“甲的妻子从国外回来，则将房屋租给乙”。

上述约定中的赠送行为、租赁行为，通过司法考试、从国外回来等等均为行动行为，体现着权利义务的内容，这些行为并不是法律行为或意思表示行为本身，而是由意思表示行为所设定出来的行为。

识别出意思表示行为的该种双重结构，凸显出了传统法律行为理论的两个重大谬误：附条件和期限的法律行为、法律行为成立与生效的区分。

条件和期限是体现权利义务关系的行动行为的基本结构，在一定意义上，所谓的权利义务，其实就是将特定的行动行为设置在特定的时空中，“通过司法考试”作为条件，是“赠送电脑”的条件，“妻子从国外回来”作为条件，是“出租房屋”的条件，然而很明显，无论“赠送电脑”还是“出租房屋”，都不是法律行为或意思表示行为，而

是法律行为或意思表示行为设定出来的对象或内容。

不存在法律行为的附条件、附期限问题，作为权利义务关系的基本结构，条件、期限等等是意思表示行为所需设定的行动行为的基本内容，却不是意思表示行为本身的结构。将法律的生效与法律所规范的具体行为的生效与之对比，问题可以得到更为清晰的解释。许多国家制定有紧急状态法，我国对应的为《突发事件应对法》。该法的主要条款实际上就是所谓的附条件条款。《突发事件应对法》是2007年8月30日公布的，同年11月1日生效。该法第50条规定，社会安全事件发生后，组织处置工作的人民政府应当……强制隔离使用器械相互对抗或者以暴力行为参与冲突的当事人，妥善解决现场纠纷和争端，控制事态发展……显然，政府控制事态发展的行动行为的生效，需以事实上是否发生社会安全事件为条件的。但该法律本身的生效则并无条件，依法律的规定于2007年11月1日即已生效。将法律行为的生效理解为条件成就生效，如同将《突发事件应对法》理解为突发事件发生时生效，非常荒诞。

法理上，法律行为生效或意思表示行为生效，属于规范的生效，另有事实的生效与之对应。一些情形下，规范生效与事实生效是同时发生的，意思表示行为生效，其所规范的权利义务关系在事实的意义上同时产生，即体现权利义务关系的行动行为应该或可以在事实上发生，此种情形下，规范生效与事实生效在时间维度上并无区别。也有规范生效与事实生效非同步的情形，该种情形下，规范生效与事实生效是区分的，规范是生效的，但规范所规制的权利义务关系却未生效，即体现权利义务关系的具体行动行为不能在事实上发生。

规范生效与事实生效不同,现行学说中的所谓法律行为生效,是张冠李戴的事实生效,并不是真正的法律行为生效。规范生效或规范行为生效,具有自己非常具体的含义:规范生效意味着确立了规范事实生效的规则,事实是否生效,正是按着规范所规定的规则来确定的。规范不生效,事实当然不可能生效,规范生效了,只是意味着规范事实的规则生效了,但事实本身却并不一定生效,事实是否生效,需依规范所规定的规则确定。在简单的"甲若出国,便将房屋租给乙"这样的所谓附条件的法律行为中,"甲若出国,便将房屋租给乙"是意思表示行为所作出的规范,规范作出便已生效,即是否将房屋租给乙需按这一规则加以确定,但租赁行为是否生效,即是否在事实上发生,最直接的原因并非规范本身的生效,而是同样作为事实的甲出国的条件发生。

法律行为或民事法律行为的核心是意思表示行为,意思表示行为不可能附条件或附期限,附条件、附期限的法律行为或民事法律行为这样的概念,与法律行为概念本身存在着严重的自相矛盾:直接将法律行为理解为了体现权利义务关系的行动行为事实,而非意思表示行为本身。如此表达下的法律行为,已经丧失了本义。

第十八章

代理权权力说证伪

第一节　代理权的含义——“本权”与代理权的区分

现行学说中，代理权的定义是一个具有极大争议的问题，究竟是权利还是权力，相反的观点针锋相对。梁慧星先生认为，在关于代理权性质的诸学说中，更具合理性的是权力说[1]，理由是代理权直接改变了本人与第三人之间的法律关系，而诸如所有权、债权等权利的行使，改变的是权利人自己与对方当事人之间的关系。二者迥然有别。朱庆育先生引用的德国学者的论述，思路亦大体相同，代理权效力并不及于代理人自身，代理权一经行使，他人法律地位即为之改变，显然，朱庆育先生亦赞同权力说的主张。权力说并不正确，未能将“本权”与代理权区分开来，存在着根本上的错误。

在意定代理关系中，代理人实际上存在着两种权利，其一为被代理的权利，如公司经理委托他人处理公司具体事务的权利，该权利本为专由经理所享有的权利，委托后，他人成为享有此权利的主体。这种“本权”并不是代理权的要害，只是被代理了的本人的权利。代理权的真正意义或者说代理权之所以为代理权，根本精髓在

1　参见梁慧星《民法总论》，法律出版社，2011 年，第 240 页。

于代理人作为“手段”或“工具”的权利。作为“目的”,是人的最高价值,然而在代理关系的特定情境下,作为“手段”或“工具”却具有特定的功能和意义,使得代理人摆脱了任何责任的干系。被代理了的“本权”仍是“本权”,是本人与相对人的关系,而作为“手段”或“工具”的权利,则直接表达出了代理人作为代理人的本质特征。

代理权中的本权,由代理人行使,改变的是本人与第三人之间的法律关系,以代理人为非本人的角度,表现为一个异己主体改变了他人的法律地位,具有了私主体的权力外观。但代理的本质即为代理人作为道具的存在,作为本人“替身”的存在,因而依代理的本义,代理人行使代理权,即为本人自己行使权利,是本人自己改变法律地位,不存在改变他人地位的问题。

代理权的真正特质,即代理权之所以为代理权的权利内容是代理人作为“工具”的权利,该权利的效力既发生在代理人与本人之间,亦发生在代理人与相对人之间。在前者,代理人的权利体现为要求本人承担责任的权利,在后者,则体现为与相对人脱离干系的权利。

代理权就是代理行使本权的权利,“本权”与“代理权”,代理权中包含着两种权利,本权的行使,虽然表面上是异己主体与本人的关系,实际上仍为本人与自身的关系;而在本权的行使中,代理权从中得以体现,并不需要单独的行使。因此,代理人对“本权”的行使,并不存在改变他人法律地位的问题,在代理权的维度,更不存在改变他人法律地位的空间,完全是代理人自身与本人以及第三人之间的关系。

区分不出“本权”与代理权，关于代理权性质的诸种学说，虽然标榜以代理权的性质，实际上指向的则为“本权”。尹田先生、朱庆育先生的代理权定义，便明显将“本权”误作了代理权。

“代理权是代理人以本人的名义与第三人实施法律行为并使行为效果直接归属于本人的法律资格或法律地位。”[1]

“代理权是行为人以他人名义实施法律行为，并令行为效果直接归属于该他人的法律权力。”[2]

两个定义比较而言，朱庆育先生的定义更为直接，代理权作为权力而非权利的旨趣表达得十分清晰。代理人并非代理关系的主角，设定代理关系的目的亦并非为了代理人的目的，朱先生的定义中，代理人完全被作为了代理关系的目的。必须从本人的角度界定代理权的定义，将本人作为代理关系的目的和主角，不同的角度，定义大相径庭：

代理权是本人授予的代理人以本人名义行为并由本人承担效果的权利。代理人以本人的名义行为并由本人承担效果是代理人的一项权利，意味着代理人不承担行为后果的责任。行为却不承担后果，这当然是一种典型的权利，没有本人的授权，任何人以他人的名义行为，都必须自己承担行为的后果。行为并使作为本人的他人承担效果，并不构成也不表达对代理人的利益，没有利益便没有意义，而不承担责任的维度，却完全契合主体行为的利益要件。再直接地，将代理权定义为本人授予的代理人以本人名义行为却不承担

1　尹田：《民法总论》，北京师范大学出版社，2010 年，第 289 页。

2　朱庆育：《民法总论》，北京大学出版社，2013 年，第 328 页。

责任的权利,对代理权本质的表达,更加一目了然。

传统理论关于代理权的定义就在逻辑起点上就偏离了正轨,在另一个基本问题即委任行为、授权行为的关系上,更是混乱。

第二节　授权意思表示概念的建立

依意思自治的民法宗旨,只有建立起本人与相对第三人之间的意思表示关系,才能表达和反映出代理关系作为三角关系的真实含义,然而现行理论中,所有的意思表示关系都围绕本人与代理人而展开,只有本人与代理人之间的唯一合意,明显缺乏本人与相对第三人的意思表示,不但将委任行为界定为本人与代理人的合意,而且将授权行为也理解为了本人对代理人的意思表示。如此的单元的合意不符合代理关系的三角结构,代理关系中的意思表示是典型的二元结构,本人与相对第三人之间,存在着与委任关系平行的另一种独立的意思表示关系。代理关系之所以成为代理关系,最基本的根据就是同时存在着本人与代理人的合意关系以及本人与相对第三人的意思表示关系,传统理论仅仅在本人与代理人之间建立合意关系,对代理关系的表达,不得要领。

对相对第三人意思表示的内容是本人受代理人以本人名义行为的约束,这样的意思表示至关重要,本人与相对第三人的权利义务关系便完全建立在该意思表示的基础之上,相对第三人之所以与代理人进行行为,正是因为本人对相对第三人作出了此项受约束的意思表示。关于授权行为的含义,现行的定义为本人对于代理人授予代理权的单方意思表示。该意义上的授权行为完全包含在委任合同的含义之中,根本就无法区别,委托的含义是委托人委托受托人处理委托人事务,其实就是将权利委托给受托人行使。在委托人与受托人意思表示的维度,委托就是授权,授权就是委托,二者之间不存在任何的区别。

委托与授权的区别是意思表示对象上的区别,委托之所以为委托,旨趣在于是委托人与受托人之间的意思表示关系,而授权行为则大异其趣,本人对相对人的意思表示,构成了与委托合意完全不同的意思关系,该意思表示的含义并非现行立论中所谓的授予代理人代理权,而是向相对人表明:本人受代理人行为的约束。如此意义上的授权行为,与委托行为迥然不同,因此表达着独立的意义。

必须识别和建立起本人对相对人的意思表示关系,只有形成本人与代理人和本人与相对人二元的意思表示关系,才能表达出代理关系的真实结构。

受约束的意思表示,是本人与相对第三人意思表示关系的含义,与本人与代理人之间的委任合意,泾渭分明。然而实践中,并不存在本人单独向相对第三人作出受约束意思表示的情形,受约束立论似乎缺乏根据。问题并不难解,受约束意思表示就体现在委任合意之中,委任合意在本人与代理人之间构成委任关系,该合意对相对第三人而言,便构成本人对相对第三人所作的受约束的意思表示。

本人与代理人之间的委任合意对相对第三人构成着不同的含

义，参照系不同，含义不同，逻辑上的关系十分简单，并不费解。委任关系是内部关系，德国学者提出授权行为概念意图将委任与授权区分开来，法理上并不成立。委任关系本来就包含着授权的内容，授权概念直接表达的也是本人与代理人之间的一种关系，所谓本人对于代理人授予代理权的单方意思表示，如何就表达了对相对第三人的外部关系，逻辑上的关联十分模糊。

直接表达外部关系的是本人与相对第三人的意思表示，即本人受代理人以本人名义行为约束的意思表示，这才是真正的外部关系。这种意思表示也是一种单方行为，并不需要相对第三人的同意。表达方式上，内容就体现在委任合意的形式之中，并不需要单独的形式。

同时成立着本人与代理人以及本人与相对人两种意思表示关系，前者为委任合同，后者为授权单方意思表示，但这里的单方意思表示是对相对人的表示，而非对代理人的表示。关于授权行为的性质，国内学界一个流行的观点是，认为法国等国民法将其界定为委任契约。法国法上根本就不承认授权行为，认为法国法上的授权行为为委任契约的观点，造成了法国法上存在授权行为的假象。法国法上根本就不存在授权行为的概念，这样的表达才直截了当，而关于授权行为的性质，亦根本不存在委任契约的学说。

授权行为概念至今争议不断，依意思自治民法宗旨成功建立起本人与相对第三人之间的意思表示关系，委任与代理之间在联系的基础上被清晰区分出来，关于授权行为概念上的争议被彻底了断。

将授权行为理解为本人对相对第三人的意思表示，即受代理人行为约束的意思表示,委任合意与授权意思表示之间既存在着明显的关联,同时又相互区分,二者之间的关系非常清晰。

作为受约束的意思表示,授权的意思表示是体现在委任合意中的意思表示,本人在与代理人的委任合意中表达着对相对第三人的受约束的意思表示,相对第三人亦是从委任合意中判断出的本人受约束的意思表示,即存在着有效的委任合意,便意味着本人对相对第三人作出了受约束的意思表示。由此决定了委任合意与授权意思表示的基本关联,即授权意思表示的成立是根据委任合意的效力进行判断的。现行所谓的区分理论、无因理论完全否认委任合意对授权行为的关系和作用,根本无法解释委任行为无效,代理行为则无效这一普遍的现象。尽管存在着委任行为无效,代理行为有效的个别情形,但委任合意决定着代理行为的效力显然是更为普遍的情形,而且委任行为无效情形下相对第三人主张代理关系有效,其所持的根据,一定是认为委任关系是有效的。认为委任关系有效,是委任无效情形下相对第三人主张代理关系成立的不二理由,而依据所谓的授权行为独立性和无因性理论,假定第三人承认代理关系发生时,清楚知悉委任行为是无效的,会得出代理关系仍然有效的结论,这个结论足够荒唐。委任行为客观上无效,但相对第三人必须认为其是有效的,不存在这个前提,委任行为无效必然引致代理关系无效的结果。显然,不论委任行为是否客观上有效,相对第三人必须主观上认为其有效,由此才形成有效的代理关系。委任行为对授权行为的决定性地位,可见一斑。

被授权行为独立论者作为论据援引的一个情形是,律师与当事人除定有委托代理合同外,当事人须另行签署授权书,律师出庭仅需出示授权书。授权书的内容一定包含在委托代理合同中,不过是委托代理合同的"压缩版",法庭不可能而且也没必要关注委托代理合同的具体细节,因此授权书表明的并非是其与委托代理合同关系的切断,而是对委托代理合同的核心内容的"提取"。授权书无须代理人签字,亦与授权行为为单方意思表示的结论没有必然的关联,律师出示授权书,实质是出示自己与当事人之间存在着委托代理合同的证据,自己在自己主张的证据上签字表示同意,没有任何的法律意义。

委任合意表达着授权的意思表示,但并不等同于授权的意思表示,一方面,委任合意的内容表达着授权的意思表示,但另一方面,委任合意的形式本身也表达着授权的意思表示,对相对第三人而言,其既根据委任合意的内容判断本人受约束的意思表示,亦根据委任合意的形式进行判断,即仅仅委任合意的形式本身就表达着本人受约束的意思表示,由此导致了委任合意与授权意思表示的偏差:具有委任形式的委任未必存在着真实有效的委任内容。

缺乏有效内容的委任形式亦表达着授权的意思表示,因此无效的委任并不必然引致代理关系的无效,这才是所谓委任行为与授权行为区分的真实机理。授权行为是无因的、授权行为与委任行为是区分的,传统理论对授权行为的界定,根本就是无稽之谈。委任合意的形式亦表达着授权的意思表示,因此委任合意或委任行为的效力并不必然决定代理行为的效力,如此简单的解释,真正揭开了委任行为与授权行为关系的谜底。

将授权行为作为委任合同的外部效力,法国等国民法上并不另行规定授权行为。客观机理上,授权的意思表示是在本人与代理人之间的委托合同中对相对人自然显示出来的,但内容却并不相同。外部效力的表达,相当程度上取消了授权行为的价值。正确的结论应该是:授权行为是委托合同表达的外部意义,不但委托合同内容表达着外部意义,而且形式本身也表达着外部意义。外部意义的措辞,将委托合同作为了对相对人的一种意思表示方式,因此对其效力的判断,遵循着与委任合同并不完全相同的标准。而所谓的外部效力,则不恰当地强调了委托合同内容上的效力,没有把委托合同本身,而非内容,也作为对相对人的一种意思表示方式。

授权行为无因理论并不成立,针锋相对的是有因理论,国内梁慧星等权威学者强烈反对无因论而主张有因论。表面上势不两立,实际上无论有因论还是无因论,均未能识别出本人对相对人的意思表示关系,将授权行为理解为了本人对代理人的意思表示。只有将本人对代理人的委托行为同时界定为对相对人的意思表示,授权行为与委托行为才能真正区别开来。因此,委托行为与授权行为既非有因,亦非无因,而是委托合意作为“本义”与授权行为作为“释义”之间的解释关系。“释义”是对“本义”的解释,“本义”决定“释义”,但“释义”却相对独立,本人与代理人的委任合意作为“本义”对相对人具有不同的“释义”,该“释义”便是授权行为的真正含义。法律行为的要义是意思表示,以“本义”与“释义”的关系界定委托行为与授权行为之间的关系,直接契合着法律行为作为意思表示行为的根本原则。相形之下,传统理论委托合意与授权单方意思表示的有因或无因的理解显得十分武断，认为两个意思表示之间存在因果关系，但委托合意作为原因何以就决定着另外一种意思表示即授权意思表示的效力，有因论仅仅是一个结论，却没有给出前提。

授权行为是“释义”，与“本义”存在着偏差，委托行为决定授权行为是原则，授权行为与委托行为分离是例外，“本义”与“释义”的关系理论，完美解释了委托行为与授权行为合一基础上的分离关系，所谓的表见代理，无非是无委托合意的“本义”表现出来的具有委托合意的“释义”。法律行为的要义是意思表示，“本义”与“释义”关系理论对委托行为与授权行为关系的解构，精妙绝伦。

第三节　无因理论的真相

授权行为无因理论并非一个孤立的理论，现行德国民法法系中，物权行为无因、票据行为无因、代理行为无因三大无因理论实际上设定了一个普遍性的无因现象，因此无论证成或证伪授权行为无因性，均只有从无因理论一般原理的角度，即从物权行为无因、票据行为无因、授权行为无因中体现的共同机理中，才能将问题阐释清楚。然而传统的做法上，却是各表其表，各自为战，将三大无因理论综合起来统一阐释的立论，绝无仅有。缺乏一般原理支撑的个别阐释，不可能发现问题的真谛。

授权行为、物权行为、票据行为概念，表象上表达着三种不同的行为，穿透表象，三种行为的共同本质其实是处分行为。物权行为概念并不准确，学者的研究表明，德国民法学上真正存在的是负担行为和处分行为的概念，国内学界物权行为概念大行其道，完全是以讹传讹的一场误会。正确地建立起处分行为的概念，授权行为、物权行为、票据行为共同的本质显现了出来，三种行为其实均为处分行为，正是其处分行为的特征，引致了与相对第三人的关系。

处分行为鲜明表达着主体之间最基本的权利转换关系，物权行为、票据行为等的概念，名称上就含混不清，对特定行为的表达，就是以特定的行为方式作为名称，物权、票据作为概念名称，显然并不表达特定的行为方式，因此作为概念名称，并不表达任何的含义。而处分则是典型的行为方式，处分行为作为概念名称，对特定行为的表达，一目了然。一定要保留物权行为、票据行为的概念，亦必须将其修改为物权处分行为、票据处分行为，无论如何，物权行为、票据行为这样的概念，都不表达关于行为的相关含义。

处分行为概念表达了主体间最基本的关系，即权利转换关系，意义是根本性的，不可或缺，德国学者的这一法学发明，无疑是民法学发展史上的卓越成就。然而这个概念并不完整，存在处分行为，就一定对应存在着接受行为，权利转换关系中，在转让人一端是处分行为，在受让人一端，则为接受行为。处分行为与接受行为构成着一一对应的伴生关系，是一个整体。德国民法学上处分行为概念的孤立使用，阉割了处分行为概念的完整含义，导致了系列的理论混乱，所谓的物权行为无因理论、票据行为无因理论、代理行为无因理论，便是孤立使用处分行为概念的直接恶果。

接受行为是与处分行为对应的基本行为，因此应直接针对接受行为规制其有效要件,相应的原则便是:基于外观成立的处分的意思表示确定接受行为的效力。处分行为的意思表示客观上是否真实,并不影响接受行为的效力,即便处分人无权处分,处分的意思表示不真实,但只要对接受人外观上真实,接受行为便为有效。

直接规制接受行为的效力,是处分行为与接受行为客观联系下的一个必然结论。传统理论只有处分行为而无接受行为,甚至对处分行为的概念都一知半解,没有清晰地在处分行为的维度下理解物权行为、票据行为、代理行为,在此前提下对各个无因理论的阐释,表面上理直气壮,实际上完全是胡言乱语。缺乏处分行为、接受行为的基础概念,关于无因理论的一切解释,都是自欺欺人。

一端是处分行为,一端是接受行为,接受行为的效力依处分意思表示的外观确定。传统所谓的无因理论,无论物权行为无因、票据行为无因、代理行为无因,无非是为权利人的再行处分确立一个有权处分的基础,前手的处分行为,绝对地产生了权利人的权利,因此权利人向下手的处分,具有了有效性的基础。因此,各种无因性理论,目的并非强调前手处分行为的有效性,而是为了确立下手处分行为的有效性。

完全从处分行为的单元路径,斩断两个处分行为之间的效力关联,必须确立处分行为无因性的前提,每个处分行为都单独成立。不假定前手处分行为有效性的前提,后手处分无效,意味着前手无效则后手无效,等于切断了处分行为的链条;后手有效,则意味着前手无效不影响后手的效力,又回到了处分行为无因性的结论。

孤立使用处分行为概念的前提就是错的,斩断处分行为的效力关联，根本无须处分行为无因性这样不合逻辑的谬论。法律直接需要规制的是接受行为的效力，接受行为是逻辑上必然成立的概念，缺乏这一概念，是传统理论一个极大的理论短板，一直纠缠不清的无因理论，祸根便是接受权概念的盲区。

无因理论的预定功能是对相对人的保护，形式上是对直接当事人的规范，但并非为了当事人的目的。对相对人的利益保护具有意义，物权行为、票据行为有效的假定，使得相对人的取得行为或接受行为具有了正当的基础，不至于受到原因行为的“牵连”。然而一个必然附带的问题是：无因理论必须同时对直接当事人的关系给出合理的解释，直接当事人之间的关系与相对人的关系构成着两个同等重要的基本主题，不同时给出解释，无因理论便缺乏充足的逻辑根据。

在有因理论下，当事人之间的关系简单可解，非常自洽：原因行为无效，物权行为、票据行为当然无效或可撤销，受让人取得的利益物归原主，转让人仍然具有所有权人的身份。然而无因理论恰恰以物权行为、票据行为有效为基本前提，既然是有效的行为，转让人的所有权人身份已经失去，所有权显然不能成为转让人要求返还的根据。

无因论者自己“发明”的返还根据是不当得利，因物权行为、票据行为是有效的，所以转让人主张返还的根据不是所有权，而是不当得利。以不当得利解释当事人之间的返还关系，即便是无因论者自己，也并不认为在逻辑上、功能上优越于依所有权关系的解释。实际上，无因论者的出发点完全是对相对人利益的保护，直接当事人之间的关系以及返还问题上的不当得利根据与所有权根据的优劣比较，本来就非所关注的中心，作为相对人利益保护的附带问题，不当得利的解释具有明显的搪塞味道：不是针对所有权立场逻辑上存在瑕疵而予以替代，而是对相对人关系无因论下衍生问题的体系解释。

以不当得利立场替代所有权立场，并无功能上的任何意义，但其逻辑上是否成立，却直接决定着无因理论的命脉。出乎论者意料的是，不当得利的立场隐匿着一个非常严重的逻辑陷阱，立论本身并不成立。

最直接的诘问是：既然物权行为、票据行为是有效的，受让人取得的利益便是正当的，正当的利益何以需要返还？何以成了不当得利？有效与返还及不当得利之间，非此即彼，不可能共存。因为无效，所以返还，这才是正常的法理逻辑。[1]

授权问题上，无因论下的当事人关系，存在着同样的逻辑弊病。尽管代理人在代理行为中未必取得利益，本人与代理人之间不存在不当得利，但代理人对本人利益的伤害，必须予以赔偿。既然授权行为是有效的，本人对代理人代理行为予以苛责的根据成为问题。本人对代理人追责缺乏根据，是无因理论面对的逻辑上的死结，无因论者给出的答案是侵权，代理人基于本人有效的授权却侵犯了本人的权利，因此须对本人承担责任，其中的逻辑关系一塌糊涂。相反，在有因论或本义论的立场下，逻辑脉络却相当清晰：委托行为无

1　参见于海涌《对物权行为理论的追问》，载《法律科学》2007 年第 5 期。

效，但委托行为与授权行为存在“本义”与“释义”的关系，代理人的过错造成了“释义”与“本义”的分离，因此必须对本人承担责任。

物权行为、票据行为等处分行为的无因性，究竟意义上是哲学上动机与效果的关系问题。对效果的评价不能完全根据动机，善良动机下的恶果，仍然受到谴责；尽管取得了善果，动机邪恶，对善果的评价亦肯定会受到影响。动机不直接决定对效果的评价，但对效果的评价不可能完全脱离动机。依此哲学上的一般原理，授权行为、物权行为、票据行为等的无因性根本就是不可能的，无因论相当于唯效果论，效果自身被作为了唯一的价值，无论出于多么邪恶的动机。这样的立论缺乏对邪恶动机直接的否定性评价，不符合法律根本上的正义品格。

处分行为的效力受原因行为或动机行为效力的影响，合理解释着当事人之间的内部关系，但当事人再行处分，表象上缺乏合理的权源，似乎阻断了相对人的取得行为。无因论的实质是规范取得行为，假定的逻辑结构是：处分行为有效，取得行为有效，然而这一前提本身正是需要追问的问题：对取得行为的规范应该直接规范取得行为本身，直接将取得行为与处分行为之间的效力关联切断，才能体现出处分行为与取得行为作为民事行为基本分类的深层含义，表达着取得行为与处分行为“分庭抗礼”的民事行为框架的基本结构。这样的结论便是：取得行为是“无因”的，不受处分行为效力的影响。

处分行为与取得行为或接受行为是民事行为的基本类型，相当程度上，民法对行为的规范，就是对二者的规范，建立起了关于处分行为与接受行为的规范,授权行为、物权行为、票据行为三大无因理论,现出了华而不实的伪理论的原形。实际上,实证法上存在着与处分行为、接受行为概念契合的对应结构,无权处分、善意取得是各国民法的通行惯例,上升到一般行为的高度,便能得出处分行为与接受行为的概念,"取得"与"接受"二者之间,大同小异,不偏执地咬文嚼字,它们基本上就是同一个概念。

在一般意义上理解处分行为、接受行为,将其作为关于行为的基本类型,三大无因理论的假象便被戳穿了。以无权处分与善意取得制度解释物权行为、授权行为、票据行为,所谓的无因理论,不再具有任何的功能和意义。

三大无因理论预定的功能是对相对第三人的保护,因此处分行为无因理论的目的并非针对处分行为自身,而是指向对方端的接受行为或取得行为。作为对应的两端,对一方的规制同时就规制着对方,但显然更应该直接规制对方本身。接受行为与处分行为是平行的,无因理论以规制处分行为的方式规制接受行为,厚此薄彼的取向就不平衡。关于善意取得与无因性的关系及优劣,无因论者夸夸其谈,完全没有意识到,取得行为是与处分行为等值的行为,对取得行为的直接规制无论如何都是第一位的规制方式。

取得行为或接受行为构成着民事主体的一种基本行为,因此直接规制接受行为,是民法的一个基本主题。现行民法体系沉迷在物权行为、票据行为等等的幻象概念中,甚至对处分行为的意识都没有形成,陈卫佐先生认为德国法上并不存在物权行为的概念,中国学者错将处分行为作为了物权行为。[1] 其实不但需要建立处分行为的概念,而且需要建立接受行为的概念,二者是对应的两端,唇齿相依。直接规制接受行为或取得行为,简单的规则便是:接受行为的效力依公示公信原则确立。

既无处分行为的概念,更无取得行为或接受行为的概念,缺乏处分行为与取得行为这一基本的行为分类架构,物权行为无因、票据行为无因、授权行为无因三大无因理论表象上“美轮美奂”,实际上则是华而不实,毫无意义。真正的问题就是处分行为与接受行为的关系,传统无因理论甚至连物权行为等等的处分行为本质都没有识别出来,从未在处分行为的语境中阐幽发微,夸夸其谈所谓的无因理论,不知所云。

以处分行为与取得行为的逻辑架构分析所谓的无因理论,其欲建立或表达的法律原则无非是:处分行为有效,所以取得行为有效。然而这一原则本身却正是需要论证和追问的问题,如果取得行为的效力与处分行为不必发生关联,关于三大无因理论的所有奇思妙想,则彻底丧失了意义。

在处分行为与取得行为的关系上,切断其间的因果链条,以取得行为无因表达二者的关系,显然逻辑上更为简单明了:取得行为的效力不受处分行为效力的影响。

处分行为与取得行为的关系才是一个真正的问题,实证法上相应的体现便是无权处分与善意取得制度。这一制度在最究竟的意

1 参见陈卫佐《处分行为理论之正本清源》,载《政治与法律》2015 年第 7 期。

义上表达着民事行为的基本关系,在该制度之下,并不需要任何所谓的无因理论。

需要规范的是处分行为与取得行为的关系,在无权处分与善意取得制度下,无因理论并无意义。国内学者中,梁慧星先生部分意识到了这一结论,明确主张善意取得制度和公示原则下,物权无因原则的功能被彻底"掏空"。实际上,票据上同样存在着善意取得的关系,票据的善意取得,同样掏空着票据行为无因理论的功能,至于授权行为无因,因代理行为最终体现为处分行为,自身并不是一种独立的处分行为类型,其内容完全被吸收在了物权行为、票价行为等等行为类型之中。

将善意取得制度与无因理论并列起来,或以为二者可以互补,无因理论具有善意取得制度之外的独特功能,在国内学者中十分流行,其所依据的一个基本理由是"善意"的证明责任对相对人太过苛责。撇开责任是否苛责不论,无因论者首先就没有将问题设定在处分行为与取得行为关系的"场景"之中,不在处分行为与取得行为的语境中阐释问题,不直接对处分行为与取得行为的关系一针见血,问题本身都没有识别出来。

恶意的受让人即相对人亦可以获得转让人处分的财产,无因理论下的相对人的证明责任的确轻松,甚至根本就没有任何的证明责任,然而与"善意"证明责任相比,法律对"恶意"的保护,简直就是对正义理念的赤裸亵渎。法律本来就只应该保护善意的相对人,至于证明责任是否苛刻,则完全属于对证明责任的解释问题,解释的路径或立场不同,严苛的程度自然不同,可以严苛,也可以轻缓,未必一定严苛。而在授权行为问题上，甚至无因论者认为的证明责任苛刻的问题都不成立。职务代理中，除了委任合同，完全不存在任何其他的授权的意思表示方式，授权行为可以无因，但总要以其存在为前提，职务代理中撇开委任合同，授权行为的存在都无从谈起。证明不了授权行为的存在，没有比此更苛责的责任。相反，善意取得制度下相对人的证明责任其实并不沉重，依接受行为的公示原则，接受行为的效力依显示出来的权利外观确定，外观显示便是对相对人善意的直接推定，只有被代理人对相对人的恶意的证明才能推翻相对人善意的推定。

物权行为、代理行为、票据行为的本质皆为处分行为，对应的则为接受行为，三大无因论设定的功能实际上是对接受行为或取得行为的效力的规制，目标取向上就误入歧途，对接受行为的规制的正解是直接规制接受行为本身，而非通过对处分行为的规制而规制。将公示原则及善意取得制度上升为一般性的民法规则，建立起处分行为、接受行为的一般概念，在接受行为的效力依公示和显示出来的权利外观确定的原则下，真正表达出了民事规范的基本内容，三大无因理论则被彻底揭开了民法学伪问题的真相。

第十九章

诉讼时效概念证伪

第一节 请求权消灭——时效的功能与含义

诉讼时效是个伪概念，对于具有一定民法学养的学者而言，应该不会太有信口开河的感觉，德国、日本、中国台湾地区等的通行术语为消灭时效，诉讼时效概念本就不是时效问题上的国际语言，指斥其为伪概念，并不离奇。尽管国内的主流学者编著的民法总论多采诉讼时效术语，如梁慧星先生、孙宪忠先生、李永军先生等各自编著的《民法总论》，但对于该术语是存在争议的，究竟为诉讼时效，抑或为消灭时效，国内大体上存在三种观点，即二者等同说、属种说、不同说。三种学说中，不同说的主张最接近真理，诉讼时效概念表达的是十分严重的错误信息，必须被更换。

民法正宗国之一的德国，现行所使用的概念为请求权时效，之前使用过诉讼时效概念。朱庆育先生提供了德国立法理由书中关于此变更的解释，弥足珍贵：

“请求权时效不是通用术语，权利时效或债务时效亦非罕见，多数时候则使用诉讼时效之表述。权利时效称谓之不妥，在于此等时效对于物权并不构成影响；债务时效之不妥，则在于，所谓债务，一般只作债权所对应的拘束力之理解；至于诉讼时效之术语，则容易令人误以为，时效的客体是诉权，实际上，时效所指向的，并非司法追诉中的程序管辖问题，而是权利本身。”[1]

德国立法理由书的解释清晰地解构了诉讼时效、权利时效、请求权时效概念的各自含义，大体上已经证伪了诉讼时效、权利时效概念适用上的合理性。

诉讼时效概念的产生，显然以诉权消灭主义为理论支撑，即认为诉讼时效完成后，权利本身仍然存在，仅诉权归于消灭。直觉上，实体权利本身才应该是时效所规范的对象，但在现行的理论体系下，请求权被作为了实体权利本身，采实体权利消灭的立场，无疑失于严苛。所以，尽管诉权消灭的立场逻辑上存在欠缺，但相较于实体权利消灭的苛刻，诉权消灭无疑更为适度，而诉讼时效概念亦如同鸡肋，弃之不得。

实权权利本身必须直接受到时间关系的规范，时效必须直接针对实体权利进行。接受权与请求权的区分，终于找到了支撑这一结论的逻辑依据，而诉讼时效概念的存在亦被彻底证伪。

债权是接受权，请求权是接受权的一个权能，接受权与请求权二分的理论下，存在的为消灭时效，含义为请求权的有效期，即行使请求权的有效期间；以反面的维度，表达的则为期限届满，请求权消灭的后果。但消灭的仅仅是接受权的一项权能，接受权本身并不消灭。因消灭的是实体权本身，是实体权利中的请求权，而非诉权，所以消灭时效与诉讼时效非同一个概念。

1　朱庆育：《民法总论》，北京大学出版社，2013 年，第 521 页。

请求权具有有效期，过期消灭，在逻辑上非常自然合理。实际上，时效本来就不是一个法律上或法学上的专业术语，作为通用语言，其含义并没有什么特别费解的地方，效力存在于一定的时间之内，过期失效，是再通俗不过的日常表达。法律上的时效与此并无不同，但专家给出的消灭时效定义，却十分晦涩玄虚，似乎消灭时效概念包含着什么法学上特有的奥妙玄机：

定义一：时效是指一定的事实状态持续地经过一定期间即在法律上产生一定后果的事实。[1]

定义二：所谓时效，指一定事实状态在法定期间内持续存在，从而产生与该事实状态相适应的法律效力的法律制度。[2]

一眼望去，这样的定义究竟在表达什么，如坠五里云中。

法律上的时效，无非消灭时效与取得时效，前者指请求权过期消灭，后者指占有持续一定时间产生所有权，如此的表达简单明了。在消灭时效中，规范的中心并非事实状态，请求权过期不行使即失效，与日常生活的其他领域中的时效关系并无区别；取得时效，的确直接针对事实状态，占有事实状态持续一定时间，产生所有权，规范的主旨即为事实状态。第一个定义中，将时效直接定义为事实，明显是一种法理上的谬误，即便认为时效规范的是事实状态，一定的事实状态持续地经过一定期间即在法律上产生一定后果也不是一种事实，而首先或本质上是一种法律制度。

消灭时效与取得时效，二者规范的中心并不一致，前者就是指

1　李永军：《民法总论》，中国政法大学出版社，2012年，第272页。

2　梁慧星：《民法总论》，法律出版社，2011年，第244页。

请求权的有效期,后者则针对产生所有权的占有事实状态的时间要求,前者是权利的有效期,后者是权利的形成期,以一个统一的定义概括二者,这样的定义大抵只能是:时间对权利效力的作用。

债权应该存在有效期,过期消灭,我国现行实证法采诉讼时效概念而弃消灭时效概念,无非是忌惮于实体权的完全消灭,请求权完全消灭才能称谓消灭时效,否则称消灭时效就不确切。朱庆育先生认为消灭时效术语不准确,理由大抵亦如此。其实,该种理由并不成立。

请求权是程序上的权利,是实体权诉讼程序之外自身的程序权,即对实体权的主张权,实体权以及对实体权的主张权,同时存在着两种权利。传统请求权概念将实体权利之上的程序权利当作了实体权利本身,债权本就不是请求权,后者无非债权即接受权上的一个程序权能,请求权消灭,只是程序权的消灭,但实体权利即接受权则秋毫无损。请求权完全消灭了,而实体权利却并没有消灭,消灭时效概念的合理性,秘籍即在于此。

第二节　请求权效力延展——时效概念的对立解构

权利具有有效期,过期失效,请求权的普通有效期为三年、五年等等。这是对时效概念最简单的解释,没有任何的玄虚之处。不但如此,请求权的行使,还能中断时效,请求权的时效其实是一个可变动的期间。现行观点对时效概念的定义故弄玄虚,所谓一定的事实状态持续一定的时间产生特定结果的法律制度，如此拗口的语句，无非是想表达请求权的效期是可变的，每次行使都重新计算。仅仅针对取得时效，才存在事实状态持续的问题。

时效制度的目的究竟是请求权效力的消灭，抑或是请求权效力的延展，两种目的南辕北辙，正相反对。有趣的是，两种目的同时成立，传统理论以为请求权效力消灭是天经地义的唯一目的，请求权效力延展的目的完全不在学者们想象的范围之内。

假定没有时效中断的制度，时效制度的目的当然是指向请求权效力的消灭，然而时效中断概念却隐藏着玄机，对其存在着一个非常明显的合理解释：请求权效力以三年或五年为一个延展期，三年或五年的效力期间，不是权利消灭的期间，而是权利效力延展的期间。

延展期的理解，表明了法律对权利人利益的倾向，与义务人相比，权利人就应该处于优势的地位，而消灭期限的理解，似乎为权利人设置了一个巨大的负担，成为一种苛责。关于时效制度的功能，通说为对权利的限制，促使权利人及时行使权利、惩罚懒惰的权利人等等，延展期间的理解，将对权利人的惩罚的意义缓和了，延展效力期间的概念，同时体现着对权利人的支持和警示。

时效中断制度，事实上为权利设定了相当长期的效力期间，因此不能仅仅单向理解为消灭效力的暂时中断，其所具有的独立意义在于：对请求权效力的延展。

时效的延展，当然体现着权利人的利益，但其最大的功能是对诉讼的抑制，因此无论对权利人还是义务人，都是一种利益。假定没有请求权效力的中断即延展,诉讼期间是一个固定的期间,因此诉讼成为完全被动的选择。

关于时效中断的根据或原因,权利人的请求具有与其他根据不同的特殊意义。因为对义务人的请求可以中断时效,权利人有充足的时间等待义务人履行义务,而不必在时效期间内提起诉讼程序。

国内教科书中,起诉等被作为了另一个主要的根据,在我国的法律结构内,这样的立论匪夷所思。国外普遍将起诉作为时效中断的基本根据,以其特定的法律体系为前提,在我国的法律结构内,起诉意味着时效彻底终止了,根本不存在中断的问题。[1]

第三节　抗辩权概念的伪说

抗辩权是现行民法体系中一个基本的权利类别,教科书中,请求权、支配权利、抗辩权、形成权,四大权利是权利体系的标配。关于诉讼时效的效力,抗辩权发生主义是三大主流学说之一,所谓的抗辩权,除诉讼时效中的体现之外,还有先诉抗辩权、不安抗辩权等等。

抗辩权概念非常怪异,作为当事人反对对方的一个基本行为,抗辩权的含义是抽象的,即指作反对对方主张的陈述的权利,刑事

1　参见韩松《对我国〈民法通则〉关于起诉引起诉讼时效中断规定的反思与重构》,载《法学论坛》2006 年第 5 期。

诉讼程序中有辩护权,民事诉讼中的抗辩权与之大体等义。将抗辩权限定在具体的种类之上,抽象抗辩权的概念便无法成立,其他抗辩不能被称为抗辩权。逻辑上,民事程序中,当事人相互主张、抗辩,是一个基本的过程,因此抗辩是一种基本的权利,含义为抽象的反对对方主张的权利,并非因特定理由如时效、同时履行等才能成立的权利。

现行体系中的抗辩权,界定为认同权更能表达出相应法律关系的实质。时效关系中,超过时效期间,请求权消灭,权利人提出请求,相当于构成一个新的请求或邀约,义务人如予认同,请求权关系当然成立,相反,则无请求权关系的成立。其他所谓的抗辩权,亦是同样的情形,不安抗辩权、先诉抗辩权等等,权利人的请求并不成立,但义务人可以予以认同。权利成立,义务人可以抗辩;权利不成立,义务人可以认同,代表着两种完全相反的思路。究竟何者更为合理,需要进行详尽的阐释,但至少应该将其作为一个问题,陈词滥调的抗辩权理论,甚至连问题都没有发现。

关于诉讼时效的效力,界定为请求权消灭,但义务人可以认同,是极其合理的解释方案,抗辩权不是一个科学的概念,以抗辩权发生作为时效的效力,完全是学者的杜撰和臆想。另一种主流的学说是所谓的诉权消灭,我国民法总则中"向人民法院请求保护……的权利"这样的表述,显然将时效界定为了诉权的效力,诉权消灭是该前提下的合理结论。诉权需要时间上的规制并无不妥,但实体权利才是根本,实体权利本身就存在于时间之中,因此法律需要首先对实体权利在时间上予以规制。

最奇特的观点是所谓的“胜诉权”概念。“胜诉权”、抗辩权发生等，尽管是假概念或假学说，却都具有真理的表象，迷惑力极强，将这些似是而非的“狡猾”概念一举击溃，并非一件易如反掌的轻松之事。好在接受权与请求权的关系被彻底厘清，这些伪概念才真正被从根本上戳穿。

“胜诉权”是从国内学者从苏联进口过来的概念，并一度成为国内学界的通说。从逻辑上讲，胜诉是个结果，是运用实体法即依据实体法的依据裁判后的自然结果，因而，问题的关键是实体上的权利，具备了特定的实体权利，胜诉无非是依实体权利裁判的正常结果。在实体法与程序法基本二分的架构下，起诉是纯粹的程序性权利，是不包含实体法的无具体内容的形式上的权利，裁判程序启动后，实体法在裁判程序中占有绝对的中心地位，并直接决定对于原告的裁判结果：胜诉或者败诉，并不存在程序上单独设立一个胜诉权的根据和必要。胜诉是依据实体法裁判所得出的结果，而非一种独立的权利，击溃“胜诉权”概念，上述表达即为最充分的，也是最基本的根据，并不需要其他烦冗的论词。

时效即为消灭时效，更准确地表达，是指请求权的消灭时效。但在现行请求权为债权本体的前提下，这个原本正确的结论却面临着严重的逻辑障碍：请求权消灭与债权的消灭不应该是同一个概念。请求权消灭与债权消灭当然不是同一个概念，但这并影响时效效力为请求权消灭主张的成立，问题出在现行体系的前提上，请求权与债权本来就不是一回事，前者仅仅是后者的一个权能。厘清上述关系，请求权消灭说的障碍，如汤沃雪般消失不在。

第二十章

民法概念证伪

第一节　国内法及“法全体”——民法的罗马法原义

民法是什么，即如何界定民法的定义，找到最能代表民法本质的典型特征，准确勾勒出民法的相貌，至今仍是一个问题。定义甚至都没有搞清楚，现行民法知识的形象似乎因此而更加差强人意。毛病的确很多，很严重，但定义问题却并不能成为诟病民法落后的把柄。该问题是很多学科的共同现象，无论哲学、物理学等等，自身的定义，都是悬而未决的争议问题。

探究民法定义，从其产生的罗马法源头上考证，当然是不可或缺的重要路径，意义举足轻重。一个被忽略的答案与现行关于民法的诸种主流定义几乎没有瓜葛：民法即指国内法，是适用于国民的法律大全，与适用于外国人的万民法即国际法相对应。

民法一词的本始西文是拉丁文 jus civile，日本人翻译为民法，大体是准确的。

在当时的语境中，该词是在与万民法对应的意义上使用的，民法是适用于公民的法，而万民法则是适用于公民之外的居民的法律。因而其包含了现代意义上的民法、刑法等部门法的内容，是个大杂烩，《罗马民法大全》并不是现代意义上的民法大全。

民法与万民法对应，是适用于是罗马公民的国内法，其内容亦包罗万象，因而《罗马民法大全》又被译为《国法大全》。这是关于罗马民法的一个常识，包含着对于探究民法含义的极其关键的信息，但没有引起学者足够的敏觉：罗马法原义上，民法名称根本上表达的就不是特定法律部门的本质，即不是对特定法律部门的表达。现代意义上的民法、刑法，甚至行政法集于一体的民法大全，语义上民法无论如何都不能成为一个表达特定法域的名称，佐证以其另一个译称国法大全，结论就更加毋庸置疑，没有人会将国法理解为一个法律部门。

法律的最基本的形式和主体内容就是公民之间的关系的调整和规范，公民即是法律适用的对象，其间的关系亦构成法律的基本内容，二者基本上是一致的。因而无论从适用对象角度，抑或是从法律内容角度，“民法”都是一个极其准确和富有意义的名称，它准确而直接地概括了法律的基本内容和适用的对象。该种关系无外乎两类：或为权利关系，或为惩罚关系，罗马法民法大全中，正是在这样的意义上使用的民法概念，其《学说汇纂》第48卷，便为专门的刑事卷，以公民之间的惩罚关系为主题。在公民关系和公民对象之外，另有国家关系和公主体对象，对应的是宪法、行政法等等。民法与宪法等其他法律部门的关系，可以从多重角度解构，但民法为法律最本源、最基本的形式，应该不会存在争议。宪法关系、行政关系等，不会是人类对法律思考的最初的切入点和关注的重点。

源头上，罗马人对民法概念的使用不存在任何问题，权利关系、惩罚关系皆为公民之间的关系，将包含两种关系的“大杂烩”称为民法,再精确不过。关于民法的译称,学界多有微词,认为日本人翻译得不准确,中文亦不理想,张俊浩教授认为本意应为"市民法","市民法"注入了"私法""私权法""市民社会的法"等诸多信息,一字之差的"民法"将这些信息几乎全给丢掉了。[1] 问题根本不在于罗马人对民法概念的创设,亦不在于外国人的翻译,答案在制订了世界上第一部现代意义民法典即《拿破仑法典》的法国人手中:既然将惩罚规范独立出来另行构成刑法典,"分门立户"后单一的权利关系为什么仍然以民法称谓;既然使用承袭罗马法的 jus civile 概念(国法),为什么刑法典不称为"国法"或"民法"?

罗马法上民法的本义是市民法或公民法,与之对应的概念为万民法,即现代意义上的国际法,因此民法并非表达特定的法律部门,随着法律部门的分化,包罗万象的法典已不再存在,民法其实已经是一个死去的概念。国内学者对民法概念的阐释,普遍以市民社会与国家对应的意义作为其含义的基础,即所谓民法是市民社会的法,对应的是关于国家的法律;孙宪忠先生以为市民社会概念不确切,认为相应的术语应该为民法社会与公共权力社会。[2] 术语上存在分歧,但模式是一样的,即认为民法概念表达的是一个特定的法律部门。

民法的罗马法本义并不表达特定的法律部门,这一事实对于理解民法的含义具有特别重大的指示意义。国内学者对此普遍缺乏

---

1 张俊浩主编:《民法学原理》(上册),中国政法大学出版社,2000 年,第 5—6 页。

2 孙宪忠:《民法总论》,社会科学文献出版社,2010 年,第 11 页。

灵敏的嗅觉，在阐释民法概念的含义时，很少有学者提及这一事实或者认为存在这一事实。见解独到的是徐国栋先生，认为部门法意义上的民法的产生不过一百多年[1]，他的这一发现或观点为研究民法概念的含义开辟出了一个全新的路径。

民法概念的本义表达的就非特定的法律部门，这个概念也不能表达特定的法律部门。因而真正的问题在于：如何对公民法律关系进行分类？即如何对罗马法民法概念下的关系进行分类？而非追究罗马法中的民法概念的具体含义或一般意义上的民法概念的含义。罗马法中民法概念的含义十分简单而明确：调整公民之间关系的法，不存在任何问题，根本无须追问。更为犀利的观点是：现行以民法概念表达具体法律部门完全词不达意，民法一词作为名称并不能准确表达出其所指称的人法、物权法、债权法、继承法等内容的灵魂和精髓，并不能反映出其本质含义，应该为其更换一个恰当的名称。

"民法"字面上的含义就是指适用于公民的法律或者公民之间的法律，在相当程度上与法律概念本身是同义语，是法律规范的整体，罗马法上民法的原义亦正是如此，所谓的民法大全其实是包含现代意义上的刑法、民法等许多法律部门的法律大全，而非指一个特定的法律部门，对此徐国栋教授有非常详尽的考据和分析。[2] 这样使用的民法概念，名称作为形式与表达的内容是对应的或吻合的，名称的含义泛指法律，名称指代的对象或内容亦包含刑法、民法

1　徐国栋：《"民法"变迁史考》，载《中国政法大学学报》2007 年第 2 期。

2　徐国栋：《"民法"变迁史考》，载《中国政法大学学报》2007 年第 2 期。

等诸多的法律部门,即名称的含义与表达的对象的实际内容是完全一致的,“名”与“实”一一对应。

名称并非一个无任何含义的纯粹符号,名称作为概念与其所代表或表达的内容即命题之间存在着相互制约或生成的关系:名称作为概念是对命题内容的凝练概括,而命题则是对作为概念的名称的具体解释,名称作为概念的含义与所表达的命题的含义,两个含义或两项内容之间必须对应或相关。“民法”名称作为概念,名称的含义是适用于公民的法律,命题的含义也是适用于公民的法律。现行关于“民法”名称对应的命题内容是:调整社会平等成员之间的人身关系和财产关系的法律规范的总称。姑且不论是否存在一个调整社会平等成员之间的人身关系和财产关系的法律部门,单以概念与命题的关系论,二者就不匹配。一方面,“民法”名称作为概念,其含义就是公民之间的法,对应的命题内容亦应该是适用于公民之间的法;另一方面,调整社会平等成员之间的人身关系和财产关系的法律,无论如何与“民法”名称都扯不上关系。

概念与命题都是有内容的,不能在二者之间乱点鸳鸯,“民法”作为名称,有其特定和固有的含义,并不能表达特定的法律部门。因此,所谓的“民法学”,首要的问题是:法律作为一个体系,划分不同的法律部门的依据是什么?各个法律部门的名称应该是什么?也就是说,民法学的前提正是为民法界定一个恰当的名称,而非界定民法的含义。现行民法著作中,普遍直接界定民法的含义,显然还没有意识到名称上的错误,以为“民法”是表达特定法律部门的一个恰当名称。

第二节　行为规范种类——划分部门法域的本质根据

民法的含义或本质是什么,并不是一个真正的问题或者有价值的问题,跳出罗马法民法概念的窠臼,在更宏大的视野下,直接追问如何对法律进行分类,应是一个更为本质和触及要害的问题。尽管罗马人使用的民法概念没有问题,但该概念显然并没有揭示出法律的本质,更直接点说,罗马人甚至根本就没有意识到应该对构成公民关系的法律部门进行分类。对前人当然不应该苛责,但如实评价十分正当,罗马人以规范的主体作为法律名称,还不是法律部门的本质特征。

法律即为行为规范,这是关于法律的定义的毫无疑义的通说,因此,以行为规范的种类划分法律部门应该是顺理成章的结论,然而现行的法律体系划分显然并未遵循这一逻辑,以行为规范为法律的核心要素或内容,却又以行为规范之外的标准划分法律部门,如此南辕北辙的现象十分别扭。从另一个维度切入,法律就是国家对自身以及国家对公民、团体之间的关系,国家对自身的关系就是关于国家的组织规范,而国家对公民、团体的关系,则无非权利规范、管理规范和惩罚规范三种,别无其他,四种规范之间的关系十分明显,是构成社会的最基本的自然关系和社会运行的规则,将国家对公民、团体的关系分别从不同的维度封闭成一个整体。对应上述规范,分别成立四大法律部门,即宪法、权利法、管理法、惩罚法,如此表述的四个法律部门,其作为法律体系的属性之明显,一望而知。

现行的法律部门划分，尽管亦以法律体系的名义进行，实际上则完全是不同法律部门之间的大杂烩，并无章法和规则可言，没有丝毫的体系特征，宪法、民法、行政法、刑法、诉讼法等等，何以就表达着同一个法律体系？无论名称上还是内容上，不同部门之间的关联均十分模糊。事实上，民法为权利法，行政法为管理法，刑法则为惩罚法，在权利法、管理法、惩罚法这样的表达中，明显表达的是对同一种关系即国家对公民、团体的关系的不同维度，因此，作为体系的特征，直截了当。

严格地说，法律为行为规范的表述并不准确。法律规范即为行为规范是学界的通说，所谓法律规范是由国家制定和认可、反映掌握国家政权阶级的意志、具有普遍约束力、以国家强制力保证实施的行为规范。[1] 法理上，存在着行为规范与裁判规范的区分，无论"民法"规范，还是刑法规范，均即为行为规范，同时亦为裁判规范，现行关于法律规范的通说，行为规范的单一界定，将裁判规范的意义完全忽略了。

在裁判规范的意域下，通说的授权规范与义务规范的法律规范的基本分类应予以修正。授权规范与义务规范是行为规范的范畴，在行为规范与裁判规范的关系中，对应权利规范的并非是义务规范，或者说并非仅仅是义务规范，而应是惩罚规范。权利与惩罚，相互间的对立意韵，活灵活现。

组织规范、权利规范、管理规范、惩罚规范，相应地，宪法、权利

1 葛洪义：《法理学》，中国政法大学出版社，2012年，第263页。

法、管理法、惩罚法，四个名称勾勒出了清晰的法律部门，亦勾勒出了一个真正具有有机联系的法律体系。

第三节　“民刑法”与“民权法”——刑法与民法的应然名称

刑法亦属私法或公私混合法，与民法在该维度下并无不同，同为公民与公民之间的关系，何以后者以“民”作为名称，刑法却无，这的确是个问题。刘大生先生“无民法论”的出炉，依据的正是这一“把柄”。刘先生的确是有道理的，以周延的逻辑处理，刑法、民法的应然名称为“民刑法”“民权法”。民法是什么是现行民法著作中追问的一个问题，这样的追问将民法名称对特定法律部门的表达当作了一个正当的现象。名称具有强大的预设功能，民法是什么的主题已经相当程度上表达出了存在着民法的含义，然而实际上，存在的是什么正是需要追问的问题。民法名称词义上并不表达特定的法律部门，罗马法中亦不存在法律部门的划分，罗马法上亦未在法律部门的意义上使用民法名称。因此，罗马法上并不存在作为部门法意义上的民法。罗马法上作为部门法意义上的民法就没有存在过，因此民法是什么的问题或者对民法作为法律部门的认定在罗马法中并不成立。

民法名称形成于罗马法，但罗马法中并不存在作为法律部门意义上的民法。首先明确以民法名称表达特定法律部门的是法国法，法国人延用罗马法上的民法名称，但名称与所指向的对象并没有特定的关联。单从名称上看,民法一词表达不出任何有关特定法律部门的信息。以保守的态度,当然可以在民法名称下追问民法是什么的问题,而在开放的立场下,则直接将存在的是什么当作追问的问题,因为民法名称未表达意义,因此存在的是什么样的法律部门成为追问的问题。应该如何划分法律部门,如何划分私法的不同分支。这样的表述逻辑上更为清晰。

"民法"是民法概念的形式,即名称 ,而概念的内容则表现为关于所指称的对象的性质的具体界定,如"调整对象说""私法说"等等。名称具有"望文生义"的导引功能,一个概念的好的名称,能够强烈"暗示"或"隐喻"概念的具体内容。尽管内容最终决定概念的地位、价值以及真伪,但在概念内容与形式即名称的关系上,却并非单向的内容决定名称、先有内容后有名称这样简单,许多情况下,基于模糊的内容判断形成了清晰的名称,名称因此对内容的清晰具有巨大的指示功能。

"民法"不是一个好的名称,不是一个好的概念的形式,或者说名称与其指向的对象不对应。以其作为国内法的名称,还是没有问题的。关于民法概念的内容至今争论不休,"民法"名称"难辞其咎"。名称应随概念外延即所代表的对象的变动而变动,从形成的历史考察,"民法"名称在法律体系由混沌到法域分化的过程中,没有进行对应的名称命名或更正,由此造成了名称原义与所指称的对象之间的严重分裂。法域分化发生后,统一的法律名称已经不再存在,对本应更改的名称没有更改。名称与表达的对象存在对应关系,对象变了,名称就必须随之改变。民法的含义或本质无须探讨,其本身具有清晰的最初本义，即适用于本国公民而非适用非公民的法律，涵盖一切法律部门。不是表达具体法域的概念，在表达国内法与国际法、公法与私法的区别中，具有有限的意义。部门法分化后，混沌的法律对象不再存在，民法概念大体已丧失意义，是一个死去的概念。

名称具有自己的特定含义，而且应该表达特定的含义，不能是任由概念的内容即判断"打扮"或决定的没有意义的符号。"民法"名称自身的含义，一为适用于公民的法，一为公民关系的法，没有其他的含义。表达另外的含义，有足够的适宜语词可供选择，不需要"民法"一词僭越替代。

法律的本质至今仍是一个聚讼纷纭的法学主题，但其基本要素为对社会成员或社会主体（公民、团体）的行为规范，而所谓的行为规范无非权利规范和惩戒规范，对此大体上不会有任何争议。因而简单定义，法律即为适用于国民的行为规范，法律的适用对象为国民，"国民"或"民"是表达法律适用范围、对象的概念，非在与外国公民对应的意义上，以其作为法律名称的意义不大，因为不论权利规范还是惩戒规范，其适用的对象都是相同的。对国民的权利规范和惩戒规范形成社会所需要的最基本的两种规范，均以国民为适用对象，因而如以规范的名称命名对应的法律，则分别为权利法和惩戒法；如将适用的对象也标示出来，则为"民权法"和"民刑法"。

"民法"是民权法，是私主体的私权法，"民法"不是对所指向对象的一个恰当的准确名称，以"民权法"概括，是对"民法"名称缺陷的一个基础性修正。法律客观上是一个体系，宪法、民法、刑法、行政法律之间是一个有机的整体，在各部门法的区别之中，体现着一种逻辑上的整体性。单就与刑法的关系而言，"民权法"这样的表达，能够强烈表示出两个法律部门之间的逻辑关联，权利与惩罚，这是构成法律体系的两个最基础性的元素，以"民权法"与刑法对应，清晰反映出了该种关系。

民权是一个含义广泛的概念，财产权、人身权仅是其中的一类权利，除此之外，还包括选举权、自由权、游行权等政治上、信仰上的权利，这类权利由宪法以及其他行政法规定，尽管是私主体的权利，但不是纯粹意义上的私权，而是构成与私权不同的另一类独立权利，即私主体的公法上的权利。民权法是指公民私权法，是公民私权法的简称。

"民权法"名称并不突兀，不论现行的民法名称是否恰当，关于其指称下的内容以权利为本体是有力的通说，不存争议，张俊浩教授认为民法名称翻译不准确，甚至提出"私权法"才是罗马原文应有的含义，"私权法"名称与"民权法"名称，显然已经十分相近。既然权利是民法的本体，何不直接以"民权法"取代民法作为名称，是一个令人费解的问题。相形之下，"民刑法"的名称，乍看之下，显得非常怪异，甚至荒唐，然而仔细端详，却是一个一语破的的神来之笔，既揭露出现行刑法名称一直未被发现的缺陷，同时又点破了令民法学人焦头烂额的民法名称的谜团，完全称得上是一个不大不小的学术创造。

"民刑法"名称的直接含义就是公民之间的惩罚关系，与公民之间的权利关系相对应。以刑法为私法，"民刑法"的名称就是一个顺理成章的自然结论。

关于刑法的定性，公法说、私法说、公私混合法说三足鼎立。比较之下，混合说更为合理。以刑法为单一的私法，诚如朱庆育先生所指出的，渎职之类直接侵害公共秩序的行为，此类规范对于维护私人权利并无直接关联，显然无法被纳入私法的范畴。[1] 同样，纯粹公法说的立场亦并不成立。将对公民个人的伤害的惩罚完全理解为国家关系，而不是公民之间的关系，首先在实证法的具体规定上就会遇到障碍，自诉案件的设定，是对刑法属私法范畴的最直接的宣示，在我国台湾地区，自诉案件的范围几乎覆盖了全部的刑事案件，地位举足轻重。国际趋势中，即便是公诉案件，受害人的谅解亦是量刑的一个考量因素，扩大私主体诉权态势迅猛。如此证据下，将刑法定义为纯公法，显然太过牵强。

公法、私法、公私混合法，即便在逻辑上也是必然的结论。非此即彼的黑白思维，在哲学上就不是一种正确的思维方式。公私混合法的成立，并不影响公法、私法划分的意义，混合法无论与公法，还是与私法，都具有清晰的界限，各自具有独立的界域。

刑法为公私混合法，其实民法亦为公私混合法，在公私混合法的定性下，便存在着“民刑法”“民权法”名称的充足空间。所谓的刑法与民法的区别，并不在于公法、私法的划分，而是在公私混合法的大前提下，惩罚规范与权利规范的区别。

刑法与民法、“民刑法”与“民权法”，两组概念或名称，意境、真

1　朱庆育：《民法总论》，北京大学出版社，2013 年，第 16 页。

伪,天壤之别。撇开刑法是否为私法或公私混合法不谈,单从形式论,刑法与民法二名称之间便非常不搭:刑法中的“刑”,字面的直接意义就是处罚,是一种行为,而民法中的“民”,当然是指的主体,行为与主体,不能说二者之间没有关联,但肯定是不对称的。而且即便有关联,在字面含义中也没有反映出来。以主体作为部门法域的名称,民法之外,其他的部门应该有官法、官民法等等,这样才显得和谐、搭调。将法律作为一个体系看待,在“民法”、刑法这样的名称组合中,完全看不出“民法”与刑法共处于一个体系的“家族关系”。“民法”名称直接以调整对象作为特定法律部门的称谓,而刑法则以行为作为名称概括特定的法律部门的特质,一个是对象,一个是行为,二者之间南腔北调,作为同一个体系的不同部门,名称在逻辑上各行其是,显然十分别扭。

民法的意义就是与刑法的关系,解决了与刑法的关系,民法的本质、轮廓,便会勾勒清楚,其与宪法、行政法等部门的关系,并不成为问题。在“民刑法”“民权法”这样的名称组合下,所谓的民法被置于了与刑法的关系之中,在统一的私法体系的坐标中,民法与刑法的本质各自清晰起来。

“刑”与“权”,均表达的是行为,二者的对应显而易见,不但如此,在纵向上,二者亦构成统一的整体,对行为的规范,无外乎权利与惩罚。法律的本质即为行为规范,以行为作为部门法域的名称,对部门法域本质的表达,最为直截了当。而共同包含的“民”字,则即鲜明传达着二者属于同一法域,又直接传递着私法的信息。

第四节　民法与刑法调整对象的等同

民法概念名称上的问题已经是个很大的瑕疵，而定义上或内容上的错误更是道高一尺。直接地说，关于民法是调整平等主体财产关系、人身关系的通行定义是严重悖理的赤裸裸的谎言。刑法调整的亦为平等主体的财产关系、人身关系，二者调整的对象是等同的，至少在相当大的范围内是重合的。将调整财产关系、人身关系作为民法的个性或本质，完全是民法学者局限在自己狭隘的专业领域的自以为是，在刑法学者那里就通不过。

国内学界关于民法的本质，大体有三种主要的学说，即调整平等社会成员之间的人身关系和财产关系的法、市民社会的法、私法。三种学说角度上、表述上有细小的差别，基本取向则完全一致，朱庆育先生甚至认为，由于意识形态的钳制，我国法学长期无法正面讨论公法与私法的区分问题，因此在某种意义上，调整对象说其实不过是明修栈道，所暗渡者正是公私法之区分，[1]其间的关系可见一斑。

调整平等社会成员之间人身关系和财产关系的法，显然是依据调整对象作为划分部门法的标准。法理学上，关于划分部门法的标准，单一标准说、多重标准说等等，学派林立，学说纷杂，对此葛洪义教授编著的《法理学》有详细的阐释，[2]其中可信的应为主辅标准

1　朱庆育：《民法总论》，北京大学出版社，2013年，第11页。

2　葛洪义主编：《法理学》，中国政法大学出版社，2012年，第269页。

说,即以调整对象为主要标准,同时参照调整方法的辅助标准。民法与宪法、诉讼法等法律部门十分容易区分,因此粗略地说,勾勒出民法的面相,其实就是将“民法”与刑法的区别和联系表达出来。民法与刑法是与社会公民关系最为直接的法律部门,也是最基本的实体法律部门,在与刑法的关系中,其实也只有在与刑法的关联中,民法的定义才能显现出来。

在与刑法的对应语境中,作为调整对象的人身关系和财产关系显然不足以成为划分法律部门的标准,刑法无疑也调整公民间的人身关系和财产关系,即便不是唯一的调整对象,至少是刑法调整的主要对象之一。

将刑法与民法清晰区别开来的是调整方法,以权利规范调整的为民法,以惩罚规范调整的为刑法。依据调整方法,存在的一个特定的法律部门应该是:关于公民间人身、财产权利关系的法,而准确表达该命题的概念即名称则为“民权法”,即存在的特定法律部门为“民权法”。关于公民人身、财产权利关系的法以及“民权法”的名称黑白分明般划分出了与刑法的楚界汉河,同时表达着两个法律部门的关系,表达着法律体系的意韵,权利与惩罚,在对立的意义下,显示出了二者作为一个体系的紧密关系,如同男女,只有在对立的性别中,才能构成二者联为一体的家庭。

在调整对象的角度,平等社会成员的限定完全是多余的,甚至是错误的。社会成员本来就是平等的,根本不存在不平等的社会成员。现行表述中,平等成员概念的区分目标为国家与公民的关系,所谓财政关系、金融管理关系为非平等主体的关系；[1]国家基于管理职能而在国家机关之间、国家机关与公民个人或者企事业单位之间发生的预算资金划拨、税款征收等财产关系，双方主体不具有平等地位，[2]这样的观点十分浅陋。国家与公民等的关系，作为管理关系，自身已构成独特而且终极的意义，与权利关系对应，与平等与不平等关系无关，以不平等关系解释管理关系或国家与公民的关系，境界一塌糊涂。法、德、日本、瑞士等国民法以及我国台湾地区民法中，均无所谓的平等原则，以为此为无须规定的公理。[3]

“市民社会的法”，是国内学者界定民法本质的另一种主要观点或角度，梁慧星先生的《民法总论》中，有“民法的本质是市民社会的法”的明确表述，[4]孙宪忠先生、李永军先生、尹田先生亦均不吝笔墨，对该概念厚爱有加，将市民社会作为了描述民法的核心概念。“市民社会”本身就不是一个清晰的概念，而且该概念的区分目标是政治国家，关于国家的法律与民法的区分并不困难，在与关于国家的法律的区分中，并不能形成关于民法的清晰画面。

民法的画面或本质，存在于与刑法的关系之中，表达出了民法与刑法的联系与区别，民法的画面就浮出了水面。

民法本质为私法的学说，以公法与私法的区别作为划分法律部门的基本依据，的确代表着描述法律体系的一个重要维度，但依然

1　李永军：《民法总论》，中国政法大学出版社，2012年，第2页。
2　尹田主编：《民法学总论》，北京师范大学出版社，2013年，第17页。
3　梁慧星：《民法总论》，法律出版社，2010年，第46页。
4　梁慧星：《民法总论》，法律出版社，2010年，第30页。

陷入了调整对象说、市民社会法说的窠臼之中。公法与私法是一对相当“宏观”的概念，将所有的法律仅仅区分为公法、私法，这样理解的法律体系太过简单。对于区分宪法、诉讼法、行政法等与民法的差异，公法、私法的术语是适宜的，而对于民法与刑法的区别，公法、私法这样的术语却完全力所不及。民法为私法是一直的通说，但近来民法为公法、私法混合法的主张日趋流行，但即便是混合法，与宪法等纯粹的公法的界限也是截然清晰的，不过在与刑法的关系上，界限却十分模糊。刑法为公法还是私法的争论一直存在，即便不能理解为纯粹的私法，也只能是公法、私法的混合法，不可能是纯粹的公法。根据朱庆育的研究，刑法为私法是法国学界的通说，而在德国，公法说与公私混合法说都是主流的学说。[1] 在刑法所保护的国家利益、社会利益与个人三大利益中，个人利益是其中之一，法国、瑞士、瑞典、巴西等国刑法典更是在三者的排序上将对个人利益的犯罪排在了首位。[2] 国内民法学者以刑法为公法为理所当然，专业的偏见一叶障目，只要稍许涉猎一下刑法领域，便不会如此错误地以财产关系与人身关系调整对象、私法的角度界定民法的本质。刑法以民法的调整对象为调整对象，属于私法或公私混合法都是关于刑法的通说，结合亲告罪、自诉案件在刑法体系中占相当分量的事实，在调整对象、私法两个术语所建立起来的坐标下，民法、刑法同为公法、私法混合法，处于坐标系中的同一个位置，彼此的差异显然无法显现。

---

1 朱庆育：《民法总论》，北京大学出版社，2013 年，第 16 页。

2 参见陈兴良《走向哲学的刑法学》，法律出版社，2008 年，第 109 页。

将民法界定为私法，过分强调了民法与宪法、行政法等纯粹公法的区分，将民法的含义设定在与宪法等纯粹公法对应的意域之中，尽管是成立的，却非常粗略，民法的面目并不清晰。与民法构成对应意域的是刑法，权利与惩罚是二者的基本关系，“民权法”与“民刑法”两个名称精妙表达了对于公民关系最为密切的两个法律部门，在彼此对应或对立的意义中，“民权法”与“民刑法”各自实现了自身含义淋漓尽致的表达。私法、公法这样的通用术语，相形见绌。

结论是清晰的，证据是确凿的，但关于民法本质的学说的前景却是阴暗的。中国民法典在编纂过程中，学者们便大肆鼓噪，梁慧星先生主持的学者建议稿中，“本法调整自然人、法人和非法人团体之间的人身关系和财产关系”这样的表述一如既往，[1]最终颁行的民法总则，民法调整平等主体的自然人、法人和非法人组织之间的人身关系和财产关系如其所愿成为立法。可以充分预期，有了立法上的尚方宝剑，关于民法本质的传统观点将在相当长的时间内畅行无阻。

1　梁慧星：《制定民法总则的基本问题》，载中国法学网梁慧星专栏。

第二十一章

民法与民法学的关系

第一节　问题的发现:民法与民法学的关系与区别

民法与民法学的区别与关系是法理上的一个基本问题,民法是规范,民法学是以民法为研究对象的学科,规范的本质、种类、个别规范与一般规范的关系、民法原则的含义、民法典的结构安排等等都是典型的民法学的主题,与纯粹的民法主题明显不同。然而,在其他一些主题或概念上,民法与民法学之间的界限却并不十分清晰,法律行为、法人、民事法律关系、权利主体、权利客体、权利的定义、民法的定义等等究竟是民法上的概念抑或是民法学上的概念,这个问题在现行学说中从来没有被追问过。事实上,关于民法与民法学的关系与区别的理论一直是民法学上的一个空白,国内学者的民法学著作中,仅有梁慧星先生明确将民法与民法学的关系作为主题简单论述过,[1]其他学者连问题本身都没有意识到,而关于此主题的学者论文,亦是绝无仅有。

民法与民法学的关系与区别,具有十分丰富的内容需要挖掘,并非一个可以三言两语应付的简单问题。这个问题关系着民法与

1　参见梁慧星《民法总论》,法律出版社,2011年,第54页。

民法学的定义本身,是民法和民法学各自体系的逻辑起点,意义十分重大。学界现行的状态差强人意,对该问题的问题意识尚未形成,没有建立起关于民法与民法学关系任何的具体理论。在缺乏科学的民法与民法学关系的具体理论的前提下,潜藏着一个极大的认识风险:民法与民法学混同在了一起,民法学被当作了民法。将民法学当作民法,王轶教授批评我国民法典制定过程中存在着这一现象,非常深刻。实际上,我国当作蓝本的《德国民法典》本身,便是民法学当作民法的滥觞之源,其首创的法律行为、法人等等,就是非常典型的民法学上的概念,将民法学当作民法,《德国民法典》将民法领入了歧途。

第二节　自然存在作为规范对象——民法规范的结构与表达形式

法律是作为规范而存在的,规范的对象是什么,法理学上的现行理解界定为人的行为与社会关系,前者是直接对象,后者是间接对象。[1] 这样的界定非常抽象和粗糙,并未触及问题的本质。在最究竟的意义上,法律规范的对象是自然存在,以与法律存在相区分。只有在自然存在的维度上,民法规范的对象才能表达出来,规范就是对对象的规范,是围绕对象而展开的,这是规范的基本结构,在直

1　葛洪义主编:《法理学》,中国政法大学出版社,2012 年,第 71 页。

接关于对象的规范中，规范的内容才能够真正表达清楚。自然存在作为对象被规范之后，自身由纯粹的自然存在变为法律存在。传统的民法规范，直接以规定法律行为、法人等的形式而表达，规范对象是缺失的，反映不出自然与法律之间的任何关系。

自然存在与法律存在，构成着一种最基本的对应关系，意思表示行为是自然存在，法律行为则是法律存在；组织是自然存在，法人则是法律存在。在二者的关系上，逻辑上在先存在的是自然存在，法律规范之后，自然存在变为法律存在。民法作为规范，根本意义上就是对自然存在的规范，是以自然存在作为规范对象的，即对意思表示行为、组织等等设定特定的规则，如意思表示行为具有直接相当于法律的效力、组织独立拥有财产等等。现行模式下，所谓的民法规范围绕法律存在或法律概念而展开，将法律行为、法人作为了规范的对象，民法规范的内容由法律行为的定义、效力、法人的定义、权利能力等内容而构成。

是规范自然存在，还是规范法律存在，二者完全是两种相反的路径：依前者，民法规范以意思表示行为直接具有相当于法律的效力、组织独立拥有财产这样的命题表达，意思表示行为、组织等等是命题的主词；在后者中，法律行为、法人是命题的主词，规范的表达形式为法律行为是合法的行为、法人独立拥有财产等等。

规范自然存在与规范法律存在大相径庭，代表着两个完全不同的意义领域：对自然存在的规范属于民法，对法律存在的“规范”则属于民法学。诸如意思表示行为直接具有相当于法律的效力等才是真正的民法规范，对该类规范加以认知和解释，则形成了法律行为、法人等概念。意思表示行为直接具有相当于法律的效力、组织独立拥有财产,如此规范下的意思表示行为、组织,对之简单认知,便会形成法律行为、法人的概念。

对自然存在的规范的认知,形成了法律行为、法人等概念,民法与民法学由此构成了一种典型的"文本"与解释的关系,民法作为规范属于"文本",对"文本"的解释则形成了民法学。组织独立拥有财产等属于规范,法人独立拥有财产则属于对前者的认知。反思现行民法典中的流行做法,内容由关于法律行为、法人等概念而构成,其实完全是将民法学当作了民法,其中的法人独立拥有财产等等许多内容,根本就不是民法规范。

在自然存在与法律存在关系的维度下,划分出了民法与民法学的清晰界域。法律作为规范,并不是直接对法律行为、法人等等作出规范,而是对逻辑上在先的自然存在作出规范,意思表示行为、组织即是这样的自然存在,将民法理解为对意思表示行为、组织等纯粹自然存在的规范,规范对象与规范的立体关系被清晰地表达了出来:法律是对对象的规范,意思表示行为、组织等等是规范的对象,民法的主体内容便是以意思表示行为、组织等为对象的规范。传统上显然缺乏这样的二分,在法律行为、法人这样的概念语境中,规范对象是缺失的,民法的真实含义显然并未建立起来。自然存在作为规范对象理论的提出,填补了这一空白,在自然存在作为规范对象的结构之下,民法规范的意义被表达得淋漓尽致。

第三节　民法概念抑或是民法学概念——法人、法律行为概念的性质追问

在民法、民法学清晰区分的范式之下，呈现出了两个完全不同的意义世界和概念领域，一个是“文本”，一个是对“文本”的解释；一个是规范，一个是对规范的认知。传统意识中，这样的两个意义世界并没有形成，所有的概念都被视为了民法概念，民法学被当作了民法，其中最典型的便是对法人、法律行为两个概念性质上的麻木，究竟是民法概念，抑或是民法学概念，这样的追问从来没有产生过。

民法之上，另行存在着一个独立的民法学领域，是对作为规范的民法的认知，对民法认知所形成的概念属于民法学，并非作为“文本”的民法本身。以“文本”与解释的关系的方法审视民法与民法学，法人、法律行为概念被准确地从民法概念体系中分离出来，两个概念完全是对相应的民法规范的解释，对“文本”的解释与“文本”本身不同，法人、法律行为概念是对相应民法规范的解释，但本身却不是民法概念。缺乏“文本”与解释的思维方式，解释被当作了“文本”本身，传统民法理论输在了起跑线上。

民法作为规范，本质上是对对象的规范，对象是逻辑上在先存在的自然存在，在与自然存在的关系中，法律的本质才能得以凸显出来。不处在与自然对象的关系中，就无法表达出民法作为规范的究竟含义。

依自然存在作为规范对象的基本原理，相当程度上，民法规范的主体内容就是对自然人、组织、意思表示行为等的相关规范，自然人、组织、意思表示行为等是纯粹的自然存在，所谓的规范，就是直接规定这些自然存在的具体规则，诸如自然人的行为能力、组织独立拥有财产、意思表示行为具有相当于法律的效力等等。一端是由自然存在构成的对象，一端是规范，在对象与规范的直接关系中，民法规范的含义得到了淋漓尽致的表达，民法的规范功能完满实现，抽象的法人、法律行为概念在上述规范中没有任何的意义空间。

直接对意思表示行为作出相应的规范，而非对法律行为作出“规范”；直接对组织作出相应的规范，而非对法人作出“规范”，民法规范自然人，与其如影随形的组织当然是其规范的基本主题。在与自然的关系中，表达出了法律的真实过程。然而现行的民法典中，相应的民法规范的内容由关于所谓的法律行为和法人等的规定所构成，这样的语境下，规范的对象十分模糊，更表达不出法律为对自然的关系这一法律的本质。

民法是对自然存在的规范，内容由对诸如自然人、组织、意思表示行为这样的自然存在的规定所构成，规范形成后，必然伴随着对规范的认知，这是理性的必然欲求，对规范的认知，产生出了与规范完全不同的抽象概念，这些概念以其纯粹理性的趣味，描绘出了民法规范的本质：意思表示行为直接具有相当于法律的效力，对该规范简单认知和反思，便会形成法律行为的概念，意思表示行为直接具有相当于法律的效力，意思表示行为成为法律行为，法律行为的概念，将意思表示行为直接具有相当于法律的效力的规范的本质，表达得栩栩如生。而组织独立拥有财产，如此规范下的组织，俨然一个完全独立于自然人的“他者”——法人。

第四节　规范与对规范的认知——民法与民法学关系理论的创立

民法与民法学的关系，最浅显的理解就是民法是民法学的研究对象，以为不言自明，这是当前学界对该问题所持的一个基本立场，其实问题充满玄机。梁慧星先生归纳出了民法学的三部分内容，其中最重要的为法源论，具体内容包括什么是民法，民法的性质、任务、作用，民法的概念、原则、制度和理论体系。[1] 对梁先生的观点会产生一个极其自然的诘问：民法的概念、原则等等不正是民法内容本身么？何以成为民法学？审辩《民法总论》的书名，同样存在这样的一个诘问：《民法总论》中的内容属于民法学抑或是民法，国内学者的著作中，与普遍以《民法总论》作为书名不同，尹田先生别出心裁地以《民法学总论》作为名称，究竟是《民法总论》还是《民法学总论》，真的是一个问题么？

民法的概念、原则、理论体系等等当然是民法的内容，其勾勒的便是“民法是什么”的具体景象，对“民法是什么”的阐释直接描述的对象就是民法，因此不可能不是民法的内容。然而，另一个问题

1　参见梁慧星《民法总论》，法律出版社，2011年，第54页。

针锋相对：民法学究竟是什么？

问题并不是无解的，解决的路径在于"文本"与解释的思维范式的建立。在该理论维度下，民法与民法学构成着"文本"与解释的立体关系，民法为"文本"，民法学为对"文本"的解释。对"文本"的解释就是对"文本"是什么的回答，但却不是"文本"本身。

民法作为规范，是以自然人、组织、意思表示行为等自然存在为规范对象的，规范的基本方式就是直接针对自然存在予以相关的规定，这些具体规范构成着民法本身，构成了作为解释对象的"文本"。规范引致出了自然存在与法律存在的关系，是十分"诱惑"的认知对象：组织独立拥有财产，潜藏着深奥的法律意义，简单认知便可形成法人的概念；意思表示具有相当于法律的效力，如此规范下的意思表示行为，法律行为的形象活灵活现……

从自然存在作为规范对象的前提出发，民法规范的一个基本结构其实是对在先存在的自然行为作出法律上的价值判定，即确定特定的具体行为与权利的关联，表达的方式为"什么是权利"，并不需要对"权利是什么"给出定义。但民法学则以权利为对象，给出诸如所有权、债权的定义正是其宗旨所在。概念的定义是认知性的，不属于规范本身，被作为范本的《德国民法典》中，民法、法人、法律行为、物权、债权、所有权等基础概念皆无定义，相当程度上体现出的正是概念定义的认知属性这一原理。

权利是民法中的核心概念，民法规范中建立了权利的概念，权利概念便成为认知的对象，对其结构、本质的认知，是理性的必然欲望，民事法律关系、权利主体、权利客体概念，在哲学层面揭示出了权利的终极本质。这些概念完全是认知性的，属于民法学的范畴。

规范与对规范的认知牵连，规范之上存在着对规范的认知，民法规范上，这一现象十分普遍。这是关于民法与民法学关系与区别的一个非常重大的发现，开启了理解民法和民法学的全新的视野，民法学为价值体系而非逻辑体系的传统观点必须予以彻底的放弃。[1]

第五节　民事法律关系、权利主体概念的民法学属性

民法与民法学不分，是当下民法与民法学领域的一个基本状态，将民事法律关系是民法概念还是民法学上的概念作为一个问题进行追问，猜测很多民法中人都不一定讲得清楚。学者的著述，普遍以《民法总论》作为书名，尹田先生的《民法学总论》，著作名称上似乎显得有些独特。民法与民法学不分，如同法律与法学不分一样，荒诞不经。区分民法与民法学，是研究民法的必然路径，缺乏这样的区分，就不可能清晰描述出民法的真实景象。

"民事法律关系"是现行民法总论著述中的一个基本主题，对该概念的分析，可以清晰凸显出现行研究中民法与民法学不分的混乱状态。作为民法总论中的一个基本概念，各种版本的著述中，民事法律关系均占据着相当重要的一席之地，俨然天经地义。朱庆育

1　参见崔建远等编著《民法总论》，清华大学出版社，2010年，第7页。

先生的《民法总论》一书以权利取代民事法律关系作为主题,离经叛道,属于"孤本",但何以作出如此别具一格的章节安排,朱先生却并未给出具体的交代。以纯粹民法的维度,民事法律关系概念显得相当怪异,无论《德国民法典》还是《法国民法典》,均未将其作为一个规范术语,在法典中并无踪迹。这是从实然的角度所进行的观察,从应然的角度,民法典根本上也不应该直接使用民事法律关系的术语。民事法律关系完全是民法学上的概念,属于对作为"文本"的民法本身的解释,但并不是民法本身。

民法的基本概念是权利,而非民事法律关系,或者说民法调整的对象或内容是权利,而非民事法律关系。究竟以权利还是以民事法律关系作为民法的核心概念,学说上存在着一个不断反复的过程,从以权利为核心到以民事法律关系为核心,再复归到以权利为核心,依崔建远先生主编的《民法总论》中的观点,近来以民事法律关系为核心的观点开始回潮。[1] 不从根本上将民法与民法学区分开来,这样的反复会一直进行下去,没有终点。将民法与民法学区分开来,问题变得眉目清晰:权利是民法的核心概念,民事法律关系则为民法学上的核心概念。

逻辑上,权利概念与民事法律关系概念之间的关系存在着两种完全不同的表达方式,或者将权利理解为民事法律关系的内容,或者将民事法律关系理解为权利的本质。前者中,主词是民事法律关系,宾词是权利,权利被作为了对民事法律关系的解释;后者中,权

1　参见崔建远等编著《民法总论》,清华大学出版社,2010 年,第 47 页。

利是主词,民事法律关系是宾词,民事法律关系是对权利概念的解释。

以权利解释民事法律关系,所谓权利义务关系是民事法律关系的内容,表达不出民法与民法学的区别,民事法律关系被当作了规范,即被作为了解释的对象。民法与民法学的关系,是由规范到对规范的解释的关系,即是由具体概念到抽象概念的关系,规范是"文本","文本"之上存在着对其的解释。因此必须遵循由抽象概念解释具体概念的路径,先确立"文本"和具体概念,将抽象概念作为对具体概念的解释。依这样的路径,权利才是被解释的对象,才是民法上的概念,其本质则为一种法律关系,民事法律关系被作为了对权利概念的解释。

关系、实体、存在、现象等等,是最为抽象的概念,其根本意义是哲学上的,是对具体概念所表达的含义的形而上的解释,是具体概念的终极含义。法学以法律现象为研究对象,其实就是以法律关系为研究对象,法律现象、法律关系概念,概括出了所有具体概念所表达的终极含义。将民事法律关系理解为终极概念,才真正揭示出了该概念的实质,这样的理解之下,抽象概念与具体概念被清晰地区分出来,具体概念直接表达规范,而作为抽象概念的民事法律关系概念,则为对具体概念的认知,属于民法学。

民事法律关系属于认知性的概念,其抽象性的特点,决定了其与事实之间缺乏关联,与法律规范事实的根本目的并不契合,因此本身并不是规范,当然不应该出现在民法典中。然而,民法学却正是由这样的抽象概念所构成,民法总论著作中缺少了民事法律关系概念，其民法学的味道便打了折扣。但在结构安排和表达方式中，必须首先将权利作为表达的主题，将民事法律关系作为对权利概念的解释，唯其如此，才能反映出民法与民法学之间存在的“文本”与“解释”的关系。现行的民法总论著作中，直接以民事法律关系作为主标题，规范与对规范的认知不分，民法法律关系被作为了规范本身和解释的对象，而非对对象的解释，究竟是在表达民法，抑或是在表达民法学，十分模糊。

与民事法律关系属于同一层次的是权利主体、客体概念，这两个概念亦是典型的民法学概念，不属于民法本身。称谓主体、客体不是民法概念，与称谓民事法律关系非民法概念一样，在传统观点看来，荒诞不经，但这具有非常充分的逻辑根据。法律以直接规范事实为圭臬，主体、客体显然不是具体概念，并不是规范中所直接指向的对象，因此并不是规范中的必要元素。

自然人、组织是民法规范的基本主题，作为具体的自然存在，二者构成了民法规范的对象，对关于组织的规范的认知，形成了法人概念，而对自然人与法人以及权利本身在最终极的哲学意义上思考，便有了主体概念的应运而生：主体概念是对自然人、法人在权利关系中的哲学表达，作为民法规范对象的是自然人和组织，对其的规范才构成民法本身，而解释中形成的主体概念当然不是民法规范本身。

民法是对主体的规范，是传统理论中的一个常识，然而该说谬误与真理杂糅，并不准确。民法与民法学之间构成着“文本”与解释的立体关系，在民法的层面，作为对象由其直接规范的是纯粹的自然存在，即自然人、组织等等，是将这些自然存在规范为主体，主体是在法律关于自然人、组织等自然存在的规范中显现出来的。对法律关于自然人、组织的相关规范认知，形成了权利主体的概念。称谓民法规范主体，仅仅是民法学对民法规范的一种解释上的结论和观点，将民法规范主体作为民法本身，民法与民法学完全混同在了一起，本来界限清晰的两个领域被屏蔽掉了，无论民法还是民法学，其各自的真实含义都没有清晰识别和建立起来。

权利主体是民法学上的概念，逻辑上的脉络非常清晰，权利客体概念与之属于同类项可以相提并论在同样的路径下予以充分的阐释和论证。

民事法律关系、权利主体、权利客体抽象概念，是一种认知性的概念，作为对具体规范的认知，揭示着法律具体规范或现象的终极本质，价值和意义无可替代。但其本质上的认知属性，决定了其不可能成为规范的对象，法典中直接规定民事法律关系、主体、客体等等，其实是把民法学混同成了民法，未将规范与对规范的认知区分开来。我国民法总则专家建议稿未直接将权利主体作为法典的一个标题，但使用了权利客体这样典型的民法学概念，开了世界民法典的先河。

第六节　概念定义的认知本质与《德国民法典》的定义缺失现象

制定中的中国民法典以《德国民法典》为参照范式，然而德国民法典中的一个标志性特征被中国民法典草案放弃了。基本概念不作定义，是《德国民法典》的一个突出现象，民法、法人、法律行为、物权、债权等等概念均是如此。不过我国民法典总则草案中，上述概念的定义一应俱全。

法人、法律行为本身就是民法学上的概念，是认知性的，《德国民法典》将其作为民法概念规定在民法典中，其实是把民法学误作了民法。认知性概念的含义一定会存在争议，法律根本就不可能给出统一的定义，《德国民法典》使用法人、法律行为概念的名称，却不给出其定义，可以合理解释为对法人、法律行为概念的民法学性质的一种模糊体认。果真给出了定义，民法与民法学的混淆便万劫不复。本来就不是民法概念，不该出现在民法典中，仅仅使用名称而不作定义，相当程度上表明了德国学者对将法人、法律行为概念引入民法典中态度上的一种犹疑。

中国民法总则草案中体现出来的定义情结或定义嗜好，深层原因是将规范错误地理解为了法律创制，既然是法律的直接创制，当然必须直接给出定义，不给出定义，法律创制本身便无法形成。然而规范的真实过程却并非法律的直接创制，而是对逻辑上在先存在的自然存在的一种规定，即是对对象的规范。将规范正确地界定为对对象的规范而非法律的直接创制，民法典中需要定义的情形其实十分稀少。

法律创制与对对象的规范，两种模式大相径庭，即便在所有权这样的典型民法概念中，依对对象的规范模式，其实亦不必在法典中给出其具体的定义。

“所有”是一种自然行为，即占有、使用、收益、处分等是一种自然行为，法律作为规范，就是对自然行为的正当性作出价值上的判断，“所有”或占有、使用等是一种权利，就是法律对“所有”所作的价值上的判断和规范。“所有”是权利，对应的权利便为所有权。

规范是对在先的自然对象的规范，即对对象的价值性作出法律上的判断，在对象的语境中，规范的含义才能极致地表达出来。“什么是权利”，规范之所以是规范，含义在这样的判断中真正得到了体现：“所有”是权利，在该表达方式下，鲜明体现着法律对作为对象的自然行为——“所有”的一种价值判断，对象与规范的立体关系穷形尽相，十分传神。“所有”是权利，对应的权利当然便为所有权。在这里，规范就是法律上判定作为自然行为的“所有”是一种权利，不会产生任何关于所有权的定义的追问。

规范就是将一个特定的对象判定为权利，即对“什么是权利”作出判定，并不是规定“权利是什么”。然而“权利是什么”却构成了独立的民法学语境。民法学直接以权利为自己的研究对象，与民法以自然存在作为规范对象形成了鲜明的对比。“所有”是权利表达的是民法规范，“所有”作为自然存在构成着规范的对象；“所有权是占有、使用、收益、处分的权利”表达的是民法学，所有权是定义的对象，定义具有的是理性上的认知价值，并无任何的规范功能。

“所有”是一种权利，所有权人有“所有”即占有、使用、收益和处分的权利，表达着法律上的道义指令：所有权人可以占有、使用、收益和处分，这样的道义指令的方式才是规范的基本含义。直接以道义概念对特定行为作出道义判断，可以、应当、必须、有权、有义务这些道义概念对特定行为的规范性十分明确,规范之所以为规范,正是因为其道义指令上的形式和功能。

规范必以道义指令的方式作出,非以道义指令表达的规范其实并非真正的规范,其中最典型的便是权利的定义方式。所有权的定义显然不是直接的道义指令,需要逻辑推演才能发现其中的道义指令,因此并不是规范的表达形式。实证法上,以道义指令和定义方式表达规范的民法典各有其例,我国和德国法上采用的是以“有权”的道义概念表达的道义指令方式,并未直接针对所有权给出定义。

规范就是以可以、应当、必须等道义概念对自然行为作出法律上的价值评价,而非给出权利的定义。定义本身就不是道义指令,而且相当程度上是认知性的,理解上存在争议不可避免。德国等国民法典中,债权这样的基本概念并无定义,并非一个偶然的现象。债务人有义务履行,债权人有权请求,本来就应该是规范的基本表达形式。至于债权是什么,既非规范的形式,亦非规范的目的,对其的探究完全属于民法学的范畴。国内学界的通说将债权定义为请求权,民法总则草案中照单全收,有些草率。定义是认知性的事项,在债务人有义务履行和债权人有权请求所设定的相互关系中,债权人的权利的内容绝非请求权这样单一和乏味。请求权是否为一种独立的权利,债权是否为请求权,目前学界中存在着相当的意见分歧。

作为典型的抽象认识活动,任何定义都存在风险,不同的人对概念的定义完全不同。作为制定法,建立了概念的名称,法律的结构便建构了起来,是否给出形式上的定义并不重要。民法究竟是什么,是一个十分纯粹的认知性问题,所得出的结论因人而异,由法律规定出一个统一的答案,即无具体的规范价值,也潜藏着定义错误的巨大风险。民法的定义体现在民法的全部条款之中,如何从全部条款中抽象出民法的形式上的定义,是民法作为"文本"的读者的事情,法律对之加以规定,是一种令人生厌的"法律独裁"。显然,民法这个民法上的最基本的概念,构成着认知的对象,对其认知上的结论即定义,形成民法学。形式上的定义具有钩深致远的特殊功能,不但表达上简洁,而且表达着本质,不可或缺,但与规范却是两回事。正因如此,代表性的《德国民法典》《法国民法典》中均只使用民法概念的名称,但不下定义。

第七节　民法基本原则的疑问

我国学者的民法总论著作中,所谓民法的基本原则是一个基本主题,外国的民法典本身,大多并无民法的基本原则这一内容。我国民法总则专家建议稿,开篇便是阵容浩大的民法基本原则,平等原则、自愿原则、诚实信用原则、公序良俗原则等。民法典未必一定按照《德国民法典》《法国民法典》依样葫芦,但不得要领的别出心裁,往往会有风险。

民法典中是否应该规定有民法的基本原则条款,首先需要确立起民法与民法学区分的思维模式,在民法之外,另有作为对民法的理解和认知的民法学,同样由一系列的概念和命题所组成。因此对民法基本原则的研究维度,应以追问其民法概念抑或民法学概念的属性为第一问题。民法基本原则究竟是民法上的概念抑或是民法学上的概念,学者们从未进行过这样的追问,民法学被当作了民法。所谓的民法学以民法为研究的对象,即意味着一些概念是民法学上的,将一切概念都作为是民法上的概念,规定在民法典之中,民法与民法学的区分便失去了意义。

从民法概念与民法学概念区分的理念审视,民法基本原则显然是民法学上的概念。民法的基本原则却不是民法的概念,不应该规定在民法典之中,这样的结论似乎匪夷所思,不可理喻,其实则真正表达出了民法基本原则的本质。以平面的关系理解,民法基本原则当然是民法的概念,构成民法的内容本身,但从立体的关系理解,民法基本原则所表达的含义是:民法本身被作为了审视的对象,对作为对象的民法的审视,就是发现其中所贯穿着的基本原则。审视对象所得出的结论或概念与对象本身中的概念不是一回事,道理应该不难理解。只有作立体的理解,才能表达出民法与民法学的区分。在平面的理解下,民法与民法学的区分,完全成了一个空洞的口号。

民法典中设立基本原则条款,不是国际惯例,我国学者的这一创新,基于基本原则的价值宣示和规范补充功能的两种意义假设。原则的确具有价值宣示的功能,然而该种功能所具有的却是纯粹的民法学上的意义。原则与规则相对应,原则的语境与规则的语境之间的一个重大区别,就在于前者对价值取向的表达,公序良俗原则与公序良俗规则,两个术语的差别仅仅是表达维度上的,前者是从价值取向的角度对后者的一种本质描述。这种价值取向的宣示本身即为对相应规则的本质认知,并无规范的功能和意义,依民法与民法学清晰区分的理念,显然属于民法学范畴。民法学是一个独立的领域,确立了这样的观念,价值宣示性的基本原则在民法典中的必要性被消解了。

法律作为规范,深层次的本质是价值取向,规范以具体规则的形式表达,对具体行为的合法、非法,有效、无效等作出界定,在规则的语境下,尽管其中体现着价值取向,但规则却不直接表达价值取向。直接表达价值取向的是原则语境,"原则"作为词语,传达的基本信息就是价值取向。法律以规范功能为圭臬,规则中必然体现着价值取向,但无须直接将价值取向表达出来。探究具体规则下的价值取向,属于民法学的范畴,而表达价值取向的形式便是形成关于民法的基本原则的具体结论,当称谓私法自治是民法的基本原则时,所表达的根本含义就是:私法自治是民法的价值取向。因此即便是私法自治这般被民法中人重视的核心原则,亦没有出现在不论是《德国民法典》还是《法国民法典》这样的经典民法典中。

原则是在与规则的关系中体现其特定含义的概念。日常用法上,原则与规则未必作清晰的区分,作为同一个概念使用的情形相当普遍。但在法律语境中,两个概念却是一种上位与下位的关系,没有规则作为前提,便不存在对应的所谓原则。法律作为规范,其基本的表达形式是规则,法律原则的设立,必须表达出规则之外的意义,而不能是规则本身。民法与民法学不分,规则与原则不分,国内一些学者的民法总论著作中关于民法基本原则的两个基本观点显得荒谬：一为基本原则的法律补充功能，二为诚实信用原则、公序良俗原则在《德国民法典》《法国民法典》等经典民法典中均有明文规定，属于国际惯例。基本观点一的荒谬在于，基本原则本身就是法律，基本原则补充法律漏洞等于说法律补充法律漏洞，不知所云。正确的表述应该为：基本原则补充法律规则的漏洞，只有崔建远等编写的《民法总论》著作中采用了该种正确的表述。[1] 基本观点二是直接将规则当作原则，认为在《德国民法典》《法国民法典》等民法典中存在关于诚实信用、公序良俗的条款，就是对诚实信用原则、公序良俗原则的规定。民法基本原则并无国外的立法例，德国等国的民法典中对其的相关规定属于规则，而非原则。原则的成立，必须直接用原则定义，明确使用“原则”的表达形式，否则规则与原则便失去了区分的标准。

规范的基本形式是规则，规则之上，另行存在着原则，因此首先需要建立的是规则而非原则。检讨我国民法总则专家建议稿以及草案，所确定的平等原则、自愿原则、公平原则、诚实信用原则、公序良俗原则等等，完全是规则，并不具有原则的特征。原则必以具体的规则与之对应，无对应规则的原则不成其为原则。作为字词，平等、自愿、公平、诚实等等，是表达民法规范最基本和最具体的概念，构成着民法规范最直接的内容，离开这些概念，民法规范便不可能得到充分的表达。作为表达规范的最直接的形式，显然相应的内容就是规则本身，与原则完全是两回事。

1　参见崔建远等编著《民法总论》，清华大学出版社，2010年，第35页。

以意思表示行为为核心要素的法律行为以及履行、行使行为是民法规范最基本的两大主题，对二者的规范，自愿、平等、公平、公序良俗等是最基本的规矩，缺少这些概念，对两大主题的规范或规则基本没有了内容。《德国民法典》等也正是在对法律行为、债务履行行为的规则的意义上使用的公平、公序良俗概念。

公平、公序良俗等内容一定构成着关于两大主题的基本规则，我国民法总则草案亦不可能例外，我国民法总则草案 121 条“民事法律行为不得违背公序良俗”、130 条“显失公平的民事法律行为可撤销”、132 条“违背公序良俗的民事法律行为无效”等的规定，明显是将公平、公序良俗等作为了规范法律行为的基本规则。草案中对法律行为的规范，未直接使用自愿、诚实信用概念，但其本来就是适用于履行、行使行为的规则，未来的民法典债编中，诚实信用无疑是最基本的规范内容。

诚实信用、公序良俗等一方面是基本的规则，另一方面又被作为了我国民法的基本原则，究竟是规则，抑或是原则，在规则之外另行设立完全等义的原则是否具有意义，无论逻辑上还是法理上，都是必须深刻检讨的问题。

价值宣示性的基本原则属于民法学，但规范补充功能性质的基本原则似乎正相契合民法的本义，是否真的存在着具有规范功能的民法基本原则，不能武断地轻易作出结论，但我国学者所以为的所谓基本原则却并不成立，其实是将规则误认为了原则。肯认基本原则条款，学者们主要基于具体条款或规则的有限性的缺陷认定，如果具体规则本身便是一个开放的系统，显然不存在另行建立原则予以补充的意义。具体规则完全可以是无限的，以为其存在有限性的缺陷是一种误解。道理其实并不复杂，公序良俗、诚实信用、欺诈等等概念，含义本身便充满“变数”，并不是僵死的可以绝对固定的意域，正是概念自身含义上的不确定性，才使得对法律的解释成为必要。概念本身的含义就包含着无限性和不确定性，因此另行设立一个体现无限性的基本原则概念对具体规则加以补充，并不具有充分的逻辑根据。

第八节　民法与民法学区分范式下民法总则的含义与意义

作为制定法的民法中是否应该独立设立总则编，各国例法例中做法不同，设立或未设立总则编的法典均非个案，形成了两个截然相反的对立阵营。学说上的争议亦一直未能理出头绪，仁者见仁，智者见智，分歧似乎不可调和。将民法与民法学区分开来，为解决该争议提供了一个新的视角：法人、法律行为等现行民法总则中所谓的“公因式”根本上就不是民法上的概念，因此当然也不是什么“公因式”，作为民法学上的概念，其产生于对民法规范即对自然存在所作规范的理性认知识。将法人、法律行为概念从民法范畴中清除，正确地建立起独立的民法学概念体系，民法总则的含义与意义被彻底厘清：民法总则的内容并非分则中的“公因式”，亦非关于分则的一般规则，其最核心的内容其实是对主体的规定，即对人的规定。

对于民法总则的理解,流行的说法是所谓的“公因式”提取,作为最基本的编辑技术,提取“公因式”是编纂民法典的常识性方法,没有任何的费解之处,即便在《法国民法典》中,这样的“公因式”和总则亦“俯拾皆是”,按孙宪忠先生的研究,只是与《德国民法典》“公因式”和总则的内容上不同而已。[1] 《德国民法典》以及我国刚通过的民法总则中,关于权利行使、时效等问题上的规定、我国民法总则关于民法基本原则的规定,或许具有“公因式”的成分,但这些只是民法总则中的部分内容,总则中最核心的内容是关于法律行为、法人、自然人等主题上的规定。

《德国民法典》是许多国家包括中国制定民法典民法总则的蓝本,其总则中的主题和内容是否均为“公因式”,在德国学者中间就存在严重的争议,中国学者中,朱庆育先生研究得出的结论是:现行理解中民法总则的主题,只有法律行为概念属于“公因式”,其他的则皆为滥竽充数的“赝品”。[2] 建立起民法与民法学区分的思维范式,真相进一步显现了出来:即便朱先生认同的法律行为的“公因式”,其实也根本不是什么“公因式”,民法的相应内容由关于意思表示行为的规范所构成,而法律行为完全是对关于意思表示行为的具体规范的认知所形成的概念,其产生非为“公因式”的提取,而是直接对意思表示行为民法规范的一种反思和认知。既非“公因式”,亦非民法规范,作为民法学上的概念,法律行为在民法总则中的地位,子虚乌有,民法总则中的唯一的一项“公因式”亦被彻底清除了。

---

1 参见孙宪忠等编著《民法总论》,社会科学文献出版社,2010 年,第 76 页。

2 参见朱庆育《民法总论》,北京大学出版社,2013 年,第 34 页。

民法是对自然存在的规范，意志是人的最本质的特征和本能，因此对意思表示行为的规范显然是民法最当然的核心主题，直接以意思表示行为作为规范对象，对其设立具体的法律规则，诸如生效、解释、种类等等，才是民法规范的表达形式和真正内容。针对意思表示行为建立起了规范体系，民法相应的规范功能和目的便得到了完满的实现，并没有法律行为概念适用的任何空间。而对意思表示行为的规范，与所谓的“公因式”提取没有任何的瓜葛，意志或意思表示是人的最本质的自然属性，由此构成了其作为规范对象的全部根据。未能直接把意思表示行为作为规范对象，传统的民法规范完全没有表达出民法规范的最本质特征。直接将意思表示行为作为民法规范的基本主题并独立成章，如此表达出来的内容才是民法规范的正确形式，而现行的法律行为概念将民法与民法学混淆在了一起，连民法规范的表达形式和民法的含义都没有识别出来。

法律行为、法人两个肇始于《德国民法典》中的基本概念，完全是民法与民法学混淆所产生的结果，本质上其实并不属于民法的范畴，相较而言，《法国民法典》既无法律行为概念，亦无法人概念，体现出了民法与民法学区分的清晰立场。

现行关于民法总则含义与意义的界定与理解，相当程度上基于将法律行为、法人作为了民法概念的错误前提之上，因此结论并不正确，而从民法与民法学区分的维度，将法律行为、法人概念从民法概念体系中剥离开来，打开了理解民法以及民法总则内容的一种更为究竟的视角：民法的经纬二线是主体和权利，总则的核心内容是关于主体的规定，分则则为关于物权、债权等具体权利的规定，总则与分则大体上为主体规定与权利规定的关系，现行“公因式”、一般规则等等的流行定义，表达上将民法的标志性内容——关于主体的规定，屏蔽掉了，以“公因式”解释主体与权利或总则与分则的关系，民法便失去了主体的灵魂，与债权、物权等分则所规范的主题相比，主体无疑才是核心的主题，相对次要的物权、债权主题都可以独立成编，最核心的主题即关于主体的规定却杂糅在总则的名称之下，已属偏颇，但在解释上，必须将总则界定为关于主体的规定。

第二十二章

民法哲学——民法知识的希望

第一节　民法哲学——正确的民法原理

民法哲学是什么？民法哲学就是《民法学的新发现》。这种回答显得可笑,像是在玩弄语言游戏,甚至可以更戏谑地表达为,民法哲学就是对民法哲学不是哲学的认知,体认到了民法哲学不是哲学,就达到了哲学的高度。这当然不是一个严谨的正规定义,但也并非完全戏言,而是形象地表达了对《民法学的新发现》风格的自我评价:体现哲学精神,演绎民法哲学。而读罢作品,也一定会形成关于民法哲学的具体认知。

民法哲学是民法知识的希望,当下的民法知识仍停留在哲学缺失的状态。缺失哲学的民法知识错误环生,瑕疵累累,《民法学的新发现》对此有清晰而有力的描述和分析。

知识是关于对象的内容,是客观上的真理,这是关于知识的最朴素的定义,如此立论当然是对的,但远未表达出知识概念的最深层次的意义。实际上,尽管知识是客观的真理,但知识的发生过程却是主观被作为客观的过程,专业术语上称为"投射"。基于这一原理,可直接推论出两个极其重要的结论:一个为知识的常态是谬论,另一个为陷入谬误中不能自知。主观对客观的投射,是两个对象之间的关系,投射准确即投射的内容真正是客观上存在的内容并不容易,加以量化描述,能有十分之一的精确率,就是一个十分难得的成就。十分之九的内容都不精确,被当作了客观上的真理,实际上却是纯粹的主观自我意象,属于谬论。主观被作为了客观的过程,实质上就是自身认为正确的过程,如果能意识到错误,主体便不会将其主观意象当作知识加以表达,因此只有在外部力量的逻辑攻击之下,错误的意识才能觉醒。

知识是由原始态到哲学态的超越,是通过对直思的反思完成的。原始态的知识是妄见和幻象,哲学态的知识才是真理和真相,二者却都以民法知识或民法原理标榜。洞见到原始态知识的虚幻与假伪,产生了民法哲学名称的冲动。其实,民法哲学就是正确的民法原理,并非民法原理之外的一门独立学科。大概也是意识到了民法哲学的这一实质,中国屈指可数的几个以民法哲学为旗号的学者之一的李锡鹤先生,前期的著作以《民法哲学》冠名,后期则不再使用民法哲学的称谓,而是直接以民法原理概括大致相同的民法内容。按李先生给出的民法哲学定义,民法哲学即民法的逻辑体系,也就是民法的整体观和方法论。而所谓的方法,与形式逻辑基本上是同义语,李先生对现行民法理论体系违反形式逻辑的现象十分“愤怒”,以为几乎所有的民法学基本范畴或术语,主体、客体、法人、公司、财产、人身、人格、能力、权利、义务、物、债、物权、债权、过错、责任、利益、法益、支配、归属、所有、共有、合同、侵权、占有、留置、有效、无效、生效、不生效、撤销、解除、请求、抗辩等等,通说的界定,均存在逻辑上的问题,甚至公然挑战形式逻辑。[1] 这是一个令人目瞪口呆的震撼结论。根据形式逻辑的方法,李教授重新梳理了民法学的基本概念,将自己建立起来的体现整体观和符合形式逻辑方法的民法学体系称之为民法哲学。违反形式逻辑,的确是现行民法理论体系中诸概念或术语的通病,李先生的许多批评都切中肯綮。尽管并未有民法哲学就是正确的民法原理或按科学方法建立起来的民法体系这样的明确表述,但从内容上判断,李教授所指的民法哲学,实际上就是民法原理。

民法哲学的另一个更为被普遍事实上使用的含义,是指民法法理学,其他法域的情形亦是如此,陈兴良先生的《刑法哲学》、冯晓青先生的《知识产权法哲学》,所针对的主题是诸如刑法的人性基础、刑法的价值构造、刑法的机能、知识产权的价值等等纯粹的理论问题,分别属于刑法法理学和知识产权法理学范畴,与之对应的是实证规范、具体概念。民法学领域中,在该意义上使用民法哲学的是徐国栋先生、夏勇先生,徐先生的被称为国内第一部系统的民法哲学著作,由九大论构成,夏勇先生的权利哲学的基本问题论著以权利的构成、根据、价值等为主题,都是最为典型的纯粹理论问题。

法理学与法哲学是否为一回事,是一个历经百年至今未有定论的问题,这不是本书意图深入探究的主题,仅简单表明笔者的肤浅观点:并不存在独立的法哲学所指向的特殊主题,哲学的本质是一种方法,而非一种特定的内容或特定的领域。真正构成具体领域或

---

1 李锡鹤:《民法哲学论稿》,复旦大学出版社,2009 年,第 3 页。

内容的就是特定的法域，如民法、刑法等等，而具体法域则细分为实证和理论两个基本的分域，类似康德提出的纯粹理性与实践理性，并不另有所谓的部门法哲学的特定主题的存在空间。以哲学方法研究相关领域，成立的就是相关特定的学科本身，而非独立的部门法哲学。直接地说，现行学者所标榜的刑法哲学、民法哲学、知识产权法哲学等等，其实就是刑法法理学、民法法理学、知识产权法理学等等。

第二节　哲学对民法知识的改造

运用哲学范畴、方法建构民法概念、民法关系，形成了富含哲学元素的哲学版本的民法体系，哲学味道扑面而来。哲学范畴是客观世界的一般规则，将民法概念、民法关系嵌入进来，民法理论体系也就修成了真理的"正果"。

时间。在时间范畴下，权利被清晰地作当下权利与将来权利的两分。当下权利是当下产生、当下生效，因而在当下就能行使的权利；而将来权利则为存在在将来的权利，当下产生，将来生效，将来行使。在当下权利与将来权利的范式之下，现行抵押权理论的弊端被显现出来。以将来权利界定抵押权，将抵押关系真正建立在了客观逻辑的基础之上。

目的。目的范畴，代表着一种深远的意境。现行民法体系中，并非完全没有目的范畴元素，目的解释、目的财产，这样的概念毫无疑问是目的范畴的具体应用。但应用存在准确、程度等方面的差别。目的财产与目的实体，二者表面上皆以目的立意，实质上差以千里。目的本身即为实体，这在哲学上并不复杂，运用此概念，不但现行体系中财团法人概念的症结被发现，而且为团体主体概念找到了统一的实体基础。

现行体系中，权利大体上均被理解为了行为的权利。实际上，作为目的的权利，是一种更为高等级的权利，人格权是该类权利最典型的适例，债权可以作类比适用。以作为目的的权利解释该两种权利，淋漓尽致，别具一格。

变量。有、无、变，是黑格尔哲学的三个基本范畴，三概念在民法概念、民法关系中都能进行具体的运用，或者说都有具体的体现。其中以变与民法概念的关系最为密切，以“变量共有”解释抵押权或抵押关系，颠覆了传统的抵押权理论，将传统理论中的自相矛盾，一扫而光。

对象与“自我”。权利是主体与对象的关系，在对象性关系中，主体与对象的关系亦成为对象，权利由此呈现出了充满张力的立体关系，所有权为占有权及对占有权的支配权，债权为接受权及对接受权的支配权，等等。在该立体模式之下，权利及对权利的主张的权利被区分出来，诉权究竟为程序权利抑或为实体权利的纠结不再存在。

绝对与相对。绝对与相对，是在传统民法体系中体现最明显的哲学范畴，物权与债权即被嵌入到该对范畴中作本质的区分，物权为绝对权，债权为相对权。但现行体系中的运用“徒有虚名”，范畴运用得并不准确、到位。债权作为相对权,并非因为义务人特定,虽然义务人特定,即债权是对特定人的权利,但对特定义务人的权利的权利却是绝对的。从利益的维度考量,债权所体现的利益是不确定的,而所有权则为确定的利益,一定以绝对、相对范畴区分权利,这才是其绝对性和相对性的含义。此外,引入占有权概念后,占有权因时间上的有限性而属于相对权,而所有权在时间上是无限的,属于绝对权。

结果与动机。以该对范畴建构的民法概念,最典型的为物权行为与债权行为,前者为结果行为,后者为动机行为。该种建构在现行民法体系中即已进行,只是进行得并不究竟、彻底。以"合意"的角度,体现结果的"合意"为"转让了"合意,"转让"合意则为动机合意。撇开物权概念为伪概念、物权行为概念应为处分行为概念不论,现行体系中关于物权合意、债权合意,或者结果合意与动机合意的区分尚停留在抽象层面,并未识别或者发现其准确的具体含义。

实体。现行民法体系中存在实体范畴,实体与程序构成一对基本的概念,但实体与程序范畴只是民法体系中实体范畴表现形式的其中之一,在主体关系中,实体范畴更为不可或缺。主体的哲学基础是实体,关于法人的本质之所以一直搞不清楚,缺乏实体概念是最根本的原因。实体是纯粹的哲学问题,理解不了哲学上的意志实体,法人的本质问题就是无解的。而现行的法人理论,遑论理解意志实体,甚至连法人问题的关键是实体问题都没有意识到,关于法人的诸种学说中,从实体角度探究的极其少见。

哲学的精髓之一是其所指称的诸如上述一系列特定范畴,另一个代表性的特征是对立一体的思维范式，在两极而非单极的概念关系中进行思维，以专业的哲学术语表达，即是在对立同一的模式下解构概念。有了这样的理念，民法概念便具有了灵魂，真正成了表达本质和实相的真理。现行的民法体系，基本上是在单极的关系中，即在自身同一的关系中思维，这样的概念表达不出对象的真正含义。

两种思维的区别十分明显，对同一个概念的表达大相径庭。

自然人与法人作为民法关系中的主体是传统民法体系中最核心的概念之一，现行理论在单极的范式下思维，在绝对对立而非对立一体的范式下思维，因而一直搞不清楚法人概念的准确含义。而在哲学思维下，自然人概念被置于与法人概念的对立关系中观察，自然人概念本身即是与法律上的人的关系，自然人即是法律上的人，因为自然人不是法律上的人，所以自然人才能成为法律上的人。在这种对立一体的关系中，表达出了法律规范自然对象的真正本质。传统理论从自然人出发，同时以自然人为终点，概念单极的自身同一关系，不符合客观对象的客观逻辑。

民法体系中另一个单极思维的负向案例是法律行为概念。直接从法律行为出发，最后无法找到概念自身的“归宿”，所谓的“合法性矛盾”始终挥之不去，关于法律行为概念的“笔墨官司”浪费了许多学者宝贵的精力。而在两极对立思维下，法律行为被设置在了自然行为的背景之下，是与自然行为的对立一体关系，因而无非是自然行为被规范之后的新的属性。有了这样的两极关系，所谓的“合法性矛盾”完全没有了滋生的温床。因为是自然行为，所以是法律行为,法律行为就是被法律规范后的自然行为,如此的表述真正反映出了法律行为概念的内容:一种法律规范而非事实,精髓是“造法”。显然,现行的理论体系产生不出这样的“自相矛盾”的“诡辩”。

哲学与非哲学的对立,贯穿于很多民法概念之中,是否以哲学方法观察民法关系,会得出完全不同的结论,差别悬殊,《民法学的新发现》对此有大量的例证分析。关于所有权的定义、关于所有权保留买卖中的权利状态等等也都是非常典型的实例。以非此即彼的非哲学方法分析,所有权的列举式定义与抽象式定义被截然对立起来,其实两种定义方式均存在缺陷,以亦此亦彼的哲学方法探究,真正科学的定义是抽象列举式的,《法国民法典》关于所有权的定义就是这样的定义,其第 544 条规定“所有权是对物的绝对使用及处分的权利”,“使用”及“处分”语词表明了其列举式的特征,而“绝对”语词则表明了其抽象式的特征。法国定义中“绝对权利”的措辞,是再典型不过的概括主义方法,鲜明标示着其概括主义的定义属性。关于所有权保留买卖关系中的权利状态,现行的通说是卖方享有所有权,买方享有期待权,该种理解体现的显然是或者卖方享有或者买方享有的非此即彼模式。以哲学方法分析,该种关系中没有任何一方享有所有权,所有权处于亦此亦彼的“悬置”状态。在空间关系上,所有权已经离开了卖方,但亦未抵达买方,保留的含义是没有抵达对方,而非没有离开,因此卖方保留的真正权利是取回的权利,并不是所有权。

哲学是一系列的范畴和方法,其实范畴本身亦是方法,但适用于具体法域的范畴或方法却不能构成特定的部门法哲学。原因很简单,哲学范畴和方法是极端抽象的存在,没有自己特定的适用对象,所以适用于所有的对象,而部门法中的特定范畴或方法,有自己的适用对象并且仅仅适用于自己的对象,因而就是特定的法域本身的内容,并不构成另一种独立的领域。陈兴良先生模仿哲学的范畴和方法,构建了一套刑法的范畴和体系,以刑法哲学称之。实际上,陈先生的范畴就是刑法内容本身。

上述内容的哲学意韵"呼之欲出",但所反映或表达的却为民法关系,哲学意韵显然体现在民法概念之中,究竟是民法哲学,抑或为民法原理?哲学范畴是客观存在的一般规则,民法存在亦不例外,民法存在本来就存在于哲学范畴之中,民法原理的真理本来就是哲学范畴下的样态,因而民法哲学就是民法原理,民法原理即为民法哲学,民法哲学之外并不另行存在着独立的民法原理,反过来亦是如此。

民法哲学即是正确的民法原理,以内容界定,只有正确的民法原理才能被称为民法原理,错误的民法原理根本不是民法原理,但从形式的角度,无论正确的还是错误的原理,所采取的形式却是共同的,即都以民法原理作为所表达的内容的名称,在这个意义上,作"正确"的限定显得必要。

民法哲学就是正确的民法原理,是浸透着哲学精神的民法原理,其他部门法律哲学亦不例外,再以刑法为例,所谓的刑法哲学,其实也不过为正确的刑法原理,而非刑法原理或刑法学之外的另一门独立学科。"法学是哲学的一个部门"[1]，黑格尔的论断十分清晰地表达了法学与哲学的关系，将其命题具体化，便可分别得出民法哲学即为民法原理、刑法哲学即为刑法原理的结论。陈兴良先生是国内刑法哲学的"鼓吹者"和践行者，其《刑法哲学》《刑法的价值过程》《刑法的人性基础》三部大作，奠定了先生国内刑法哲学第一人的地位。对于陈先生提出的"刑法学走向哲学"的主张和做法，曲新久先生提出质疑，认为刑法学不能走向哲学，走向哲学就不是刑法学。[2] 曲先生显然将刑法哲学当作了与刑法学并列的独立学科。对于陈先生自己，"刑法哲学到底是什么：是刑法学还是哲学"的问题令其困惑，[3]而从先生"刑法哲学研究告一段落，重新回归规范刑法学研究"的自我学术历程总结判断，陈先生实际上也采刑法哲学与刑法学"楚河汉界"般的分立立场。研究规范法学，亦必须或必然应用哲学方法，因而规范法学亦能充分体现哲学的精神，当然也是刑法哲学。

《民法学的新发现》的哲学味道沁人心脾，书中的许多内容都是名副其实的哲学，但却不能以民法哲学的名称冠名本书。"白马为马，马却非白马"，任何"个别"是"一般"，但"一般"却不是"个别"，道理如同苹果是水果，水果却不是苹果一样简单。《民法哲学》的著作名称之下，宣示和表达的是民法哲学本身，演绎的是民法

1　黑格尔：《法哲学原理》，商务印书馆2014年版，第2页。

2　参见曲新久《刑法哲学的学术意义——评陈兴良教授从〈刑法哲学〉到〈本体刑法学〉》，载《政法论坛》2002年第5期，第153页。

3　参见陈兴良《走向哲学的刑法学》，法律出版社，2008年，第2页。

哲学是什么的命题及内容，而《民法学的新发现》的哲学味道再浓烈，也仅仅是民法哲学内容的一部分，宣示和表达的仅仅是“什么是民法哲学”。“民法哲学是什么”与“什么是民法哲学”，是两个完全不同的命题，以前者为内容的著作可以名正言顺地冠之为《民法哲学》，后者是民法哲学的一部分，本书的《民法学的新发现》是一个恰当的名称，一定要把其中的哲学色彩直接表达出来，《民法的哲学诠释》马马虎虎算是一个合适的名称。

《民法哲学》作为著作名称，必须包含作为体系存在的全部民法哲学内容，仅仅阐释了部分内容，即便是哲学内容，也不能以《民法哲学》冠名。“白马非马”的确有些费解，但“水果不是苹果”的道理似乎并不复杂，尽管不复杂，能够做到“知行合一”却也并非易事，国内知识产权法领域鼎鼎大名的冯晓青先生不经意间就犯了将“水果当苹果”的错误。冯先生著有《知识产权法哲学》一书，内容写得相当精彩，亦不乏哲学元素，但引用作者自己的评价，该书以三种理论论证知识产权制度的正当性，或者说是探讨了论证知识产权制度合理性的三种理论，即知识产权的劳动理论、知识产权的人格理论、知识产权的激励理论，[1]即便冯先生著作中的内容属于纯粹的哲学，以《知识产权法哲学》冠名亦不妥当，仅仅探讨了一个哲学问题便以《知识产权法哲学》称谓，也太夸张了。

1　参见冯晓青《知识产权法哲学》，中国人民公安大学出版社，2003年，第5页。

后记一　智力超度

《民法学的新发现》是一个十分艰辛、痛苦的写作过程，阅读显然也绝不会轻松，思维磨难是写作与阅读的共同经历。不论肉身还是智力、思维，自在或本能的状态都不是真实的状态，而仅仅是幻象世界的此岸；真实的世界在彼岸，是需要超度此岸才能到达的地方。此岸到彼岸的距离、此岸幻象的迷乱，都是超度的障碍和磨难。没有思维上的痛苦意识，绝非智者达到了洞察万物的高明境界，恰恰相反，正表明对此岸幻觉的意识还没有清醒。

智力到达彼岸的超度过程是痛苦的，然而对于以精神真实为情感皈依的另类而言，超度后所达到的对对象的理解状态，能够产生无比美妙的精神快乐——对对象真相的洞悉而富有、智慧的卓绝体验。这是一种精神上的涤荡洗礼。精神洗礼，美妙的感觉，无与伦比。

民法的许多理论都是假的、错的，在彼岸的光芒之下，此岸的黑暗被映衬出来。由此掀开了民法理论崭新的一页，在彼岸的真理世界中，终于找到了民法知识的瑰宝。

一直停留在幻象世界的此岸，这是传统民法理论的一个基本状态，此岸世界与彼岸世界的区分，提供了智力淬炼、升华的场所，正是此岸世界的黑暗，才造就了彼岸世界的光明和价值。此岸世界是认识开始的地方，是认识必经的正常的起点，没有此岸世界的障碍，就没有彼岸世界的超越。在这个意义上说，认识本来就是克服障碍以及本能诱惑的一个痛苦的过程。然而没有到达彼岸世界的完满结局，认识就完全是一场悲剧，在幻象世界中，茫然无知。

没有痛苦的感受，就没有真正的思想，这大抵可以作为检验真理的一个标准。思维本能有其天生的错误指向，摆脱本能的种种诱惑和诱导，才能进入彼岸世界的"真思"状态，这当然是个痛苦的过程。

民法知识是假的，传道授业的师者却没有为传播谬误而自责的必要，错误是通向真理的正常之路，况且是无心之错，普遍之错。不过，在真理显现之后却仍然执迷于错误而排斥超度，则是不可饶恕的"恶"和无可救药的悲哀。而对于习惯于迷信权威和偶像崇拜的法学大众而言，假象的揭穿具有寻找自我的启蒙意义：真理并不在偶像手中，全信书不如不读书，读书可以增长知识，也会破坏想象力，对法学大师和他们的书籍都应保持怀疑的警觉。

新的视界已经展现，由幻象到真理，由此岸到彼岸，《民法学的新发现》是锻炼思维、智力超度的灵验阶梯。

后记二　孟师开创的中国学派

当代中国的民法学史上，一定会有孟勤国导师的一席之地，作为民法学常识的抵押权、用益物权理论，出人意料地被孟师识破了真相，据此建立起来的所有权、占有权二元理论，在百年来中国法学亦步亦趋“效仿”西方的平庸氛围中，破天荒树起了民法学中国理论的地标。

当初在几位导师中何以选定追随孟勤国教授，具体细节早已模糊，只记得目标十分清晰：非孟师莫属。以自己自命不凡的狷狂个性，不会随便降下身段去追随一个导师。不是嗅到了孟师二元结构论一书中散发出来的思想的强烈气息，那就只能是冥冥中的一种天意。

博士最终没有毕业，成了孟师的肄业博士。当时女儿容谨尚小，妻子杨涛工作、养女疲于奔命，对我而言，本就是个追求真实的性情中人，博士的光环索然无味。放弃答辩的另一个原因，是对答辩的自知之明：那些“稀奇古怪”的想法，除了孟师，其他导师未必能够"海涵"。究竟是对自己没有信心,还是对评审导师组没信心,会有不同的理解,但总的结论是确定的:对答辩没有信心。

呈现给读者的这部作品,显然沿袭了孟勤国导师树立的"孟氏风格":对传统理论的价值重估。思想的种子是孟师种下的,长成参天大树是我的理想。万一实现了理想,那便是民法学的中国故事。